W0059967

Ursula von Kardorff

Adieu Paris

**Mit 16 Bildseiten
von Helga Sittl**

verlegt bei Kindler

Die Photographie auf dem Schutzumschlag zeigt das Atelier
von Henri Rousseau

Inhalt

Adieu Paris

»Allwissende Totalperfektion ist ein Traum, und nicht einmal ein schöner.«

JOACHIM KAISER

Adieu Paris. Es gilt Abschied zu nehmen von einer vielgeliebten Stadt. Paris tritt in eine neue Ära. Eine Stadt wird aus dem neunzehnten Jahrhundert in das einundzwanzigste Jahrhundert katapultiert, den Blick starr auf die Schlange »Das Jahr Zweitausend« gerichtet.

Paris hat sich zwischen 1964 und 1974 mehr verändert als in den letzten hundert Jahren. Was es dabei an Modernität und Komfort gewann, verlor es an Charme, Originalität und Schönheit. Immer mehr Gassen und Plätzchen, deren Romantik, wie Jean Améry sagt, »ebenso vorgestrig wie übermorgig sein kann«, verschwinden. 1944 stand Paris nicht in Flammen, wie Hitler es befohlen hatte. Der deutsche Oberbefehlshaber, General von Choltitz, widersetzte sich seinem Befehl, die Stadt zu zerstören.

Die Zerstörer oder – milder ausgedrückt – die Veränderer kamen zwanzig Jahre nach dem Abzug der Deutschen. Die neuen Eroberer hatten andere Truppen: die Bauarbeiter; andere Generale: die Promoteure und Baulöwen; ihre Finanziers waren die Großbanken und Versicherungsgesellschaften – und die Bodenspekulanten; ihr oberster Befehlshaber hieß Pompidou. Die Weichen hatte schon General de Gaulle gestellt. Genoveva, Schutzheilige der Stadt, verhüllte ihr Haupt in Trauer. Die neuen Heiligen hießen Profit und Kommerz.

»Paris, das einst eine Idee war, Mythos und Modell, wird nur noch zum Objekt«, schreibt der Stadtverordnete Marcel Cornu in seinem aggressiven Buch *La conquête de Paris*. Er nennt seine Stadt die »Neo-Kapitale des Neo-Kapitalismus«, die Hochburg der Haute Bourgeoisie, in der sich nur noch der Wohlhabende wohlfühlen kann.

Ganze Viertel wurden von ihren alten Bewohnern entleert und entstanden unter dem bezeichnenden Begriff »Opération« neu: *Opération Belleville, Opération Place d'Italie, Front de Seine* und *La Défense.* Manhattan beginnt hinter dem Arc de Triomphe, wo Riesentürme mit eleganten Büros wie Pilze aus dem Boden schießen und die Silhouette der Stadt stark verändern.

Der Eiffelturm schrumpft. Die sieben Hügel der über zweitausend Jahre alten Metropole bieten keinen Blickpunkt mehr. Die unnachahmlichen Maße der Stadt, ihrer großen Plätze und kleinen Squares, ihre leichten Anhöhen und sanften Begrenzungen sind gefährdet wie die Uferpromenade an der Seine, die zu betonierten Schnellstraßen wurde.

Adieu Paris: Tränen der Nostalgie fließen. Aber was nützt da noch Sentimentalität? Die Realität sieht so aus: Seit 1947 kam alle vier Minuten eine Provinzler in Paris an, fest entschlossen, hier Arbeit und Wohnung zu finden. Aus der Weltstadt, deren Kern nie mehr als drei Millionen umfaßte, wurde die Megalopolis Groß-Paris mit zwölf Millionen Einwohnern. Jeder fünfte Franzose lebt in Paris, jedes fünfte französische Auto durchrast seine verstopften Straßen, von denen Pompidou noch 1971 forderte, sie müßten »autogerecht« sein. 1964 ermunterte er den Präfekten von Paris, dem die Bürgermeister der zwanzig Arrondissements der Innenstadt unterstehen, die Privatinitiative der Bauherrn zu fördern. Denn die Wohnungsnot war groß. Seitdem gehen die Spekulanten durch die ehrwürdige Stadt und suchen Terrain und nochmals Terrain, wo man mühelos Alte und Arme, Arbeiter, Rentner und Handwerker kündigen, mit Terrormaßnahmen rausschmeißen oder weit in die Peripherie abdrängen kann, um alsbald die alten Häuser zu demolieren und teure Wohnsilos zu errichten. Es ist sogar verständlich. Ein malerisches altes Haus mit den typischen hohen Fenstern und ihren Volets mit der abgeblaßten grausilbernen Fassade, vielleicht auch noch zur Freude der Spaziergänger in einem hübschen, ein wenig verwahrlosten Garten gelegen, bringt natürlich mit Wohnungen für vier oder fünf Familien weniger Rendite als ein aus vorgefertigten Teilen schnell erbautes Hochhaus, in dem einige hundert Familien wohnen, die sich als Besitzer von Eigentumswohnungen auch noch an den Kosten des Baus beteiligt haben, so daß dem schlauen Promoteur ohne das kleinste Risiko noch ein hundertprozentiger Gewinn bleibt. Diese Logik ist leider unanfechtbar. Adieu Paris.

Doch nicht nur Wohnungen werden gebaut: entscheidender und obendrein viel gewinnträchtiger sind die Bürobauten. Da braucht man nicht erst an Krippen, Kindergärten, Sportplätze, Grünflächen, Altersheime, Schulen und Krankenhäuser zu denken, sondern nur noch an den hohen Mietzins der Büros mit der international bewunderten Prestige-Adresse: von der Aristo-kratie über die Demo-kratie zur Büro-kratie; nach dem Furor Teutonicus der Furor Bürocraticus. La grande bouffe der verwalteten Welt, auf riesigen Betonflächen, tausende Hektar dem Menschen zweckentfremdet für klimatisierte Arbeitsräume, aus denen die Angestellten sich in den »rush hours« in ungeheuren Strömen durch die Stadt zurück in ihre Schlafstädte ergießen – in die »Höllen der grünen Witwen«, wie Cornu sagt. So entstand das Schlagwort: »Metro, Boulot, Dodo«.

Balzac, der beste Kenner der Comédie humaine und der Pariser Szene, erfand die wunderbare Fabel *La peau de chagrin* (*Das Chagrinleder*), das dem Besitzer jeden Wunsch erfüllt, doch danach immer kleiner wird, bis es so weit geschrumpft ist, daß der zuviel Wünschende mit seinem Verschwinden selbst sterben muß.

Ein wenig läßt sich der Vergleich auch auf Pompidous Paris übertragen. Pompidou hat sich so sehr eine autogerechte Stadt gewünscht, daß bei immer größerer Wunscherfüllung der Charme von Paris gleich der Elendshaut zusammengeschrumpft ist, wie schon das rechte Ufer, das kaum noch zu betreten ist. Der Fußgänger, der aus den Tuilerien tritt und zur Seine will, findet dort keine Angler, Liebespaare, Muße und Schönheit mehr, sondern nur noch eine tobende, benzingeschwängerte, stinkende Autobahn, die er durch einen Tunnel äußerst schlechtgelaunt unterqueren darf.

Die Elendshaut schrumpft bedenklich.

Freilich läßt sich in neuster Zeit ein Umdenken feststellen, wie der Pariser Korrespondent Frantz Vossen berichtete. Wer je im Herzen der Stadt stand, da wo sich einst im Markthallenviertel der »Bauch von Paris« befand und wo nach der Demolierung der Eisenpavillons von Victor Baltard jahrelang nur noch ein überdimensionales Loch zu sehen war, versteht, wie es zu den neuen Ideen kam. Der Abriß, gegen den sich ein nutzloser Proteststurm erhoben hatte, wirkte wohl doch wie ein Schock. So begann Ende 1973 plötzlich eine Ära der Konservierung, gerade noch rechtzeitig, um Schlimmstes zu verhüten.

Man demoliert nicht mehr, sondern saniert, läßt Fassaden stehen, baut nur innen um, wie etwa in der Rue Mouffetard, an der Place de Contrescarpe und auch in dem Viertel zwischen den Kirchen La Trinité und Notre-Dame-de-Lorette, das seinen alten Namen wiedergefunden hat: Neu-Athen. Seit der neue Präsident Giscard d'Estaing sein Amt übernommen hat, wird dieses Umdenken noch aktiviert. Er will künftig vom Staat nur noch Projekte finanzieren lassen, die der Umwelt keinen Schaden zufügen.

Sogar das Vergnügungsviertel am Pigalle unter dem Berg von Montmartre wird jetzt unter Denkmalschutz gestellt. Wo Sexshops in ehrwürdige Belle-Époque-Fassaden eingebaut sind, Nacht- und Nackt-Kabaretts glitzern und funkeln, darf nichts mehr verändert werden: ein Fortschritt, der 1970 noch belächelt worden wäre; ein Fortschritt der Retro-Welle, der jeden aufatmen läßt, der Paris liebt. Es gibt in Quartier Latin sogar schon Ansätze einer Fußgängerzone.

Adieu Paris – der Titel verliert, folgt man der allerjüngsten Stadtentwicklung, hoffentlich ein wenig von seiner Schärfe.

Ich zog aus, hübsche alte Stätten, die ich aus meiner Jugend kannte, wiederzufinden. Auch suchte ich Straßen, Squares, Bistros, Brasserien, Ateliers, Häuser und Wohnungen, in denen einst die Maler und Poeten, die Literaten und Künstler gelebt hatten, Zentren der Jahre vor dem ersten Weltkrieg, wie Montmartre in der ausklingenden Belle Époque, Zentren der Folle

Époque zwischen den Kriegen am Montparnasse und Zentren der Kriegs- und Nachkriegszeit am Saint-Germain-des-Prés. Finden wollte ich die zum Teil vom Tode bedrohten *Cités des artistes*, die doch noch existieren. Einige fand ich – und ich fand noch mehr: eine neu erwachte Liebe zu Paris.

Paris verändert sich

»Nun aber denken Sie sich eine Stadt wie Paris, wo
die vorzüglichsten Köpfe eines großen Reiches auf
einem riesigen Fleck beisammen sind und in tägli-
chem Verkehr, Kampf und Wetteifer sich gegenseitig belehren und steigern, wo das Beste aus allen Reichen der Natur und Kunst des ganzen Erd-
bodens der täglichen Anschauung offen steht.«

GOETHE ZU ECKERMANN

Paris verändert sich radikal, seit 1964 die Weichen gestellt wurden. Zeichen der Zeit, Zeichen der Massengesellschaft.

Aus Paris mit seiner bis Mitte des Jahrhunderts konstanten
Einwohnerzahl von etwa drei Millionen wurde Groß-Paris mit
zwölf Millionen Einwohnern. Rund um die Innenstadt entsteht
eine völlig neue Stadt mit Wolkenkratzern, Autobahnen, Ein-
kaufszentren, Verwaltungspalästen; hier wächst »Alphaville«,
wie die Franzosen das neue Paris besorgt nennen, eine freilich
nicht besonders kühne, sondern äußerst mittelmäßige Stadt-
landschaft.

Man glaubt zu träumen. Hinter dem Arc de Triomphe und seiner raffinierten städtebaulichen Perspektive schießen Türme
wie Pilze aus dem Boden, zeichnet sich eine New Yorker Skyline ab. Die neue Silhouette ist allerdings nur selten scharf zu
sehen, denn die Dunstglocke über der autobesessenen Metropole ist so dicht, daß der Blick nicht sehr weit reicht. Schüch-
terne Fußgängerzonen gibt es nun auch im Quartier Latin.

Paris ist kein Museum für nostalgische Touristen, die auf der
Suche nach der verlorenen Zeit die Stadt durchschwarmen und
jede Veränderung bejammern. Selbstverständlich müssen neue
Stadtviertel entstehen, muß Altes, Gewohntes, Malerisches,
Skurriles untergehen. Um diesen Prozeß kühl zu beobachten,
fuhr ich mehrmals nach Paris, und ich sah gerade noch Häuser,
Plätze, kleine Künstlerkolonien und Cités, die beim nächsten
Mal bereits verschwunden waren.

Es war aufregend. Einiges, was es jetzt bereits nicht mehr gibt, haben wir gerade noch fotografieren können. Das war das eine Ziel unseres Unternehmens. Das zweite ging darüber hinaus. Wie Detektive wollten wir aufspüren, wer in den Vierteln, die vor allem in Betracht kamen – Montmartre, Saint-Germain-des-Prés, Plaisance und Montparnasse –, wann, wie und wo gelebt hatte, gelebt in diesem Jahrhundert, in dem die Belle Époque begraben wurde. Der Leser soll das Buch zur Hand nehmen, wenn er durch die Straßen geht, denn nur als Fußgänger lernt man Städte kennen; er soll nachschlagen und nachdenken und einen Moment betroffen aufschauen, wenn er vor der glatten Fassade einer Bank, einer Versicherung oder einer modernen Wohnanlage steht. Er soll seine Phantasie blühen und die Fassade transparent werden lassen.

Hier also in der Rue Campagne-Première 3 stand einmal ein Haus mit dem kleinen Restaurant *Chez Rosalie*, wo die Künstler auf Kredit speisen durften. Hier gab Amedeo Modigliani, der schöne, verzweifelte, meist betrunkene Maler aus Livorno, für ein Abendbrot eine Zeichnung her. Hier stritt er sich mit Utrillo, wer der bessere Maler sei – jeder meinte, der andere –, und hier speiste der Japaner Foujita für ein paar Sous, als er noch arm und kein Modemaler geworden war.

Als ich im November 1972 die Rue Campagne-Première am Montparnasse entlangging, stand das Haus noch, aber es war leer, schwarz, mit blinden Fenstern, zum Tode verurteilt. *Chez Rosalie* war gerade noch zu lesen. Im Februar 1973 war das Haus schon bis zum Keller abgerissen. Im Mai 1973 verbarg der Bauzaun ein Riesenloch, das bis zur nächsten Straße reichte. Im Januar 1974 erhob sich hier ein neues Gebäude mit Eigentumswohnungen: *Grand Standing*. Die Vergangenheit war der Gegenwart gewichen.

Der Turm

Der ganze Montparnasse verwandelt sich seit 1972 unaufhaltsam. Das ist spannend zu beobachten. Denn es geschieht mitten in Paris und nicht an seiner Peripherie. Eine der Ursachen ist der Turm *Maine Montparnasse,* dieser Turm, der anfangs ganz Paris aufgebracht hatte. Heftiger als alle anderen Bauten wurde er befehdet. Doch unbeirrt wuchsen seine 58 Stockwerke in die Höhe. Schmal, elegant, ein wenig drohend steht er nun mitten in dem alten Künstlerviertel und verändert es. 209 Meter und 13 Zentimeter ist er hoch, der »Pariser Zukunftsschock«, das »Goldene Kalb 1972«, der Alptraum der »Megalopolis«, wie die Franzosen ihn nannten. Von alten Konservativen wie von jungen Linken wurde er gleichermaßen erbittert bekämpft. Und gleichermaßen vergeblich. Proteste gegen Promoteure haben noch nie Erfolg gehabt.

Turmvater Jean, Claude Aaron, setzte sich durch. Dutzende von Banken und Versicherungen finanzierten den Giganten, der so viel Büroräume in sich birgt wie die gesamten Champs-Elysées. Zwanzigtausend Menschen − etwa die doppelte Einwohnerzahl von Rothenburg ob der Tauber − strömen täglich in den Turm, Menschen, die in dem Viertel gar nicht wohnen und ihm dennoch ihren Stempel aufdrücken. Ein ungeheurer, schnell ablaufender Veränderungsprozeß.

Ich fahre zur U-Bahnstation Montparnasse-Bienvenüe. Bienvenüe, aber willkommen heißt mich niemand. Das Bienvenüe trägt zwei Punkte über dem »u« und ehrt damit den Vater der U-Bahn, Generalinspekteur Fulgence Bienvenüe, der einst die Métro erbaute. Die erste Strecke war 1900 zur Weltausstellung pünktlich fertig. An den letzten Strecken baut man heute noch, schicke, schnelle Bahnen in die Suburb von Paris, die immer amerikanischer wird. Am Ausgang Montparnasse fehlt schon längst das Rankenwerk von Hector Guimard. Die jugendstiligen Stiele mit den melancholisch herunterhängenden Blüten, die einst alle Eingänge mit der Schrift »Métropolitain« schmückten, sind fort. Lange fand ich sie komisch, dann entdeckte ich ihre Schönheit, nun werden sie immer weniger.

Ich steige die Treppen hinauf, lege den Kopf wie ein Huhn in den Nacken und schaue an der endlosen Turmfassade hoch. Da steht er, ein ultramodernes Möbel in einem altmodischen Zimmer, das nun plötzlich verstaubt und schäbig wirkt. Das ganze Viertel, vor dem ersten Weltkrieg erbaut, verlor seine Seele. Nichts stimmt mehr.

Der Turm gebar eine »brave new world«, der sich die Umwelt anpassen wird, anpassen muß. In der Rue du Départ konnte man monatelang die aufgerissene Fassade des Ateliers von Mondrian mit den farbigen Rechtecken und Quadraten sehen, mit denen der Holländer seine Wände bemalt hatte. 1911 war er nach Paris gekommen und hatte nach dem Krieg von 1919 bis 1938 wieder dort gewohnt. Jene Spur, die der Führer der Gruppe »Stijl« hinterließ, ist nun fortgewischt – Malerspuren, Lebensspuren.

Ich gehe die »Straße der Abreise« entlang, in der Mondrian so viele Jahre still und bescheiden gelebt hat. Es gibt hier noch altmodische Hotels mit schön geschliffenen Spiegeln und hübsch bemalten Schildern.

Vor einem Restaurant, in dessen Fenster ein Hund sitzt, steht ein Mann mit Fernrohr. Einer dieser typischen Franzosen: Baskenmütze, Schnauzbart, verblichene Jacke. Er schaut durch sein Rohr unentwegt zum Turm hinauf. Warum? »Ich will sehen, ob nicht endlich einmal einer herunterspringt«, sagte er, »das wäre ein guter Skandal.« Er weiß nicht, daß sein schwarzer Wunsch vergeblich ist, denn die Fenster lassen sich nicht öffnen. Paris wird »invivable«, sagte er. Ich höre diese Vokabel noch oft. Er schimpft: »Merde, Paris ist nicht mehr Paris, mit diesen Hochhäusern, Supermärkten und den widerlichen Selbstbedienungsrestaurants, die unsere Bistros verdrängen.« Er hat recht. In den neuen Vierteln findet man kaum noch die »Kneipe um die Ecke«, den Zinc, an dem bei Kaffee und Croissant, bei Rotwein oder einem Gläschen Fine die Stammgäste täglich miteinander reden. »Es sind die letzten Salons, in denen man sich noch unterhält«, schrieb der Stadtverordnete Marcel Cornu. »C'est le progrès qui tue l'humanité«, sagt der Mann mit der Baskenmütze zu mir: »Der Fortschritt tötet die Menschheit.«

Aber kann man den Fortschritt aufhalten? Ich sehe die glatte, vielstöckige, grünglasige Fassade des Bahnhofs Montparnasse – inspirierend ist sie nicht.

Ein Klagelied

Es gilt jetzt ein kurzes Klagelied anzustimmen, das hoffentlich nicht zu sentimental klingt, einen Nachruf auf das Paris der Putten und Posen, der Karyatiden, der barbusigen Damen und bärtigen Herren, die Balkons, Fenstersimse und Vordächer stemmen; auf die geschlechtslosen Engel, die mit erhabener Geste irgendwohin weisen; auf die Göttinnen und Trauernden, die Wasserlilien und Nixen, die Nymphen und Satyrn, die Schwebenden, Tanzenden, Hockenden und Angeschmiedeten, die Masken und Fratzen, Säulen und Ranken, kurz auf die ganze Zierde, mit der die Menschen bis in die zwanziger Jahre, bis zur »art déco«, ihre Brücken, Bahnhöfe, Bordelle, Häuser, Hotels, Tanzsäle, Leichenhallen, Sportpaläste, Warenhäuser, Passagen und Planetarien schmückten, auch die Gußstahlkioske, Litfaßsäulen, Laternen und Pissotièren: Träume aus Glas und Stahl. Diese Mosaiken und Malereien, diese Blumensträuße und Vasen, diese Bauernmädchen und Fischer, Kühe, Schnecken, Schweine, Hühner und Landschaften, mit denen die Händler ihre Läden zierten! Zum Glück nicken überall noch die goldenen Pferdeköpfe (»Fallada, da du hangest«) von den Pferdemetzgern herab. »Boucherie chevaline«.
Wie ich sie liebe, diese verschnörkelten Schriften und köstlichen Namen: au chien qui fume; au roi des vins; au chat rond; au lion amoureux; au pied fragile; au coq gaulois; au petit riche; à la favorite; pierrot gourmand; le chat qui pèche; tout pour la poésie, à l'escargot d'or; la pluie des fleurs; la joie de lire; antiquités de clemain; das klingt besser als: Self Service, Parking, Shopping Center, Drugstore, Pick up, Grand Standing und Snack.
Diese Glasbaldachine über den Hoteleingängen, diese Schilder, verziert mit schmucken Girlanden und altmodischer Schrift, diese unglaublich schöne, bunte Kuppel im Restaurant

des Warenhauses Printemps im sechsten Stock, diese gut erhaltene Belle-Époque-Pracht im Restaurant an der Gare Montparnasse *Le Rougeot.* Die glasziselierten Fenster mancher Läden und Bistros, die Deckengemälde, Kronleuchter, Wandmalereien, Fayencen, dieser hinreißende Kitsch, der Herz hat und Paris sein bestimmtes, unverwechselbares Flair gab. Irgendwie waren die Menschen verliebter in ihre Behausungen, stolzer auf ihren Individualismus.

Ich fuhr mit der fabelhaften Schnell-U-Bahn in das neue Viertel *La Défense,* um endlich das Moderne bewundern zu können, die Türme, die große Gehfläche ohne Autoverkehr, benannt »la dalle«. Gewiß, manche Türme sind elegant, doch der Wind umbraust sie; Bäume, Bistros, Brunnen, Blumen sah ich nicht, nur in Beton Gepflanztes, nur Restaurants in den Türmen, in denen man unter 50 Mark kaum dinieren kann. Wenig Bänke, viele Banken. Schnell ermüdeten die Füße, Helga fand das Wort für die »dalle«: »Die kalte Platte«. Glitzernd, prächtig untertags, des Nachts menschenleer, abweisend. Bürosilos, klimatisiertes Unbehagen. Wohnen möchte ich dort nie. Bin ich altmodisch? Gehe ich am Zeitgeist vorbei? Mies van der Rohe war mein Onkel. Wie begeisterte ich mich in New York an seinem Seagram Building, dem grüngoldschimmernden Wolkenkratzer auf der Fifth Avenue. Aber Paris? Gewiß, *La Défense* (warum heißt sie Verteidigung?) liegt nicht im Herzen der Stadt, sie ist vor allem für die Verwaltung und Büros gedacht, wirkt jedoch überaus menschenfeindlich. Müssen sich die Städte der Menschen dieses Jahrhunderts so zum Verwechseln gleichen, von Chicago bis Moskau, Quebec bis Elberfeld, Mailand bis Athen?

»Die Fortschrittlichen von morgen sind die Konservativen von heute, während sich die Fortschrittsgläubigen von heute als die eigentlichen Reaktionäre erweisen«, schrieb der Architekturkritiker Peter M. Bode.

Ach, wie froh waren wir, als wir nach Irrgängen zwischen Schnell-Bahn und U-Bahn in der alten Cité wieder an die Oberfläche gelangten, im Bistro um die Ecke auf die abgeschabten Lederbänke sanken und einen Apéritif tranken. Gegenüber saß ein Clochard, der davon lebt, daß er ab und zu Koffer trägt und einen Herrschaftshund »gassi« führt; freilich sieht der arme Hund weniger Gassen als Zincs, an die sich sein Ausführer gern lehnt.

Zum Flair von Paris gehören auch die schmutzigen, abgeblätterten Hauswände, die mit ihren vielen Grauschattierungen die Maler des Tachismus angeregt haben, jenes hundertfache Grau unter dem ganz bestimmten, pastellfarbenen Silbergrau, das der Himmel über Paris so sanft ausbreitete.

Die Straße des Abschieds

Das flirrende Licht von Paris, das die Maler so entzückte, ist fahl geworden unter der Dunstglocke von Staub und Autoabgasen. Wir fragten einen Taxichauffeur, in welcher Jahreszeit die Stadt an der Seine mit ihren betonierten Autostraßen-Ufern am besten zu fotografieren sei. »Es gibt keine Jahreszeit«, sagte er lakonisch, »es gibt nur eine Stunde – die am Sonntag, kurz nachdem die Sonne aufgegangen ist.« Er behauptete, an Wochentagen mache die starke Luftverschmutzung eine klare Sicht unmöglich. »Zweimal das Gewicht des Eiffelturmes wirbelt als Staub, Schwefeldioxyd, Sand und Kohleteilchen in der Luft herum«, sagte er.

Ich wandere die Rue du Départ entlang und komme zum »Drachenhof«, wo einst die Werkstatt der Herren Panhard und Levasseur war, in der sie 1891 die ersten französischen Automobile bauten. Ein Schild verkündet es. Man feiert die Eröffnung eines kleinen Boutiquen-Zentrums im *Cour du Dragon;* junge Leute haben hier eine Art Anti-Turm-Idylle geschaffen. Aus Fässern wird Rotwein ausgeschenkt, ein Leierkasten ertönt, mitten drin hockt im weißlackierten Käfig ein Äffchen und maunzt leise vor sich hin, bei so viel Lärm und Licht und ohne Mutter. Ich taufe es »Joli Cœur«, in Erinnerung an mein Lieblingsbuch aus der Kindheit: Hector Malos *Heimatlos.* Ein kleines Restaurant mit rotkarierten Tischdecken ist hier eingerichtet worden, die Nischen sind mit Mahagonibögen aus einem Pferdestall der achtziger Jahre geschmückt: die Belle Époque angesichts der Schnell-Époque.

Die jungen Boutiquen-Mädchen, anzusehen wie Modelle von Kees van Dongen, mit tiefumränderten bemalten Augenlidern und Kußlippen, sitzen zwischen ihrem Schnick-Schnack, zwischen Pelzen aus Afghanistan, Platten und Postern, zwischen Antiquitäten, Schmuck und Töpfen, die ein Töpfer emsig auf der Scheibe dreht. In einem Schaufenster hängt die Karikatur des Turmes, darunter ein schnell hingemaltes Verslein: »Grâce, grâce Messieurs les Promoteurs, ne coupez pas nos fleurs.« »Gnade, Ihr Herrn Baugewaltigen, schneidet nicht alle unsere Blumen ab.«

Blumen sind hier sowenig zu sehen wie irgend etwas Grünes. Da wäre also der Riesenbahnhof Montparnasse, Jahrgang 1969, vielstöckiges Hochhaus, kahler Sohn einer Bahnhofsmutter, die seit dem Jahre 1852 an diesem Platze stand, der umgetauft wurde in Platz des 18. Juni 1944, um an den Tag zu erinnern, an dem General de Gaulle seine erste zündende Widerstandsrede von London aus hielt. An diesem Bahnhof, in seiner alten, verschnörkelten Gestalt, unterzeichnete General von Choltitz am 25. August 1944 die Kapitulation. Paris war befreit. Es hatte nicht gebrannt, wie Hitler es wünschte; Choltitz hatte sich dem Vernichtungsbefehl widersetzt.

1895 passierte hier ein seltsames Unglück. Die Lokomotive eines Expreßzuges fuhr ungebremst durch die hohen Glasfenster und stürzte auf die Straße hinab, wo sie sich mit ihrer Schnauze tief in die Erde einbohrte. Ein Unglück, das – fotografiert als Postkarte – alsbald in alle Welt verschickt wurde. Wie vieles aus der Belle Époque ist diese Postkarte auch heute wieder zu kaufen.

In der alten Bahnhofshalle, von den Franzosen treffend »salle des pas perdus«, »Saal der verlorenen Schritte« genannt, stand in den zwanziger Jahren ein Kiosk, in dem ein älterer Herr Bonbons und Kindertrompeten verkaufte. Eines Tages wurde er von einem Cineasten gefragt, ob er vielleicht mit dem Filmpionier Georges Méliès verwandt sei. Er war es selbst, die Madame an seiner Seite der Frühfilmstar Jeanne d'Arcy. Glanz und Elend eines Originals. Vater Méliès, ein wohlhabender Schuhfabrikant, hatte den Sohn nach London in die Kaufmannslehre geschickt, doch er kam nicht als Industrieller, sondern als Zauberer zurück. Mit seinem Erbe kaufte er 1888 das kleine Theater des großen Zauberers und Illusionisten Robert Houdin am Boulevard des Italiens – und machte sich später, begeistert von der Erfindung Lumières, ans Filmedrehen. Produzent, Regisseur, Szenenbauer, Trickfachmann, Schauspieler in einem, drehte Méliès mit seiner gesamten Familie, den Angestellten, der Dienerschaft und seiner Frau Stummfilme. Méliès' Filme sind phantastische, skurrile, surreale Zauberwerke, die in der ganzen Welt berühmt wurden und dann in Vergessenheit gerieten: *Wilhelm Tell, Die Affäre Dreyfus* (1899), die nachgedrehte Krönung Edwards VII., *Die Reise in den Mond* (1902), das *Reich der Feen, Münchhausen* und *Aschenbrödel,* mit dem er schließlich pleite ging. 1923 wurde auch noch sein *Théâtre Houdin* ohne einen Pfennig Entschädigung enteignet, weil ein Boulevard durchgebrochen werden mußte. Das graue Elend umfing den freilich Unverzagten, der nun Kioskverkäufer wurde, zwölf Stunden täglich auf dem zugigen Bahnhof Montparnasse. Erst nach seiner Wiederentdeckung 1929 gab man ihm zu Ehren eine Gala und verschaffte ihm eine Pension, so daß er im Altersheim von Orly sein Leben würdig beschließen konnte. Er starb 1938.

Ich umgehe den zwölfstöckigen scheußlichen Bahnhof und überquere den Boulevard Edgar-Quinet, einst gefährliches Terrain, wo die Apachen an der Mauer des Friedhofs Montparnasse einsame Passanten überfielen. In der Nr. 60, blauangestrichen und bizarr, residiert die *Monokelbar* und erwartet ausschließlich weibliche Kundschaft. Früher war dort das Kabarett *Cri-Cri,* in dem man 1912 den Dichter Paul Fort, den Vorkämpfer des Symbolismus, als »Prince des Poètes« mit einem Bankett feierte, an dem sogar Minister teilnahmen. Ein Dichterfürst – Geist zählte damals noch.

Schräg gegenüber, wenn man den Boulevard mit seinen Marktständen überquert, liegt der 16 Hektar große Friedhof Montparnasse, neuste Erholungszone für die Menschen, die aus der Betonwelt in seine schattigen Alleen flüchten. Hier ist es ruhig. Tote reden nicht. Vögel zwitschern, Mütter schieben Kinderwägen, Liebespaare gehen Hand in Hand zwischen den Gräbern mit ihrem oft bizarren Schmuck herum, Blumen blühen, Witwen hocken wie schwarze Raben auf den Bänken.

1848 trieb sich auf diesem Herrgottsacker ein Sergeant namens Bertrand herum, der nächtlich Gräber frisch bestatteter Mädchen und Frauen öffnete, um sich an den Leichen zu vergehen. 1849 wurde er – sonst ein sanfter Mensch – verhaftet. Er gestand, mitunter bis zu fünfzehn Gräber mitternachts geöffnet zu haben. Man bestrafte ihn nicht schwer, nur ein Jahr Gefängnis im Cherche-Midi. Nach seiner Entlassung brachte er sich um. Wer gern Gräberkult treibt, kann hier Baudelaire besuchen und seinen steinernen Leib in Tücher gehüllt sehen, ferner die Gräber von Huysmans, Leconte de Lisle, dem Dichter der Marseillaise, Maupassant, Sainte-Beuve und César Franck. Auf dem Friedhof, der seit 1824 existiert, liegt auch Pierre Laval; buchsbaumumsäumt die Grabplatte, auf der nur das Datum steht: »Fresnes 15. 10. 1945«. Ich denke mit Schaudern daran, wie man den Kollaborateur Hitlers, der sich vergiftet hatte, mühsam ins Leben zurückrief, um ihn dann hinzurichten. Auch der Maler Soutine, der aus dem litauischen Getto kam, liegt hier begraben. Als Jude hätte die Regierung von Vichy ihn den Hitlerschergen ausgeliefert, wenn sie seiner habhaft geworden wäre.

Auf der anderen Friedhofsseite schlängelt sich das Gegenteil von Tristesse entlang, die Rue de la Gaîté, die »Straße der Fröhlichkeit«. In ihr ist die Welt sozusagen noch heil, ungestört und gut erhalten; nur der Turm schaut düster hinein. Zwei- bis dreistöckige Häuser mit unerhört reich verzierten Fassaden aus den verschiedensten Epochen.

Auf unseren Pariser Streifzügen bekamen wir allmählich den Blick dafür, den Blick in die Höhe, um Ursprüngliches, Altväterliches, Groteskes oder Elegantes zu entdecken. Das holzgetäfelte Restaurant der »tausend Säulen« macht einen ehrwürdigen Eindruck. Eben tritt eine kesse Braut heraus, gefolgt von dem sehr viel kleineren und schüchtern dreinblickenden Bräutigam. Gleich daneben das *Bobino,* Music-Hall für aufgehende und verblassende Sterne, kleiner Bruder des *Olympia;* daneben das *Théâtre Gaîté Montparnasse,* klein, plüschig, roter Samt, goldverzierte Ränge, halb Musical-Hall, halb Theater, je nach dem Wochentag. Vor 1914 konnte man in diesem Gebäude »chez Janine« für 4 Sous einen Schnaps trinken, zwei Stunden Chansons hören und eine Stunde Theater sehen. Heute ist man ernsthaft, gerade wird eine Joyce-Adaption, *Die Nacht des Ulysses,* gespielt.

In der »Straße der Fröhlichkeit« gab es früher viele Mühlen, die in Kabaretts umgewandelt wurden, viele Bälle, Kneipen und billigen Wein. Am *Théâtre Montparnasse,* dessen Eingang Karyatiden aus dem Jahre 1886 flankieren, sieht man das Profil seines schnurrbärtigen Direktors Henry Larochelle in Stein gemeißelt. Heute spielt man wieder Komödie. In den dreißiger Jahren machte Gaston Baty hier Avantgarde. Bevor das Vorstadttheater 1819 zum ersten Mal erbaut und später oft umgebaut wurde, erhob sich ungefähr an dieser Stelle ein Volkstheaterchen, in dem Familien zwar nicht Kaffee, aber auf einem großen Ofen in der Mitte des Theaters, der in den Pausen zum Aufwärmen der mitgebrachten Kasserollen dient, Suppe kochen konnten.

Ich verlasse die fröhliche, quicklebendige Straße mit ihren niedrigen Häusern, ihren hundert Läden und den vielen Restaurants – besonders empfohlen wird *La belle Polonaise –,* beschaue noch kurz das Hotel mit dem schranktürschmalen Eingang, das *Hôtel de l'Espérance* heißt – wieviel Hoffnungen mögen hier zerflossen oder in Erfüllung gegangen sein?

Plaisance und der Zöllner Rousseau

»Du selbst bist lieber Rousseau
Dieser Engel der Flügel schwingt
Und der Vogel der irgendwo
Dein eigenes Loblied singt.«
GUILLAUME APOLLINAIRE

Ich bin jetzt in der Avenue du Maine, hinter der Rue de la Gaîté. In der Nr. 14, die längst verschwunden ist, hauste eine Zeitlang Henri Rousseau, 1897 mehr belächelt als berühmt, obwohl sein Freund Alfred Jarry, der Avantgarde-Dichter des *Ubu roi*, schon über ihn geschrieben hatte. Rousseau, um diese Zeit verwitwet, lebte wahrhaftig ärmlich. Ein Besucher schreibt: »Das Zimmer, das ihm als Atelier dient, ist am Ende eines Flurs, die Fenster mit den dreckigen Vorhängen gehen auf einen Kohlenberg im Hof hinaus. Ein runder Ofen, dessen Rohr direkt in die Decke geht, ein uraltes Bett und ärmliche Concierge-Möbel stehen unordentlich herum. Unter dem Bett ein gußeiserner Topf. Darin ist das Ragout, das die Concierge montags kocht und das eine Woche vorhält. Es wäre unheimlich, wenn nicht an den Wänden große französische und russische Fahnen ihre Farbenfreude ausstrahlen würden.«
Um diese Zeit hatte der größte aller naiven Maler schon viele herrliche Bilder gemalt, so *Spaziergang im Walde,* auf dem eine Dame mit braunem Cul-de-Paris-Kleid durch einen Zauberwald schreitet; *Ein Abend im Karneval,* ein Traumbild mit Harlekin und Mädchen unter Mondscheinhimmel; *Der Krieg,* heute im Louvre; *Die Tigerjagd; Gegenwart und Vergangenheit; Die Jahrhundertfeier der Unabhängigkeit* und viele Landschaften, Porträts und Selbstbildnisse.
Es ist heute kaum vorstellbar, wie arm die Künstler in Paris waren, wie hart ihr Lebenskampf, wie demütigend ihre ständigen Pumpversuche und die Vertröstungen ihrer Gläubiger.
Ich überquere die Avenue und bin in der Rue Vercingétorix, das heißt auf ihrer einen, schon ziemlich toten Seite. Die andere

existiert nicht mehr, sie wurde abgerissen, um der Radiale, der Stadtautobahn, die zum Turm *Maine Montparnasse* führt, Platz zu machen. Das Auto besiegt den Menschen. So finde ich auch die Nr. 6 nicht mehr. 1893 hatte Gauguin, zurückgekehrt aus Tahiti, dort sein Atelier. Außen war es chromgelb angemalt und am Fenster stand: »Te faruru«, »hier macht man Liebe« – Tahitiworte, die in diesem Falle seiner Maitresse Annah la Javanaise galten, die ihm – in exotische Gewänder gehüllt, ein Äffchen auf der Schulter – überallhin folgte, während Gauguins reizlos gewordene Frau Mette, die Mutter seiner fünf Kinder, ein tristes Dasein als Lehrerin in Dänemark fristete. Gauguin, damals fünfundvierzig Jahre alt, hatte gerade einen Onkel beerbt. Mit seiner Pelzmütze, dem langen blauen Mantel mit gesticktem Kragen und einem von ihm mit barbarischen Schnitzereien verzierten Spazierstock fiel Gauguin selbst in diesem Viertel auf. Leider endete die Liaison glücklos: Das Geld, auf pompösen Festen verschwendet, war bald dahingeschmolzen und die Herzdame entschwand, nicht ohne den Maler vorher auszurauben. Eine Versteigerung seiner Bilder bei Drouot hatte keinen Erfolg. 1886 ist er dann wieder in Tahiti, fünf Jahre später auf der Insel Fatu-Iwa, wo er im Jahre seines Todes, 1903, sein letztes Bild malt, eine bretonische Schneelandschaft.

Von seinem Pariser Atelier ist keine Spur mehr zu sehen. An der enorm verbreiterten Straße wachsen moderne Wohnpaläste in den Himmel, die nicht so aussehen, als habe irgendein Künstler darin sein Atelier gefunden.

Hingegen gibt es auf der anderen Seite der Straße, hinter dem Toreingang Nr. 3, eine Überraschung: den *Cour des Miracles*, zwei Dutzend einstöckiger Ateliers, die sehr heruntergekommen sind, so daß ihre Lebenserwartung offensichtlich nicht mehr hoch sein kann. Spätestens 1984 wird der Passant an glatten, teuren, hohen Häusern vorübergehen, ohne zu ahnen, welch schäbiges kleines Juwel hier noch 1974 zu sehen war. Helga, die fotografieren will, geht auf Zehenspitzen herum, so poetisch, so aus einer anderen Welt mutet uns der Pflaster-

26

hof mit seinen Häuschen an, die aus Resten der Weltausstellung 1889 erbaut worden sind. Tauben gurren zu Dutzenden, und schwarze Katzen, mager und zerrupft, zeigen alles andere als Samtpfötchen. In einem dieser Ateliers mit steiler Holztreppe wohnte und malte der Zöllner Rousseau von 1899 bis Ende 1900. Vor seinen mystisch-schönen Bildern standen die Leute im *Salon des Indépendants* und hielten sich den Bauch vor Lachen, Bilder, die er mühselig für 20 bis 400 Francs anbot und selten verkaufte. Sie hängen heute in allen Museen der Welt und sind für Geld überhaupt nicht mehr zu erwerben.

Als Rousseau das Atelier mietete, vor dem wir jetzt stehen, war er sechsundvierzig Jahre alt und Witwer. Die Concierge wie auch die Verwalterin waren von vornherein gegen das Männlein mit dem schon ergrauten Schnurrbart und der Baskenmütze, weil er Besuch von Modellen bekam, die offenbar nicht nur Akt standen, sondern auch lagen.

Im »Wunderhof« war es sommers stickend heiß und winters eisig kalt; selbstverständlich gab es kein elektrisches Licht, nur Petroleumlampen, und auch kein Wasser; das holte man sich am einzigen Hahn auf dem Hof, der bei Frost sofort einfror, so daß der Maler mit einem Eimer bis zur Pumpe in der Avenue du Maine wandern mußte. Dennoch hatte er in diesem frugalen Jahren auf andere Weise Glück: Er fand seine zweite Frau, nachdem ihm die erste, Clémence, nach zwanzigjähriger Ehe und der Geburt von sieben Kindern (nur eine Tochter überlebte ihn) an Tuberkulose gestorben war.

In dem efeubewachsenen Atelier also verlebte der pensionierte Zöllner sein Flitterjahr mit der ebenfalls verwitweten Kutscherfrau Josephine Nourry, die der Freimaurer in der Kirche von Notre-Dame-des-Champs geheiratet hatte.

Wir stehen vor dem Aufgang dieses Hauses, an dem keine Tafel hängt. Hinter vergittertem Fenster sitzt weiß und majestätisch eine Katze, neben ihr ein Zettel: »S'il vous plaît, ne laissez pas sortir Lulu (vraiment) je ne veux pas de petits chatons« – »Bitte lassen Sie Lulu nicht heraus, wirklich nicht, ich will keine kleinen Kätzchen haben.« Lulu schaut hochmütig und ein wenig angewidert durch das Fenster, unter ihr katzbuckelt vergeblich ein Kater. In diesem Atelier – nebenan blühen rote Geranien – malte der Zöllner sein herrliches Bild *Une mauvaise surprise,* auch *Die Jagd auf den Bären* genannt. Ein nacktes Mädchen hebt angstvoll die Arme vor dem Untier, doch ist der Jäger schon zur Stelle. Hier schrieb er sein Stück, das bis 1965 auf die Uraufführung in Heidelberg warten mußte: *Die Rache einer russischen Waise.* Über das Bärenbild hatte Renoir zu dem Kunsthändler Vollard gesagt: »Welch hübscher Ton auf dieser Leinwand von Rousseau, ich bin sicher, Ingres selbst hätte das nicht verachtet.«

Der Hof mit dem groben Pflaster ist mit Efeu bewachsen, Wäsche hängt vor den Fenstern, eine Frau beugt sich heraus: Ja, es gibt noch ein halbes Dutzend Künstler hier, aber in einem Jahr sind wir alle »foutu« – futsch. Sie lächelt zu uns herunter. Nicht so der junge Mann in Jeans auf der anderen Seite des Hofes – er schmeißt uns die Tür vor der Nase zu.

Im Quergebäude laufen Dutzende elektrischer Drähte und Leitungen über schön verzierten Eisenplatten so zusammen, als habe Edison selbst sie installiert. Wären nicht die parkenden Autos, man könnte sich hundert Jahre zurückversetzt glauben. Fern am Himmel heben mit Spinnenarmen riesige Kräne vorgefertigte Platten in die Luft. Ein Maler hat vor seine Holztür mit Kreide geschrieben: »Ausspucken vor meinem Atelier ist verboten.« Den Bildhauer Biscel im weißen Kittel dürfen wir fotografieren, während er an einer glatten Halbkugel arbeitet. Wieder auf der Straße, sehen wir auch auf dieser Seite nur noch leere Häuser. Der Besitzer eines Malergeschäftes hat mit weißem Pinsel an sein Schaufenster geschrieben: »Ausverkauf vor der Ausweisung, wir liquidieren und hauen ab, letzter Tag 30 % Rabatt.« Wir schleichen in großer Hitze weiter durch die gewundene, staubige Straße. Ich will zu der kleinen Querstraße Rue Perrel 2, wo Rousseau seine letzten Jahre verbracht hat. Da ist die Rue Perrel. Das Eckhaus ist schon fort, nur seine Keller sind noch zu besichtigen und ein Haufen Sperrmüll. Hübsch muß es zu Rousseaus Zeiten hier gewesen sein, bescheiden und

kleinbürgerlich. Das Haus Nr. 2 a ist verschwunden, ein Miets-
block steht an seiner Stelle.

Anhand einiger vorläufig noch stehengelassener Häuser kann
man sich ein Bild davon machen, wie es hier war, als der Maler,
der nie an seiner Berufung zweifelte, seine kleinen Feste gab.
Auch seine zweite Frau war indessen gestorben; er hatte eine
Weile mit ihr in der Rue Gassendi gewohnt, war dann in eine
Baracke in der Rue Daguerre 44 gezogen und schließlich 1906
in die Rue Perrel, erneut Witwer. In seinen letzten Jahren malte
er seine schönsten Bilder, die er einem neuen Gönner zu gerin-
gem Preis verkaufte, einem gewissen Herrn »Hude«, wie er ihn
nannte – Wilhelm Uhde, Breslauer Corpsstudent, Kunsthisto-
riker, Sammler und Entdecker naiver Genies.

Ich stehe in der staubigen kleinen Straße, die halb abgerissen so
trostlos wirkt, und versuche mir die »soirées musicales et littè-
raires« des Zöllners mit aller Phantasie auszumalen.

Bis zu seinem Tode gab er unermüdlich Feste und versammelte
in diesem Häuschen die verschiedenartigsten Menschen. Ein
Bild stand auf der Staffelei, das Eisenbett lag zusammenge-
klappt in einer Ecke; ein Podium wurde aufgebaut, Rotwein
angeboten. »Le petit peuple« seines Viertels vermischte sich
mit Künstlern, Ausländern, Intellektuellen. Die Bäckersfrau
erschien mit ihrem fein herausgeputzten Töchterlein, das bei
Rousseau Mandolinenstunde nahm, die Büglerin von nebenan,
die Tochter des Milchmanns, die er im Zeichnen unterrichtete,
und der Sohn des Krämers, dem der Vielseitige Geigenstunden
gab; dazu Picasso, Max Jacob, Sonia Delaunay, ferner die Concierge mit Blumenhut und einem Baby an der Brust, Apollinaire, den er endlich durch Jarry kennengelernt hatte, Wilhelm
Uhde (Monsieur »Hude«) und schließlich auch Ambroise Vollard, der Kunsthändler, der Rousseau das allerletzte Viertel-
jahr seines Lebens durch Ankäufe erleichterte, obwohl er nach
wie vor von Gläubigern bedrängt war. Es kamen Italiener, Russen, Polen und die Baronin Öttingen, die ebenfalls Bilder
kaufte.

Auf dem Podium brachte die Bäckerstochter selbstverfaßte

Gedichte zum Vortrag, spielte Rousseau ein wenig falsch auf seiner Violine – und zum Schluß sang alles im Chor, darunter der amerikanische Maler Max Weber, »auprès de ma blonde.« Die »soirées artistiques et familières«, zu denen der Künstler schriftlich einlud, liefen genau nach einem Programm ab, das mit roter Tinte abgezogen wurde. Es begann stets mit der Marseillaise und enthielt einige von Rousseau selbst komponierte Piècen. Es kamen natürlich auch Picassos Geliebte Fernande Olivier, die sein Gesicht als »strahlend vor Güte« beschrieb, und Marie Laurencin, die Schlanke. Als erstaunlich dicke Dame in lila Plissee hatte der Zöllner sie auf dem berühmten Bild *La muse inspirant le poète* an der Seite ihres Freundes Apollinaire gemalt. In den Briefen an den Dichter, die er stets mit »cordiale poignée de main« schloß, bezeichnete er Marie als »meine kleine Dame«.

Ausführlich werden diese Fêten in dem köstlichen Buch *La vérité sur le douanier Rousseau* von Henry Certigny geschildert. Auch am 14. Juli 1910 feierte der Maler und nahm einen Moment Uhde beiseite: »Liebst du den Frieden?« fragte er ihn. Als Uhde das bejahte, öffnete Rousseau sein flaggengeschmücktes Fensterchen und zeigte stolz auf eine kleine schwarzweißrote Fahne.

In der Ecke des ausgeräumten Ateliers stand das Bild *Die exotische Landschaft*. Um einen tropischen Wald zu malen, hatte er 23 verschiedene Grüns gebraucht. 1971 wurde dieses Gemälde in New York für 2,6 Millionen Mark versteigert – das letzte, das noch im freien Handel zu kaufen war. Wie froh wäre sein Schöpfer gewesen, hätte man ihm nur den 5000. Teil von 2,6 Millionen gegeben.

Für seine Soirées hatte er natürlich nie genug Geld, er pumpte es sich zusammen oder bat jeden, »irgend etwas mitzubringen, damit jeder etwas hätte«. Gegen Schluß der Abende färbte sich sein Gesicht mit dem weißen Schnurrbart violett, dann schlief er meist auf einem seiner Stühle ein.

Im August 1910 kam Henri Rousseau als Moribunder mit Brand im Bein ins Krankenhaus. Am 9. September starb er,

sechsundsechzigjährig, nur Uhde und Robert Delaunay waren
an seinem Sterbebett. Die letzte »Braut«, die er so heiß und
vergeblich als alter Mann noch umworben hatte, die »sinistre
Leonie«, verweigerte einen Trostbesuch.

Auf dem Rückweg entdeckten wir in der unteren Hälfte der
Rue Vercingétorix, die noch nicht abgerissen war, zu unserem
Erstaunen hinter den Nr. 50–52 eine intakte Künstlerkolonie
der Stadt Paris. »Das wird abgerissen«, mahnte eine dicke rote
Schrift am Zaun; gleich daneben: »pissez bleu, lisez rouge«, die
Reklame für eine kommunistische Zeitschrift.

Die *Cité des artistes* ist noch gut erhalten, obwohl auch diese
Atelierhäuser ein Überrest irgendeiner Weltausstellung sind.
Hohe Ahornbäume, viele kleine grüne Gärten – leider haben
sie die Künstler, die keine Einheit bilden, eingezäunt: neueste
Entwicklung des Individualismus. Wir lernen die holländische
Bildhauerin Lotti kennen, Schülerin von Zadkine und Laurens,
abstrakte Plastikerin von großem Talent. Sie hat sich mit ihrer
Tochter ein skurriles Zauberreich in ihrem Studio geschaffen,
Plastiken, Perücken, Puppen, alte schöne Möbel, Marionetten,
Tiermasken, Ketten, Postkarten, ein ganzer Flohmarkt. Seit
1950 lebt sie in Paris: »Ich habe mit Künstlern gelebt, die nach-
her alle berühmt wurden«, sagt sie und nennt nur einen: Karel
Appel. In vielen Museen hat sie mit Erfolg ausgestellt. Schräg
gegenüber wohnt mit Frau und Kind ein Plastiker, der Südame-
rikaner Carlos Cairo mit Rübezahlbart und roten Shorts. Gemeinsam feiern? Nein, das kennen sie hier nicht. Man hält nicht
zusammen im gemeinsamen Kampf. Früher war es anders. Viel
Zukunftsaussichten geben sie ihrer Cité, in der man für 100
Mark Miete sehr schön im Grünen wohnen kann, ohnehin
nicht. Auch das wird bald vorbei sein. Vorn am Ausgang steht
ein Lieferwagen, auf dem schräg verschnürt ein Kruzifix liegt.

Zu Rousseau gehört Alfred Jarry. Wohnte er weit weg von diesem Viertel? Wir finden sein Haus in der Rue Cassette nach
längerem Fußmarsch über den Boulevard Montparnasse, hinter dem Jardin du Luxembourg, den Rousseau so heiter gemalt
hat.

»Das große Bildnis an der Wand
Leuchtend aus seinem düstren Rand,
In Geisterfalten weiß wie Firn,
Das mich beblickt, hebt seine Stirn.
Mondbleich ist meine Stirn und fern
Unter dem weißen Siebenstern.«
ALFRED JARRY

Alfred Jarry, Vorläufer und Abgott der Surrealisten, war der Entdecker des Zöllners Rousseau. Er schrieb über ihn begeisterte Artikel. Der fast dreißig Jahre jüngere Bretone kam aus der gleichen Stadt Laval wie der Maler. Siebzehnjährig eroberte der brillante Abiturient 1890 Paris – drei Jahre später lernte er Rousseau im *Salon des Indépendants* vor seinem Bild *Das Paradies auf Erden* kennen – er blieb sein Freund, bis er 1907 mit vierunddreißig Jahrens starb.

Er wohnte in der Rue Cassette, doch die Hausnummern, die wir in den Büchern über ihn fanden, waren so falsch wie verschieden. Ein Stück Detektivarbeit. Wir gingen von Laden zu Laden – eine Dame wollte im Telefonbuch nachschauen, aber da hätte sie fünfundsechzig Jahre zurückblättern müssen, außerdem hatte Jarry natürlich kein Telefon. Endlich zeigte uns ein intellektuell aussehender junger Mann den Weg zur Nr. 7. Im gleichen Haus befindet sich die Buchhandlung *Librairie Andrillon:* wir waren am Ziel. Ein Angestellter führte uns vor die authentische Jarry-Behausung links im Hinterhof. Ein Fahrrad stand an der Mauer. Fahrräder und Revolver waren die Obsession des Dichters. Er knallte gerne mit dem Revolver herum und zog sich wie ein Radrennfahrer an, dazu ein Cape und einen hohen Hut; mitunter malte er sich eine Krawatte auf das dünne Papierhemd.

Das also war das Gelaß des Vaters des König Ubu, der gern von sich selbst im Pluralis Majestatis sprach und dessen Werke die jungen Franzosen heute als »chef d'œuvres« bezeichnen, als Meisterwerke. »Im zweieinhalbten Stock« wohne Jarry, hatte die Concierge damals zu dem erstaunten Apollinaire gesagt, als er ihn besuchen wollte. Es stimmt. Wir stehen in einer Zwergenwohnung, die von der Buchhandlung als Abstellraum benutzt wird. Der winzige Flur, das kleine Cabinet de toilette und die Stube – ich muß fast in die Knie gehen, und Helga stößt mit dem Kopf an die Decke. Kisten, Gerümpel, Bücher füllen das Räumchen. Auch Apollinaire konnte hier nicht stehen; er schreibt, daß hier alles in verkleinertem Maßstab vorhanden war: das Bett, mehr ein Lager; der Schreibtisch, ebenfalls so niedrig, daß nur Jarry, der beim Schreiben bäuchlings auf dem Fußboden lag, ihn benutzen konnte. An der Wand hing sein Porträt, das Rousseau gemalt hatte und das Jarry zum Teil verbrannte, so daß nur der Kopf übrigblieb. Seine Bibliothek bestand aus ein paar Kitschromanen und ein paar Bänden Rabelais. Auf dem Kamin, der immerhin vorhanden war, ein japanischer Phallus aus Stein, den ihm Félicien Rops geschenkt hatte, versteckt unter einem lila Käppchen. Jarry schrieb in der Nachfolge von Gérard de Nerval, Baudelaire, Rimbaud und Lautréamont absurde surrealistische Romane, als das Wort »surrealistisch« noch gar nicht erfunden war. Der Exzentriker, Frauenfeind, Poet, Satiriker und anarchisch-aggressive Feind der Dummheit, Feigheit und Heuchelei hatte als Dreiundzwanzigjähriger ganz Paris mit seinem ersten Stück schockiert. *Ubu roi, im Théâtre de l'Œuvre,* dem Theater der Intellektuellen, am 10. Dezember 1896 uraufgeführt, entfesselte einen gewaltigen Skandal.

Als der Vorhang sich vor einer Szene öffnete, an deren Dekor Bonnard und Toulouse-Lautrec gearbeitet hatten, rief der Père Ubu ein einziges Wort in den Saal, woraufhin das Publikum sich laut protestierend, pfeifend und kreischend wie ein Mann erhob. Das Wort hieß »merdre« – »merde«, das Jarry durch ein »r« noch härter im Klang machte. Scheiße also, heute allgemein üblich, löste damals einen Schock aus! Courteline stieg auf seinen Sessel und schrie, Jarry hielte sie alle zum Besten, ehrsame Kritiker verließen in der Pause das Theater. Aber Ubu machte sich hinfort selbständig, wurde zur unsterblichen Figur mit seinem birnenförmigen Körper, seiner Spirale auf dem dicken Bauch und seiner spitzen Kapuze, Marionette, Kasperl, Synonym für Absurdität, Grausamkeit, Grobheit und Herrschsucht, ein Roboter, wenn man will. Jarry hatte für sein freches Drama mit den harten Worten ein Schülerstück über einen geldgierigen, bösen Physikprofessor umgearbeitet. »Der Typ Ubu wurde legendär«, schrieb André Breton 1924.

Jarry, der Frauen nicht mochte, verkehrte nur mit einer einzigen, der Schriftstellerin Rachilde, zu deren Dienstags-Empfängen in der Rue de Condé er bis kurz vor seinem Tode – ein bleiches Gespenst – immer erschien. Jarry, der den Roman *Le surmâle,* einen surrealistischen Vorläufer des *Superman,* geschrieben hatte, war selbst eine Art Supermann. Vom Militär wegen »Jugendschwachsinns« als untauglich entlassen, weil er sich geweigert hatte, die Feldwebel mit »Monsieur« anzureden, war er dennoch ein guter Fechter und ein perfekter Radfahrer. Radelnd begleitete er den Sarg Mallarmés. Er ernährte sich gern von Fischen, die er aus den kleinen Teichen und Brunnen öffentlicher Anlagen fischte, lebte mehr nachts als tags und war geschätzter Mitarbeiter so vorzüglicher Zeitschriften wie *Mercure de France* und *La Revue Blanche,* die seine merkwürdigen Romane *Messaline* und *Le surmâle* vorabdruckte. Der Verlag *Mercure de France* brachte *César-Antichrist* und *Ubu roi* heraus. Daß Jarry überhaupt ein Alter von vierunddreißig Jahren erreichte, grenzt an ein Wunder. Wenn man Rachilde, die er stets »Ma-da-me« anredete, Glauben schenkt, so begann er seinen Tag zum Frühstück mit zwei Litern Weißwein, trank zwischen zehn und zwölf Uhr drei Absinth, begoß das Mittagessen, Fisch oder Beefsteak, noch einmal mit Weiß- oder Rotwein, dazwischen einige weitere Absinths, von ihm »das heilige Kraut« genannt, dann fügte er dem Nachmittagskaffee einige Gläschen guten Schnaps hinzu, um zum Abendbrot weitere Weinflaschen zu leeren, gleichgültig, ob es sich um eine gute oder schlechte Marke handelte. Außerdem nahm er Äther, die

Droge der damaligen Zeit. Doch wirkte er niemals betrunken. Mit erbarmungslosem Spott und nie endender Neugier betrachtete Jarry die Welt. Er interessierte sich für alles: Sport, Mode, Wissenschaft – eine Weile hatte er sogar überlegt, ob er Schüler der elitären *École Normale* werden sollte –, Kunst, Zirkus und Literatur. Er erfand eine irrationale Sprache und viele neue Worte, nicht nur »merdre«; so nannte er die Ärzte gern »merdecins« (»Merdiziner«). Der kleine Mann mit dem Mittelscheitel, dem Schnurrbart und den seltsamen Augen eines Nachtvogels, starr und leuchtend phosphoreszierend, so Rachilde, Sohn eines Handlungsreisenden und der exzentrischen Tochter eines Richters, war befreundet mit Max Jacob, Léon-Paul Fargue, Apollinaire, Rémy de Gourmont und den Malern von Picasso bis Bonnard, der seine Bücher illustrierte. Er sah gegen Ende seines Lebens so elend aus, daß sein Arzt Dr. Saltas schließlich in der Rue Cassette seine Tür aufbrach, ihn verschmutzt, gelähmt und halb bewußtlos fand und ihn in die Charité Rue des Saints-Pères brachte. Dort kam er wieder zu sich, verblüffte durch auserwählte Höflichkeit und Ruhe. Am 1. November 1907 starb er, wie man bei der Autopsie feststellte, an einer tuberkulösen Meningitis. Sein Buch, das die Gruppe um Jacques Prévert und Boris Vian später so inspirierte, *Gestes et opinions du docteur Faustroll, pataphysicien (Taten und Meinungen des Pataphysiker Doktor Faustroll),* erschien erst 1911.

Sprung zum Montmartre

»Mais la rue Ravignan est celle que j'adore.«

MAX JACOB

Mit der U-Bahn fahren wir zur Rue des Abbesses auf dem Montmartre. Eine andere Welt. Kühle weht auf der Place Emile-Goudeau, die unter schattigen Kastanien liegt. Fast dörfliche Stille. Man schaut hinunter auf die alten Hotels und die vielen köstlichen Läden. Da ist das *Au cochon rose,* ein Feinkostladen, in dem sicher Picasso oft eingekauft hat. Nebenan soll kurz auch Kees van Dongen gewohnt haben, ehe er in das *Bateau-Lavoir* hier oben auf den Platz zog, das berühmte Atelierhaus, das es leider nicht mehr gibt. Vorher hatte er rotbärtig auf Bänken oder in Zigeunerwagen im Maquis vom Montmartre geschlafen. Denn damals gab es hier noch eine Art Wildnis. Der junge Clochard aus Holland war bitterarm, ehe er zum Modemaler der zwanziger Jahre und zum steinreichen Mann wurde. Wir sitzen versunken und träumen. Links führt die steilen Rue Ravignan herauf; im Hinterhof Nr. 7 wohnte Picassos bester Freund, der Dichter Max Jacob. In diesem elenden Zimmerchen, in dem er feinen Damen wahrsagte, dichtete und malte, war ihm Christus erschienen. Durch diese Erscheinung wurde der jüdische Spötter und Zyniker zum zwar immer noch spöttischen, doch fanatisch gläubigen Christen bekehrt.
So berichtete er, daß am 7. Oktober 1907 – eben in dem Hofzimmer des Hauses, auf das wir hinunterschauen – ihm eine Gestalt erschienen sei. »Ich kam aus der National Bibliothek zurück, ich habe meine Aktentasche hingelegt, ich habe meine Pantoffel gesucht, und als ich den Kopf erhoben habe, war jemand auf der Mauer. Da war jemand! Da war jemand auf dem Wandteppich!« Und er sah auf der Landschaft, die er einst gezeichnet hatte: »IHN! Welche Schönheit! Eleganz und Sanftheit. Seine Schultern, sein Gang. Er hat ein Gewand aus gelber Seide mit blauen Blenden. Er drehte sich um und ich sehe die-

ses Gesicht, friedlich und leuchtend.« So erzählte es Max Jacob, glänzender, witziger Unterhalter, der andere hervorragend imitieren konnte, sogar die Barfuß-Tänzerin Isadora Duncan. Er trat meist in einer grauen Redingote auf, mit Chapeau-claque und Monokel, die farbigen Krawatten nach kabbalistischen Zeichen wechselnd. In seinem Zimmerchen brannte eine Lampe Tag und Nacht, weil es so dunkel im Hof war. Gern nahm auch er Äther und Haschisch und wußte viel von schwarzer Magie. Jacob, geboren in Quimper, malte, dichtete, schrieb Kritiken, war geistvoll, boshaft und parodierte alle und sich selbst. Sechs Jahre mußte er auf seine Taufe warten. Er ging in die Rue Notre-Dame-des-Champs, um sich beim Pater Marie-Alphonse de Ratisbonne auf die Konversion vorzubereiten. Als es dann so weit war, wurde Picasso sein Taufpate. Jahre später erschien ihm im Sacré-Cœur – er wohnte jetzt am Montmartre, in der Rue Gabrielle 17 – die Jungfrau Maria und ließ Erstaunliches vernehmen: »Was bist du mies, mein armer Max.« –»So mies auch wieder nicht, meine gute Heilige Jungfrau«, war seine indignierte Antwort.
Er wurde in Frankreich durch seinen Gedichtband *Le cornet à dés* berühmt, der 1917 erschien. Ein funkelnder, intellektueller, sarkastischer Ironiker, ein wenig satanisch und doch sehr fromm. Es trieb ihn hin und her, zwischen Mönchszellen und Salons, zwischen Askese und Genuß, zwischen dem Kloster Saint-Benoît-sur-Loire und den Nachtlokalen des Montparnasse. Zum Mönch oder zum Priester fühlte er sich nicht berufen. Schwelgte er eben noch in religiöser Ekstase, so konnte er kurz darauf ein frivoles Chanson über die Schleiertänzerin Loïe Fuller dichten:

»Loïe Fuller, c'est épatant
sur le bi, sur le bout, sur le bi du bout du banc
Mais ce Rodin est un salaud
C'est zéro!
Otéro!
Ah, voilà un numéro!«

Rodin hatte die schone Amerikanerin Loïe Fuller modelliert und wie die Duncan oft gezeichnet.

Jacob war auch Musiker und mit Georges Auric befreundet. Picasso und Modigliani haben ihn gezeichnet. Er gehörte zu allen tonangebenden Cliquen. Am 21. Februar 1944 wurde er – wie er es vorausgeahnt hatte – an der Klosterpforte von den Deutschen verhaftet. Kurz darauf starb er achtundsechzigjährig im KZ Drancy.

Die Place Emile-Goudeau – so genannt nach einem Chansonnier, der *Au temps des cerises,* ein äußerst populäres Lied, geschrieben hat – ist unverändert. Hinter der Bank, auf der wir sitzen, eine Mauer; darin eine weiß gekalkte Fläche, die den ehemaligen Eingang zu dem 1969 durch Brandstiftung abgebrannten Atelierhaus *Bateau-Lavoir* verbirgt, der Geburtsstätte des Kubismus, das hier nur einstöckig war, hinten jedoch am Berg vier Stock hinabreichte.

Auf der anderen Seite plätschert ein gußeiserner Brunnen mit vier Damen aus der Belle Époque. Dieser Brunnen ist an den verschiedensten Plätzen von Paris in der gleichen Ausführung zu finden. Ein reicher Engländer, Sir Richard Wallace, hat sie zur Weltausstellung 1889 gestiftet, damit die Pariser immer frisches Wasser trinken können. In dem Brunnen kühlen zwei Flaschen Rosé-Wein; auf einer Bank vor uns hat sich an diesem Sonntagmittag eine Picknickgesellschaft niedergelassen. Einige der jungen Leute hocken auf dem Pflaster. Zwischen ihren Gitarren haben sie gewaltige Töpfe mit allerlei Salaten und kaltem Huhn aufgestellt. Es ist Juli und sehr heiß. Friede rundum. Plötzlich gibt es Aufruhr. Erregt umstehen ein paar Dutzend Menschen einen Baum und schauen hinauf. Aus der nahen Apotheke wird eine Leiter geholt, zwei junge Burschen klettern den Baum hinauf, um eine Taube zu befreien. Jemand hat ihr die Füße zusammengebunden, sie war hinaufgeflattert und hat sich nun hilflos in einem Zweig verfangen.

Unter großem Aufwand und mit viel Geschrei wird das Tierchen heruntergeholt und von der Fessel befreit. Da hockt der Vogel, starrt mit gelben Augen ängstlich, kriecht ein wenig.

Ein Junge nimmt ihn mit zärtlicher Gebärde hoch und trägt ihn zu dem Brunnen, aus dem auch der zwanzigjährige Picasso so oft getrunken hat. Die Taube wird gelabt, aber wohin mit der Lahmen?

Eine Concierge, der nur noch zwei Zähne geblieben sind, weiß Rat. Um die Ecke, in der Rue d'Orchampt, gibt es noch Künstlerateliers, die vom Brand des *Bateau-Lavoir* 1969 verschont geblieben sind. Dort wohnt eine junge Malerin, sie wird helfen. Der ganze Schwarm folgt ihr. Heftig wird die Klingel gedrückt, dann erscheint ein schönes Mädchen mit schulterlangem Haar. Behutsam nimmt es die Taube auf und verspricht, sie gut zu pflegen. Es ist nicht die erste, die das Mädchen wieder gesund gepflegt hat.

Befriedigt gehen alle davon. Zwei Clochards humpeln zur Rue Lepic, in der Braque sein erstes Atelierzimmerchen hatte; die Concierge begibt sich wieder in ihre Loge. Die Picknicker nehmen ihr Mahl auf. Eine Gitarre erklingt.

Fast silbrig steht der Himmel über diesem kleinen Platz. Hier ist die Luft noch gut. Picassos Friedenstaube war soeben mit lautlosem Flügelschlag über uns alle hinweggeflogen. Solche Orte bewahren, auch im veränderten Paris, noch ihre Magie.

Rechts unterhalb der Treppe steht eine alte Wirtschaft, die neu herausgeputzt ist: *Le Relais de la Butte,* heute ein schickes, im alten Stil erhaltenes Restaurant, wo man nicht unter 40 Mark, freilich vorzüglich, essen kann. Zu Picassos Zeiten, der von 1904 bis 1909 an diesem Platz, damals Ravignan 13, im legendären »Wäscher-Schiff« gewohnt hat und mit Braques gerade den Kubismus kreierte, war das eine billige Kneipe, wo die Maler oft zusammen aßen und stritten. Hier beschloß Picasso, ein Fest für Rousseau zu geben.

Ein Bankett

In der *Bar Fauvet* versammelten sich seine Gäste, zunächst
»pour boire un coup«, um sich Stimmung anzutrinken, ehe sie
in sein Atelier zu dem legendären Bankett aufbrachen. Eine
elektrische Orgel und viele Aperitifs hatten sie angeheizt. Es ist
nie ganz herausgekommen, ob man sich über den naiven Rousseau mokieren oder ihn nur ehren oder beides zugleich wollte.
Das genaue Datum des Festes steht nicht fest, nur das Jahr
1908. Das Bankett, das in die Kunstgeschichte eingegangen ist,
wurde mindestens fünfmal und immer wieder anders geschildert. Einig waren sich nur alle Beteiligten über die Tatsache,
daß Coco (nicht Chanel, sondern Marie Laurencin) ziemlich
betrunken war, als sie alle miteinander in das Atelier schwank-
ten. Der Riesenraum mit dem hohen Holzgebälk war völlig
ausgeräumt. Nur ein paar Negerplastiken hingen an den Wänden. Auf einer Staffelei stand das Bild *Yadwiga,* ein Porträt der
ersten Frau Rousseaus. Es war der Anlaß des Festes, denn Picasso hatte es beim Père Sagot für fünf Franken gekauft; er
trennte sich zeit seines Lebens nicht davon. Lange Holzbretter,
auf Blöcke gelegt, ergaben den feierlich gedeckten Festtisch.
Girlanden hingen von den Balken herab, Lampions brannten,
Fahnen waren über einer Art Thron drapiert, dem Sitz des Ge-
ehrten. Das Spruchband »Hommage à Rousseau« krönte diesen Thron.
Das Fest begann. Der Wein floß in Strömen. Nur das Diner
blieb aus. Fernande hat zwar Reis à la Valencienne vorbereitet,
jedoch die Fleischgerichte dazu, von Pablo bei Felix Potin bestellt, kamen erst am übernächsten Tag. Er hatte sich im Datum
geirrt. So zog man erneut zu Fauvet, während freundliche Hilfs-
geister in den Läden und Bäckerein rundum alles Eßbare auf-
kauften. Das Diner, bestehend aus Sardinen, Reis und Kuchen
(Marie Laurencin fiel hinein und bekleckerte alle Gäste damit),

wurde ein voller Erfolg. Die Stimmung stieg gewaltig, als es an die Tür klopfte und der kleine Zöllner an der Seite Apollinaires feierlich seinen Einzug hielt, die Violine in der rechten, einen Stock in der linken Hand, seinen Filzhut auf dem Kopf. Viele Toasts wurden ausgebracht und viele Reden gehalten. Der Maler Cremnitz sang:

»C'est la peinture
De ce Rousseau,
Qui dompte la nature
Avec son magnifique pinceau.«

Und Apollinaire brachte eine ganze Ballade zum Vortrag, in der er Rousseau an das Land der Azteken erinnerte (der Zöllner hatte ständig behauptet, in Mexiko gewesen zu sein, was jedoch nicht stimmte). »Ich trinke auf meinen Rousseau, ich trinke auf seine Gesundheit«, endete Apollinaire, der seine trunkene Braut Marie durch Vorwürfe wieder ernüchtert hatte. Gertrude Stein erzählte später, sie sei schön wie ein Bild von Clouet gewesen und habe mit dünner Stimme normannische Lieder gesungen. Fernande Olivier aber mochte sie nicht. Ihre Schilderung des Mädchens, das Apollinaire jahrelang unglücklich liebte, ist sehr boshaft; nur eifersüchtige Frauen können einander so sehen: »Ein Ziegengesicht mit verhängten Augenlidern, dem Blick der Kurzsichtigen, die Augen nahe bei der zu spitzen Spürnase, die am Ende immer etwas rot war. Ihre elfenbeinfarbene, unreine Haut rötete sich lebhaft auf den Wangen, wenn sie erregt war. Sie gab sich große Mühe, einfach als Naive zu wirken; sie war wenig natürlich, posierte etwas läppisch und war gespannt auf den Effekt, den sie erzielte.« Wie fröhlich muß Fernande an diesem Abend gewesen sein, als die Laurencin sich blamierte! Rousseau bemerkte nichts davon. Er war glückselig, dankte den Rednern gerührt und holte seine Violine hervor, um auf ihr zu fideln. Dabei bemerkte er nicht, wie das Wachs der Kerzen auf seine Glatze heruntertropfte und einen kleinen Hügel bildete. Braque spielte Ziehharmonika, alles tanzte. Jedermann war schön blau. Nüchtern blieben nur die

Geschwister Gertrude und Leo Stein und die Freundin Alice Toklas.

Immer mehr Gäste füllten den Riesenschuppen. »Nach dem Essen defilierte ganz Montmartre durch das Atelier«, bemerkte Fernande mißbilligend; sie sah auch, daß sie alle eßbaren Dinge mitnahmen: »Ich habe einen beobachtet, der sich reichlich die Taschen füllte, obwohl ich ihn mit meinen Blicken fixierte.« Rousseau schlief still vor sich hin, wachte aber immer wieder auf und sang sein Lieblingslied: »Aie, aie, aie que j'ai mal aux dents«, »oh, was habe ich für Zahnschmerzen«! Die meisten Künstler waren unter dreißig, nur der Ehrengast hatte würdige dreiundsechzig Jahre auf dem etwas gebeugten Buckel. Das Fest endete, als die Sonne schon am Himmel stand. Der Schriftsteller André Salmon, der mit dem Maler Cremnitz mit Hilfe von Seifenschaum im Munde Delirium Tremens gemimt hatte, wachte volltrunken in der Garderobenkammer auf; er hatte von dem neuen Hut der Alice Toklas alle Blumen abgepflückt. Den Zöllner selbst hatte Picasso in eine Kutsche verfrachtet. So verschieden auch das Bankett geschildert wurde – einig waren sich darin alle, daß sie einen mysteriösen Ausspruch gehört hatten, den Rousseau seinem Gastgeber beim Abschied zuflüsterte: »Du und ich, wir sind die beiden größten Maler der Welt. Du im ägyptischen Stil, ich im modernen«. Wobei er mit dem ägyptischen Stil wohl auf die *Demoiselles d'Avignon* anspielte, die kubistischen Nackten, die Picasso ein Jahr zuvor gemalt hatte. Bei ihrem Anblick soll sein Freund Braque gesagt haben: »So zu malen ist das gleiche, als wenn man Petroleum trinkt, um Feuer zu speien.« Das Bankett beendete Picassos *Bateau-Lavoir*-Dasein.

Von dem weltberühmten Holzbau ist heute kaum noch etwas übrig. Eine weißgestrichene Wand verdeckt den Eingang, dahinter gähnt ein Loch. Die Stadt hatte das historische Gebäude gekauft, das jedoch 1969 total abbrannte; nur von der Seitenstraße, der Rue Garreau, ist noch ein wenig braunes Gebälk zu sehen. An der oberen Seite, der Rue d'Orchampt, stehen noch einige Ateliers, und dort gibt es sogar noch Künstler.

Wir gingen ein Stückchen weiter und fanden einen wahren Zauberort, der nicht mehr existiert, wenn man mit diesem Buch in der Hand Montmartre durchstreift. Ich meine das kleine Café *Châlet de la Butte,* ein winziges Häuschen mit Dachgarten, auf dem Rosen blühen. Es gehörte einst dem Dramatiker Courteline. Der Wirt, den wir noch antrafen, berichtete, daß sein Onkel hier eine Kohlenhandlung hatte. Picasso kaufte bei ihm und zahlte nie, denn der Onkel war ein leidenschaftlicher Verehrer seiner Fernande. Die Wirtin, Madame Champeau, erzählt vom Docteur Céline, der oft hierher kam und sich ihr anvertraute; er wohnte im gleichen Hause um die Ecke, das heute der Sängerin Dalida gehört. Sie sagt von dem Verfasser des bösen Romans *Reise bis ans Ende der Nacht,* daß er unhöflich mit den Frauen umging, grob war und in Wirklichkeit kein Faschist, sondern ein Anarchist gewesen ist. »Er war gegen alles und alle.«

»Le salon des pauvres« nennt man solch ein menschenfreundliches Bistro, Zuflucht in der Millionenstadt, Treffpunkt verschiedenster Geister, wärmender Ort der An- und Aussprache. Neben der alten Schauspielerin Paula Valmont, an die Apollinaire bei Kriegsausbruch 1914 schwärmerische Briefe richtete, die sie stolz vorzeigt, sitzt ein junger Gitarrist und probt neue Chansons. Auf der gleichen Bank genehmigt sich der dunkelhäutige algerische Straßenfeger ein Schnäpschen und trinkt jene Bildhauerin Kaffee, die einst Modiglianis Modell gewesen sein soll.

Maler, die hier wohnen, kommen fast täglich in das *Châlet,* daneben Galeriebesitzer, Schauspieler, ein Journalistenpaar, die größten Kenner von Montmartre, und ihr blasser, kleiner Sohn, der über Politik wie ein Alter zu reden weiß. Da sitzt auch die Concierge von gegenüber, die schon Urgroßmutter ist – und das Liebespaar, das sich nicht zur Heirat entschließen mag. Sie alle reden miteinander. Montmartre ist ein großes Dorf geblieben. Doch solche Stätten der Menschlichkeit wie das *Châlet* verschwinden mehr und mehr in Paris. Im Mai 1974 war es übrigens bereits verschwunden, verkauft an einen Architekten.

Die Stein-Story

> »Dann begann die lange Periode, die Max Jakob
> das heroische Zeitalter des Kubismus genannt hat,
> und es war ein heroisches Zeitalter.«
>
> GERTRUDE STEIN

Es gießt. Wir schleichen unter Schirmen am Jardin du Luxembourg entlang und biegen in die Rue Fleurus ein. Das Haus 27
ist verschlossen. Schüchtern ziehe ich an einem Löwenmaul
die Klingel, die Tür öffnet sich automatisch. Wir gehen hinein.
Kein mißtrauischer Conciergeblick folgt uns. Wir gehen durch
eine weitere Tür in den Hof mit dem zweistöckigen Pavillon
und dem Studio, das vor dem ersten Weltkrieg eine Brutstätte
der modernen Kunst war. Zwei Geschwister waren hier 1903
eingezogen und hatten mit wenig Geld, viel Mut und Spürsinn
Bilder gekauft, die Gäste aus aller Welt an den legendären
Samstagabenden besichtigen durften. Die Bilder waren so seltsam, »daß die Besucher instinktiv alles andere zuerst ansahen
als sie«, schrieb Gertrude Stein dreißig Jahre später.
Es muß phantastisch gewesen sein, wenn die Steins empfingen.
Auserwählte durften im kleinen Speiseraum mit den Bücher-
wänden dinieren. Dann ging man über den Hof in das große
Studio. Gaslampen erhellten den Raum (erst 1914 gab es Elek-
trizität) mit den schweren italienischen Renaissance-Möbeln.
Die weißen Wände waren bis zur Decke, mitunter in sechsfa-
cher Reihe, mit Bildern behängt, aufregend, ungewohnt, schok-
kierend. Renoir, Gauguin, Toulouse-Lautrec, Cézanne und
Matisse' Riesenbilder *Joie de Vivre* und *Frau mit Hut,* das die
Geschwister schon 1905 gekauft hatten, und viele Picassos.
Den ersten hatte Leo 1905 beim Père Sagot entdeckt, einem
ehemaligen Clown, der in der Nähe seiner früheren Wirkungs-
stätte, dem Zirkus Médrano, in der Rue Lafitte in einer Apotheke einen Bilderladen eingerichtet hatte. Das Bild *Mädchen
mit dem Blumenkorb* schockierte anfangs sogar Gertrude. Sie

gab das ebenso ungern zu wie die Tatsache, daß die eigentlichen Sammler von Matisse ihr ältester Bruder Michael und seine Frau Sarah wurden, die um die Ecke in der Rue Madame 58 wohnten. Doch das ist im Grunde gleichgültig. Im Stein-Studio hingen jede Menge Picassos, Zeichnungen und Bilder aus der rosa Periode, die *Gauklerfamilie,* der *Knabe mit Pferd,* der *Akrobat mit Ball,* auf den Apollinaire ein Gedicht gemacht hatte, und der *Absinthtrinker,* Bilder, die die Steins im *Bateau-Lavoir* für zusammen 800 Francs erstanden hatten, als sie über eine unvorhergesehene Summe verfügten.

In diesem Haus hielt Gertrude bis 1938, fünfunddreißig Jahre lang, Hof. Zunächst an der Seite ihres Bruders. Sie müssen kurios ausgesehen haben: beide Geschwister in braunen Cordsamt gehüllt, mit Sandalen à la Duncan. Isadoras Bruder hatte in dem Hof eine Weile gewohnt. Leo, groß, schlank, bärtig, ein Prophet, der dauernd diskutierte, analysierte, belehrte; Gertrude klein, massiv wie ein Block Granit, mit dem Kopf eines römischen Cäsaren und den Augen eines »archaischen Griechen«, antimodisch in lange Gewänder gekleidet, in denen sie wie ein Mönch aussah; zarte Hände und ein tiefes Lachen. Sie hockte meist mit den Beinen baumelnd auf einem der hohen Stühle und redete wenig. Erst nach dem Krieg wurde sie zur Muse der Maler und Lehrerin der Schriftsteller, zur »Mothergoose of Montparnasse«, zur »Muttergans vom Montparnasse«, wie George Wickes sagte, boshaft, genial, launisch, verehrt und gefürchtet, verlacht und bewundert und kaum gelesen. Schon 1904 fing sie an, ihre experimentellen Bücher zu schreiben. Wortporträts, die der Kunstrichtung des Kubismus literarisch entsprachen.

Die Steins sammelten nicht nur Bilder, sondern auch Maler. In ihren Erinnerungen zeigt sich auch Fernande Olivier recht entzückt: »Es war ein Gemisch von Künstlern, Bohemiens und bürgerlichen Leuten, hauptsächlich Ausländern. Ein seltsames Schauspiel, all diese Leute, verschieden gruppiert und alle über Kunst diskutierend. Gewisse Gäste gingen nie vom Büfett weg. Die Gastgeber kümmerten sich liebenswürdig um jede Gruppe, aber sie fühlten sich doch ganz besonders ihren zwei großen Männern Matisse und Picasso verbunden.«

Die Steins hatten den vierunddreißigjährigen Matisse und seine brave Frau Marcelle, die zum Lebensunterhalt mit einem Putzladen beitrug, mit dem vierundzwanzigjährigen Picasso bekannt gemacht. Fernande schilderte ihren Geliebten allerdings an diesen Abenden als etwas sauertöpfisch. »Picasso war meistens verdrießlich, düster. Man langweilte ihn, man wollte ihn veranlassen, sich auszusprechen, was ihm schwerfiel, besonders auf Französisch. Er sollte erklären, was er nicht erklären mochte. Beim Weggehen war er überreizt, wütend.«

Die Stein-Abende wurden berühmt. Es kamen Apollinaire, Max Jacob, Rousseau, Derain und Delaunay (beide mochte Gertrude nicht), Juan Gris, der einzige außer Picasso, mit dem sie zeitlebens befreundet blieb; es kamen Pascin und Hans Purrmann, Meisterschüler von Matisse, Marie Laurencin, die mit kurzsichtigen Augen die Bilder von ganz nah betrachtete, still und unauffällig auch Georges Braque, der ebenfalls kein großer Freund Gertrudes war. 1935 veröffentlichte er gegen ihre *Autobiographie der Alice B. Toklas* in der Zeitschrift *Transition* zusammen mit Matisse, Tristan Tzara und André Salmon ein Pamphlet, in dem er schrieb: »Miß Stein verstand nichts von dem, was um sie herum vorging. Sie hat den Kubismus total mißverstanden ... sie sah offensichtlich alles von außen und niemals den realen Kampf, in den wir verstrickt waren.« Damals vor dem ersten Weltkrieg kamen auch viele Sammler in die Rue Fleurus, wie der steinreiche Russe Chtchoukine, dem Moskau die frühen Picassos verdankt, und der Kunsthändler Ambroise Vollard aus der Rue Lafitte, der die Steins als »verrückte Amerikaner« bezeichnete, die »immer lachten, aber wenn sie am lautesten lachten, am meisten kauften«, die Deutschen Kahnweiler und Uhde, von dem Gertrude schrieb, er sei »stets begleitet gewesen von großen, schlanken, gutaussehenden, blonden jungen Männern, die sich verbeugten und die Hacken zusammenschlugen und dann den ganzen Abend feierlich und aufmerksam herumstanden«. Ein ganzes Völkergemisch erschien, Ungarn, Amerikaner (von denen Picasso sagte, sie seien weder Männer noch Frauen, sondern eben Amerikaner), Deutsche, Franzosen, Engländer; Maler, Dichter, Händler, Aristokraten und Bohemiens trafen sich im *Museum of Modern Art* bei den gastfreien Steins.

Ein Bild vor allem erregte Aufsehen: das Porträt von Gertrude, das Picasso 1906 zu malen begonnen hatte. Sie mußte ihm dazu achtzig- bis neunzigmal Modell sitzen, bis er sie anschrie: »Ich kann Sie nicht mehr sehen.« Dann stellte er es unvollendet an die Wand. Erst nach den Ferien malte er das Porträt aus dem Kopf und schenkte ihr das Bild, das heute im New Yorker *Metropolitan Museum* hängt. Es war der Übergang von der rosa Periode zur Neger- und kubistischen Periode, die sich in ihrem maskenhaften Antlitz und den ungleichen Augen hier zum ersten Mal manifestierte.

Gertrude schildert witzig und nicht immer wahr, wie sie Picasso damals saß. Sie fuhr dazu mit dem Autobus (sie sagt zwar Pferdebus) von Montparnasse zur Place Blanche, wanderte die Stufen zum *Bateau-Lavoir* hoch und machte sich zumeist zu Fuß auf den Rückweg, weil sie dann am besten über ihre Schriften nachdenken konnte. Sie schrieb seit Jahren an dem experimentellen Buch *The Making of Americans*. Damit sie sich nicht langweilte, las Fernande ihr Fabeln von La Fontaine vor. Gertrude beschreibt die Sitzungen im Picasso-Atelier in ihrem eigenartigen Stil: »In diesen Tagen war dort mehr Unordnung, mehr Kommen und Gehen, mehr heißrotes Feuer in dem Ofen, mehr Kocherei und mehr Unterbrechungen.« Sie saß in einem großen, kaputten Lehnstuhl. »Da war eine Couch, wo jeder saß und schlief, da war ein kleiner Küchenstuhl, auf dem Picasso beim Malen saß, da war eine große Staffelei und da waren viele Bilder und da war ein kleiner Foxterrier ... Picasso saß sehr straff auf seinem Stuhl, sehr nah an der Leinwand, und auf einer sehr kleinen Palette mit braunen und grauen Farben mixte er noch mehr braun und grau und begann zu malen.« Der fünfundzwanzigjährige Picasso erschien ihr wie ein »gutaussehender Schuhputzer«: »Er war dünn, dunkel, lebendig mit großen Teichen von Augen und einer heftigen, doch nicht rauhen Art.« Fernande sagte es in ihrem anschaulichen Buch *Neun Jahre mit Picasso* noch besser: »Klein, dunkel, gedrungen, ruhelos, beunruhigend, mit dunklen Augen und einem fast unergründlichen, durchdringenden, seltsamen, fast starren Blick, halb Arbeiter, halb Bohème.« Seinen blauen Monteuranzug schildert auch Gertrude: »Wenn man keinen Gürtel dazu trug, nannten die Franzosen das Affe oder Esel, weil der Hosenboden tief hinunterhing.« Das alles ist nachzulesen in ihrem Buch, das sogleich ein Bestseller wurde, als es 1933 erschien: *The Autobiography of Alice B. Toklas,* in dem sie ihr eigenes Leben, durchaus schmeichelhaft mit den Augen ihrer Freundin gesehen, beschreibt. Denn Alice war im Wunderland der Rue Fleurus schon 1910 endgültig gelandet. 1914 war Leo nach Florenz übergesiedelt. Die Geschwister, die sich einst geliebt hatten, sahen einander nur noch einmal aus der Ferne am Montparnasse, wo sie sich höflich grüßten. Alice und Gertrude waren ein Paar geworden, ihre Lebensgemeinschaft hielt bis zum Tode, bis zum 27. Juli 1946, als Miß Stein in Paris an Krebs starb.

Wie durch ein Wunder hatten die beiden die deutsche Okkupation in der zunächst unbesetzten Zone in ihrem Landhaus bei Belley überstanden, zwei Amerikanerinnen, die jüdisch waren und auch noch »entartete Kunst« sammelten. Als sie nach der Liberation in ihre Wohnung – sie waren 1938 in die Rue Christine 5 umgezogen – zurückkamen, hingen tatsächlich noch fast alle ihre Bilder an den Wänden. Gertrude hinterließ 28 Zeichnungen, 28 Bilder, eine Skulptur von Picasso und sieben Bilder von Juan Gris. Alice Toklas starb kurz vor Vollendung des neunzigsten Lebensjahres 1967 in Paris.

Den Weg, den Gertrude Stein im Frühling 1906 von Picassos Atelier in Montmartre zu Fuß bis zum Montparnasse ging, bin ich einmal neugierig nachgegangen. Ich brauchte 48 Minuten dazu: Zunächst hinab zur Rue des Martyrs, jener Straße, die einst der heilige Denis der Legende nach mit seinem abgeschlagenen Kopf unter dem Arm hochmarschiert ist, wovon heute freilich nur noch der Straßenname Kunde gibt; vorüber an den

Transvestiten-Lokalen *Madame Arthur* und *Michou la Joie*
zum Boulevard Clichy. An der Ecke erhob sich der Zirkus Médrano, den Picasso mit seinen Freunden häufig besuchte –
nichts war ihm lieber, als für einen Clown gehalten zu werden.
Aber der köstliche Belle-Époque-Zirkus, 1871 erbaut, ist verschwunden. Reiche Zigeuner, die Zirkusfamilie Bouglione,
hatten ihn gekauft und an Pariser Promoteure weiterverkauft.
1973 fuhren Riesenkräne wie Saurier durch einen Abgrund;
nur ein Schild am Bauzaun erinnerte noch an den Zirkus: »Médrano laisse la place, à un immeuble de classe«. Ein weiteres
Beispiel für den unerschütterlichen Zynismus dieser Baulöwen: »Médrano macht einem Klassehaus Platz« – Symbol der
Zeit. Das Klassehaus wuchs dann im Mai 1974 als ein recht bru-
taler Klotz aus der Baugrube. Wieder einmal ist etwas sehr Pa-
riserisches, Pittoreskes und Erinnerungsträchtiges dem Luxus-
eigentum gewichen, hat die Sterilität der Stadt zugenommen.
Weiter hinab führt mein Weg durch die Rue Lafitte, in der es
heiß, laut und geschäftig zugeht. Vor dem Ersten Weltkrieg war
dies eine Kunststraße, Ort avantgardistischer Händler. »Hörte
man jemanden sagen, ich geh' mal in die Rue Lafitte, so konnte
man sicher sein, es mit einem Kenner der Malerei zu tun zu haben«, schreibt Ambroise Vollard in seinen *Erinnerungen eines
Kunsthändlers*. Er hatte sich zunächst in der Nr. 6 etabliert,
später in der Nr. 41. Ich wandere an der Kirche Notre-Dame-
de-Lorette vorbei – in dieser Gegend wohnten einst die leichten Mädchen (auch Loretten genannt) – und suche die Nr. 6, in
der Vollard seine berühmten Keller-Diners gegeben hat. Etwas
primitiv muß es gewesen sein, aber schön. »Ein Bretterver-
schlag trennte meinen Keller in der Rue Lafitte in zwei Teile,
der eine, der durch einen ›Hals‹ Luft bekam, wurde als Küche
gewählt, der andere diente als Speisezimmer. Hier verdichtete
sich die Wärme zur Feuchtigkeit, es gab keine Verbindung ins
Freie«, schreibt Vollard. Doch wer hätte da nicht gern sein Cur-
ry-Huhn verspeist, wenn am Tische Cézanne, Renoir, Degas,
Odilon Redon, Rousseau und später Apollinaire und Alfred
Jarry saßen?

Ich suche vergeblich nach Resten des Kellers. Ein überaus häßliches, siebenstöckigs Gebäude im Hitler-Stil erhebt sich dort: die Banque Nationale de Paris.

Weiter wandere ich durch die Rue de Gramont, die Rue Sainte-Anne und die Rue de l'Echelle zum Palais Royal, erbaut von Richelieu, später aristokratische Wiege der Revolution, als der Duc d'Orléans sich 1789 Philippe Egalité nannte und Camille Desmoulins die Bürger zu den Waffen rief: aux armes citoyens; dann überschreite ich die Brücke Pont du Carrousel, gehe von der Rue des Saints-Pères links in die Rue de Grenelle und die Rue du Vieux-Colombier, rechts in die Rue Madame, um endlich in die Rue Fleurus 27 zu gelangen: ein hübscher, unterhaltsamer Weg, den Gertrude Stein in ihren bequemen Duncan-Sandalen so oft gegangen ist.

Erste Bildseite

Der gigantische Turm *Maine Montparnasse*, auch das »Goldene Kalb« und »Pariser Zukunftsschock« genannt, hat das ganze Viertel am Montparnasse verändert. Trotz heftiger Proteste wuchsen seine 58 Stockwerke beängstigend schnell in die Höhe.

Zweite Bildseite

Oben: »Zum Rosa Schwein«, eine Delikatessenhandlung in der Rue des Abbesses am Montmartre, ist typisch für die immer noch vorhandenen herrlich altmodischen Läden von Paris mit ihren lustigen Namen und ihren köstlich dekorierten Spezialitäten.

Unten: Zum Glück gibt es immer noch viele persönlich geführte Feinschmeckerlokale wie dieses Restaurant an der Ecke der Rue des Saints-Pères. Das Dekor ist noch echt und stammt aus der Zeit der Belle Époque.

Dritte Bildseite

Oben: *Au Petit Moulin*, ein typisches kleines Lokal hoch oben am Berg von Montmartre. Die rundliche Wirtin, genannt »la tourterelle« – die Turteltaube – schwärmt von den alten Zeiten, als anstelle der Touristen noch die Maler den Berg beherrschten

Unten: Das *Châlet de la Butte* am Montmartre, das erste Fertighaus der Welt, war bis 1974 ein kleines Bistro. Der Dramatiker Courteline hatte es auf einer Pariser Weltausstellung erstanden. Später wurde eine Kohlenhandlung daraus, die dem Onkel des letzten Bistro-Besitzers gehörte. Hier kaufte Picasso seine Kohlen, die er jedoch nie bezahlte, weil der Händler in seine Gefährtin, die schöne Fernande, verliebt war. 1974 wurde das Bistro leider verkauft.

Vierte Bildseite

Boulevard Montparnasse: vor der *Coupole* lockt ein Straßentheater viele Zuschauer an. Diese junge Truppe, aus vier Personen bestehend, spielt seit einiger Zeit in Paris an den verschiedensten Stellen.

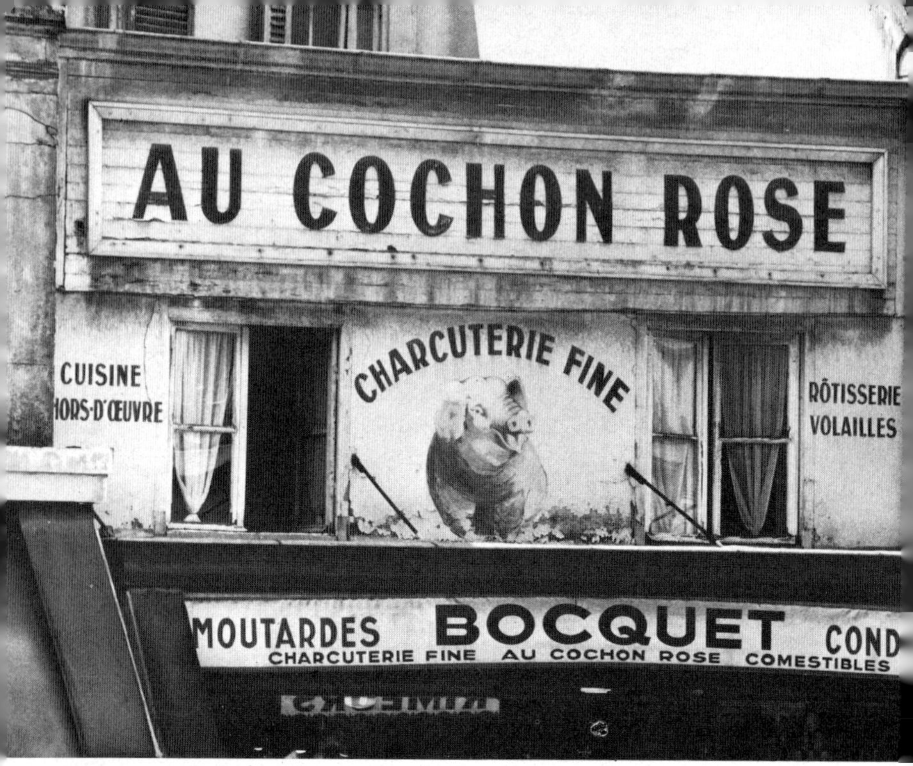
AU COCHON ROSE
CUISINE
HORS-D'ŒUVRE
CHARCUTERIE FINE
RÔTISSERIE
VOLAILLES
MOUTARDES BOCQUET COND
CHARCUTERIE FINE AU COCHON ROSE COMESTIBLES

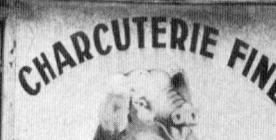

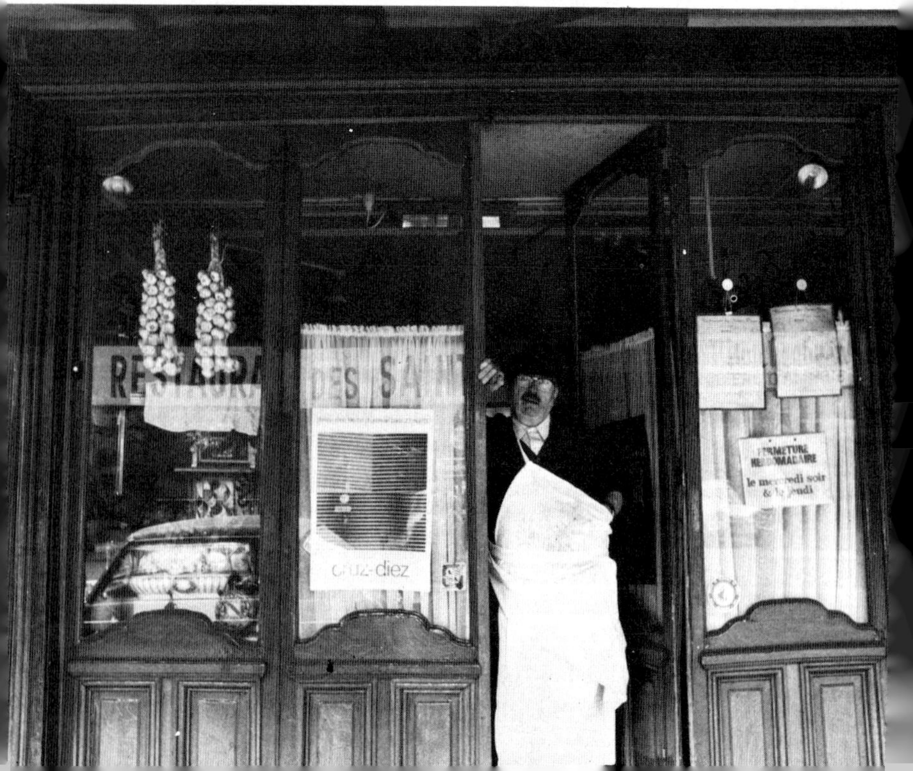
cruz-diez
FERMETURE HEBDOMADAIRE
le mercredi soir & le jeudi

17
RUE THOLOZÉ
au Petit Moulin
BAR
Menu
AU PETIT MOULIN

A VENDRE
MAISON
JARDIN
TEL 606-84-62
de la Butte
6

Samuel Beckett – ein Wahlpariser

> »Nach der Befreiung konnte ich mein Appartement behalten, ich kam dahin zurück und fing an zu schreiben – auf französisch –, dazu hatte ich Lust; es war etwas anderes als auf englisch zu schreiben, es war für mich eine aufregendere Erfahrung.«
>
> SAMUEL BECKETT

Auf dem Rückweg von der Rue Fleurus mache ich einen Schlenker, erklimme dann den Mont Sainte-Geneviève und entdecke eine der ältesten Straßen des Viertels, die pittoreske enge Rue Mouffetard, in der die Baukräne auch nicht untätig blieben. Ein vierstöckiges uraltes Haus wird gerade abgerissen, im leeren Laden ein Schild: »Es ist zu spät, schade, wir wurden rausgeschmissen und machen nicht mehr woanders auf.« Andere alte Fassaden wurden erhalten und innen restauriert – eine gute Art zu sanieren. Doch klaffen natürlich auch hier Baulöcher. Noch ein Schlenker zur Rue Rollin hinunter in die fast versteckten römischen Arènes de Lutèce. Ich setze mich in das steinerne Rund, das erst 1869 wiederentdeckt wurde. Samuel Beckett, irischer Wahlpariser seit 1937, schrieb hier ein Gedicht:

Arènes de Lutèce

Von da, wo wir sitzen über den Rängen,
sehe ich sie von der Rue des Arènes eintreten,
zögern, in die Luft schauen, dann mit bleiernen Schritten
auf uns zukommen über den dunklen Sand,
immer häßlicher, ebenso häßlich wie die anderen,
aber stumm. Ein kleiner grauer Hund
kommt von der Rue Monge hereingelaufen,
sie bleibt stehen, schaut ihm nach,
er durchquert die Arena, er verschwindet
hinter den Sockel des Gelehrten Gabriel de Mortillet.

Sie dreht sich um, ich bin weg, ich erklettere allein
die holzähnlichen Stufen, ich berühre mit der linken Hand
das holzähnliche Geländer, es ist aus Beton. Sie zögert,
geht einen Schritt auf den Ausgang der Rue Monge zu, dann
folgt sie mir.
Es überläuft mich ein Schauer, ich bin's der in mich
zurückkehrt,
und mit anderen Augen betrachte ich jetzt
den Sand, die Wasserlachen unterm Staubregen,
ein kleines Mädchen, das einen Reifen hinter sich herzieht,
ein Paar, vielleicht Liebende, Hand in Hand,
die leeren Ränge, die hohen Häuser, den Himmel
der uns zu spät leuchtet.
Ich dreh mich um, ich bin erstaunt,
da ihr trauriges Gesicht zu gewahren.

(Übertragung von Erika und Elmar Tophoven)

Beckett, der Ire aus Foxroch bei Dublin, kam 1927 nach Paris
und wurde 1928 Lehrer für Englisch an der École Normale Su-
périeure in der Rue d'Ulm, wo auch ein anderer späterer Nobelpreisträger tätig war: Jean-Paul Sartre. Er geriet alsbald in
den Bann von James Joyce, dessen Stephen Daedalus er mit
seinem schmalen Gesicht auffallend ähnelte, wie die Buchhändlerin Adrienne Monnier konstatierte. Er machte sich
daran, den weithin unverständlichen Roman *Finnegans Wake*
von Joyce ins Französische zu übersetzen, ein schwieriges Un-
terfangen. Er schrieb einen Essay über Joyce wie auch über
Proust. Seit 1931 lebte er wieder in Dublin und London und
kehrte erst 1937 erneut nach Paris zurück, wo er fortan blieb
und offenbar schon die gleiche Wohnung bezog, in der er heute
noch wohnt: Boulevard Saint-Jacques 38 im achten Stock mit
Blick auf den Gefängnishof der Santé und eine Irrenanstalt.
Wer hätte gedacht, daß Beckett in einem solch banalen, modernen Hause wohnt? Daneben steht eine kleine Villa mit Garten
und schönen Bäumen, die besser zu dem geheimnisvollen Dichter mit dem grauen Bürstenhaar passen würde.

Gleich im ersten Jahr, als er wieder in Paris lebte, stieß Beckett ein Unglück zu. Nach einem Souper im *Zayre* (heute ein recht teures Restaurant) bei der Kirche Saint-Pierre-Montrouge ging er friedlich die Avenue du Général Leclerc (damals Avenue d'Orléans) entlang, als ein Clochard sich aus der kleinen Passage Rimbaut auf ihn stürzte und ihn niederstach. Beckett mußte ins Krankenhaus. Ich habe die Passage gefunden, ein enges Sträßchen mit hohen Mauern und einer Geburtsklinik. »Société Philanthropique du Baron et de la Baronne Roze«, steht in großen Lettern auf der Fassade geschrieben.

Als Beckett geheilt war, besuchte er den Clochard im Gefängnis, um ihn zu fragen, warum er ihn eigentlich überfallen habe. »Ich weiß nicht«, sagte der Mann und wurde damit möglicherweise zu einer Figur des Beckett-Stückes *Warten auf Godot*.

Beckett, der perfekt Deutsch spricht, sah auf einer Reise in München auch einmal Valentin spielen. Im Kriege begann er die Deutschen, das heißt die Nazis, »die aus dem Leben meiner Freunde eine Hölle machten«, zu hassen und schloß sich einer Widerstandsgruppe an, die sein Freund aus den Zeiten der École Normale, Alfred Péron, gegründet hatte. Er wurde eine Art »toter Briefkasten« für Nachrichten der Untergrundbewegung, bis im August 1942 Péron verhaftet wurde und Beckett mit knapper Not den Häschern der Gestapo entging. Er floh in die unbesetzte Zone, wo er als Landarbeiter auf einer Farm im Vaucluse arbeitete und seinen in London erschienenen Roman *Murphy* ins Französische übersetzte.

Nach Kriegsende ging er noch einmal kurz nach Irland, um sich dann im Herbst wieder nach Frankreich zu begeben, wo er eine Zeitlang Dolmetscher in einem Militärhospital war. Samuel Beckett lebte mit seiner französischen Frau ganz zurückgezogen, zunächst nur von Übersetzungen, darunter Joyce' *Livia Plurabelle* aus *Finnegans Wake*. 1947 schrieb er in Paris *Molloy, Malone stirbt* und *Warten auf Godot*. Das Stück, das ihm Weltruhm (und den Nobelpreis) einbrachte, wurde erst 1953 im *Théâtre de Babylone* uraufgeführt. Der Dichter verdiente im Laufe der Jahre so viel Geld damit, daß er sich ein kurioses

Haus in einem großen Garten auf einem Hügel in der Umgebung von Paris (Seine-et-Marne) bauen konnte. Rundum schützt den Publicityscheuen eine hohe Mauer vor Neugier. Im Garten steht ein Baum, wie auf der Szene von *Godot*. Glückliche Tage.

Ein kleiner, auserwählter Freundeskreis umgibt Beckett, darunter auch sein deutscher Übersetzer Elmar Tophoven. »Ich habe nichts zu sagen«, sagte Beckett dem Interviewer Roger Blin, »ich kann nur sagen, bis zu welchem Grade ich nichts zu sagen habe.«

Ich sitze vor seinem Pariser Haus auf einer Bank. Hinter mir braust die U-Bahn aus dem Tunnel heraus, weit entfernt grüßt das Rothschild-Hotel BMP. Ich weiß, daß Beckett zwei Wohnungen hat, vorne wohnt er, hinten arbeitet er und schaut auf den Gefängnishof. Links von seinem Haus ist das Büro der »Liga für Menschenrechte«, gegenüber ein Büro für die »Zukunft des Proletariats«. In Augenhöhe sieht er auf die Kuppel des Observatoriums. Er hat – auch darin Joyce ähnlich – schlechte Augen und wurde am grauen Star operiert.

Wie schön wäre es, wenn er jetzt herauskäme und ich einen Schnappschuß des stummen Dichters wagen könnte. Dann fällt mir ein, welche Schwierigkeiten der deutsche Filmemacher Hans Noever mit seinem ausgezeichneten, stillen Fernsehfeature über Beckett hatte.

Der Dramatiker entzog sich, als er ihn nach endlosen, freundschaftlichen, witzig-geistvollen Zechereien fragte, ob er ihn nun selbst einmal filmen dürfe. Das Fernsehteam hatte sich im Haus gegenüber postiert. Eine Aufnahme zeigte den Schriftsteller am Fenster, das Sonnenlicht fiel auf seine Brille und ließ die Augen weiß erscheinen. Er sah aus wie eine Figur aus seinen Stücken, sagte Noever. Aber auf die Frage, ob man ihn nun wirklich filmen könne, reagierte er hintergründig abschlägig. Er drehte sich vom Fenster weg und zitierte in seinem zierlichen Deutsch Ringelnatz: »Und bei Hamburg auf der Chaussee, da taten ihnen die Füße weh.« Und nach langer Pause: »Und so verzichteten sie weise, auf den letzten Teil der Reise.« Beckett

wehrte endgültig ab: »Mon corps et mon esprit sont absents.« –
»Mein Körper und mein Geist sind abwesend.« Dann gelang es
dem Team aber doch noch, Beckett von hinten auf der Straße
aufzunehmen, »mit seinem anmutigen Antilopengang«, sagte
Noever. Doch die Szene mußte herausgeschnitten werden, so
wunderbar sie auch war. Da blieb der Ire hartnäckig, ja
hart.
Ein Clochard kommt angehumpelt und fragt, ob ich nicht ein
paar Francs erübrigen könne, sein Wein sei ausgegangen. Eine
Flasche beult zwar noch seine rechte Tasche aus, doch ist sie
schon halb leer. Ich gebe ihm – Godots gedenkend – ein schönes, silbernes Fünffrancstück.

Hemingway kam oft

> »Man wurde sehr hungrig, wenn man in Paris nicht
> genug aß, weil alle Bäckereien so gute Sachen in
> der Auslage hatten und die Leute im Freien an Ti-
> schen auf dem Bürgersteig aßen, so daß man das
> Essen sah und roch.«
>
> ERNEST HEMINGWAY

Ich gehe nicht auf Becketts Gedicht-Spuren die Rue Monge
hinab, sondern komme zur Rue du Cardinal-Lemoine, so genannt nach Jean Lemoine, der hier 1302 ein College gründete.
In der Nr. 49 wohnte Watteau, in der Nr. 67 zeigt eine Inschrift,
daß hier einmal das Haus stand, in dem Pascal 1662 starb. Ich
suche – und finde – die Nr. 74. Im vierten Stock wohnte hier im
Jahre 1922 ein junger Reporter der kanadischen Zeitung *To-
ronto Star* namens Ernest Hemingway und seine acht Jahre
ältere, hübsche, sanfte Frau Hadley. Das Haus hat sich in
dem halben Jahrhundert nicht verändert. Es ist in gutem Zustand. Als Helga fotografiert, schaut der Concierge zum Fenster im Souterrain hinaus. »Ja, ja, hier hat Hemingway
gewohnt.
Das Paar war gerade zwei Monate verheiratet, als es im Dezember 1921 in Paris in Hochstimmung ankam. Die Stadt schien ihnen »kalt, überfüllt, lustig und schön«. Auf Empfehlung ihres
Gönners Sherwood Anderson waren sie zunächst im Hotel *Jacob d'Angleterre* am linken Ufer in der Rue Jacob 44 abgestiegen. Um die Ecke in der Rue Bonaparte speisten sie im *Pré aux
Clercs* zu zweit für 12 Francs, die Flasche Wein kostete 60 Centimes. Für einen Dollar bekam man 16 Francs. Paris war die billigste Hauptstadt der Welt um diese Zeit. Heute hat das Hotel
den Namen Jacob verloren und präsentiert sich elegant und fein
nur noch als *Angleterre* mit einem kleinen Innenhof. Das Zimmer kostet »with continental breakfast« für zwei Personen
100 Francs.
Aus dem damals billigen Hotel zogen die Hemingways im Ja-

nuar in die Rue du Cardinal-Lemoine. An den Vorsprung des Nebenhauses geklemmt steht immer noch das Lokal mit dem »bal musette«, dessen Lärm den Dichter so oft störte. Heute ist es zeitgemäß ein »Dancing«. Auf der anderen Seite der Straße, in der Boutique, die damals ein Milchladen war, in dem Hemingway seine Morgenbrötchen holte, verkaufen Mädchen lange Jeansröcke. In dem modischen Lädchen verkündet ein Zettel die Geburt dreier Kätzchen: »Notre petit chat a trois enfants, voulez-vous en adopter un?« Katzen sind Hätschelkinder in Paris, aber auch Verstoßene. Sie sitzen nachts in erleuchteten Schaufenstern, ohne jemals etwas zu zerbrechen, sie führen ihr Leben auf Gräbern, in Hotelhallen, in Kellern, auf Türmen, in dunklen Gassen, auf Denkmalsockeln, in Baugruben und unter den Brücken. Katzen sind überall.

Wir verlassen die Rue du Cardinal-Lemoine, biegen um die Ecke und stehen auf der Place de Contrescarpe und freuen uns. Ein schöner Platz, auf dem noch Häuser mit der Jahreszahl 1742 stehen. Unter Glas an einer Fassade das Bild des »nègre joyeux«, der anzeigte, daß hier früher ein Spezereienladen war; an der Nr. 1 das Zeichen des Kabaretts *Pomme de pin* (»Tannenzapfen«), in dem Rabelais tagte. Später wurde es zu einem Lokal umgebaut, das es noch heute gibt. In *Fiesta*, dem ersten Roman Hemingways, schildert er den Platz in den frühen zwanziger Jahren, als Paris noch von Gaslampen erhellt, von Trambahn und Pferdedroschken durchzogen war und die Frauen und Männer Hüte trugen: »Aus der Tür des *Nègre Joyeux* erklang Musik. Durch das Fenster des *Café Aux Amateurs* sah ich die lange Theke. Draußen auf der Terrasse tranken einige Arbeiter. In der offenen Küche des Cafés sott ein Mädchen Kartoffelchips in Öl. Daneben stand ein eiserner Topf mit Rindfleisch. Das Mädchen schöpfte etwas davon einem alten Mann auf einen Teller, der in einer Hand eine Flasche Rotwein hielt.«

Viel hat sich an dieser Beschreibung nicht geändert, nur der Verkehr. Er umbraust das Plätzchen, dessen Straße sogar noch ihm zuliebe erweitert wurde, denn die Franzosen sind dem

Auto noch höriger als die Deutschen. Abends ab acht Uhr wenigstens ist es Fußgängerzone.

Wir suchen das *Café Aux Amateurs*. Der Wirt einer kleinen Bar hilft, er holt einen »vieux de la mouffe«, einen Alten herbei, der sich auskennt. Er entpuppt sich als Zigeuner, der als Kind in einem Wagen aufgewachsen ist. Das Café gibt es noch, es wurde zum Restaurant umgebaut. Die Trunkenbolde scheinen zu fehlen, von denen Hemingway in *Paris – ein Fest fürs Leben* schrieb, sie hätten die Luft verpestet. Die sitzen in der Mitte des Platzes auf dem Rinnstein. Clochard-Treff. Der Zigeuner weist auf »les cinq billards«, wo Hemingway einst Billard spielte, es ist unverändert, dann zeigt er uns das schäbige *Hôtel des Sports*, in dem die Gestapo hauste, vor der er sich monatelang in einer kleinen Kammer auf dem Dachboden verbergen mußte. »Aber die Zeiten sind längst vorüber«, sagt er tröstend und bringt die Rede auf seine vier Söhne, die er von vier verschiedenen Frauen (darunter einer Deutschen) hat. Heiraten wollte er natürlich keine von ihnen: »Sie sind halt doch eine andere Rasse.«

Rund um den Platz Restaurants aller Kategorien, Cafés, Bistros und Kellerlokale, in denen zum Riesensteak Chansons geboten werden. Von Abend bis Mitternacht blüht hier überall lebendiges Leben, betrunkene Clochards singen mit krächzender Stimme. Auch klassische Musik kann man hören, Flöten- und Violinspiel, Straßenkonzerte von hohen Graden. Der 14. Juli wird hier gefeiert, wie es in alten Zeiten, als Paris noch keine menschenfressende Megalopolis war, der Brauch gewesen ist. Mit Fahnen, Lampions, Straßentanz und »la grande bouffe«, ein Volksfest, das in anderen Teilen der Stadt überhaupt nicht mehr wahrgenommen wird. Das Lokalkolorit hat sich erhalten, wenn auch kein Hirte mit Ziegen mehr durch die Straßen zieht, wie Hemingway das erlebte. Eine Ziege wurde täglich für eine alte Frau gemolken, die in seinem Hause wohnte. Ernest und Hadley hausten nicht sehr komfortabel in einem Wohn-Schlafzimmer, das fast ganz vom Bett ausgefüllt war, und in einem winzigen Speisezimmer mit Kamin. Das Badezimmer bestand aus einem Schrank mit Waschschüssel und Wasserkrug, die Küche war mittelalterlich.

Um zu arbeiten, entfloh der werdende Schriftsteller der werdenden Mutter ein paar Straßen weiter in die Rue Descartes, wo er sich im siebten Stock eines alten Hotels ein Zimmer gemietet hatte.

Wir finden das Hotel. Auf einer Plakette steht zu lesen: »Hier starb Paul Verlaine am 8. Januar 1896.« Wir kriechen die enge Wendeltreppe bis unter das Dach hinauf; auf jedem Absatz ein gußeiserner Wasserhahn und ein Trittklosett. Einen halben Stock höher saß der künftige Nobelpreisträger, damals noch ein unbekannter kleiner Journalist, und schuftete an seinen ersten Kurzgeschichten. Zwar gab es einen Kamin, aber Hemingway hatte stets eine Flasche Kirsch bei sich: »Manchmal, wenn ich mit einer neuen Story begann und sie nicht in Gang bringen konnte, setzte ich mich vors Feuer und preßte die Schalen der kleinen Orangen über den Flammenspitzen aus und beobachtete das blaue Sprühen, das sie machten, oder ich stand da und blickte über die Dächer von Paris und dachte: ›Mach dir keine Sorgen. Bisher hast du immer geschrieben und jetzt wirst du auch schreiben können. Alles, was du tun mußt, ist, einen wahren Satz zu schreiben. Schreib den wahrsten Satz, den du weißt.‹«

Hier entstand sein erstes Buch: *Three Stories and Ten Poems*. Das Hotel ist kein Hotel mehr; in jedem Stock wohnen Privatmieter. Einer hat über sein Namensschild eine Postkarte mit einer Miniatur aus Persien geklebt. Das Haus wurde 1974 saniert.

Hemingway war damals ein »schöner Jüngling«, wie eine Freundin sagte, 1,80 Meter groß, breitschultrig, einen kleinen schwarzen Schnurrbart über dem »schmalen, elastischen Mund, der sich von Ohr zu Ohr zog, wenn er lachte«, schrieb Ruth Bradfield. Seine Frau Hadley hatte ein sanftes Gesicht und tat – soll man Ernest glauben – ständig alles, was er wollte. »Gut Tatie«, sagte sie stets, oder »natürlich Tatie«. Fünf Jahre später waren sie geschieden.

Auch Gertrude Stein, die alsbald seine Mentorin wurde, von der er unendlich viel lernte, fand ihn außerordentlich gut aussehend, mit »leidenschaftlich interessierten, doch nicht interessanten Augen«. Er war dreiundzwanzig Jahre alt, sie achtundvierzig, als er im März 1922 vor der Pavillontür in der Rue Fleurus stand, die sie ihm öffnete. »Miss Stein war sehr dick und nicht groß und war schwer gebaut, wie eine Bauersfrau. Sie hatte wunderschöne Augen und ein grobes deutsch-jüdisches Gesicht«, schrieb er. Spontan war offenbar die Abneigung zwischen ihm und Alice Toklas: »Wir mochten Miss Stein und ihre Freundin, obwohl die Freundin zum Fürchten war.«

Zunächst jedoch ging er oft zu Fuß durch den Jardin du Luxembourg und gern auch in die Rue Fleurus; er erquickte sich am vorzüglichen »eau de vie« und ließ sich widerspruchslos belehren. Die beiden Damen erschienen ihrerseits in der Rue du Cardinal-Lemoine, wo Hemingway ihnen das Neueste vorlas. Gertrude hielt mit ihrem Urteil nicht zurück: »Da ist eine Menge Beschreibung drin und nicht besonders gute Beschreibung. Beginnen Sie von vorn und komprimieren Sie.« Die Belehrung fiel auf fruchtbaren Boden, ebenso wie ihr Rat, den Journalismus aufzugeben, zunächst von Hadleys kleinem Vermögen zu leben und nur Bücher zu schreiben. Die beiden Damen wurden im Jahre 1924 sogar Patentanten von Bumby, Hemingways erstem Sohn, der in der Espiskopalkirche in der kleinen Rue de la Grande-Chaumière unten am Montparnasse getauft wurde. Der Sohn war in Kanada geboren worden, aber gleich darauf waren sie ins geliebte Paris der Expatriierten zurückgekehrt – in die Rue Notre-Dame-des-Champs 113.

Dieses Haus ist verschwunden. Ein banales Wohngebäude steht an dem Platz, wo Hem und Hadley über einer alten Sägemühle hausten. Die Gegend war günstig. An einem Ende lockte das Bistro *Closerie des Lilas,* Arbeitsstätte des Schriftstellers unter großen Kastanien, am anderen Ende hauste sein großer Gönner Ezra Pound. Über der Sägemühle war die Wohnung zwar laut, doch komfortabel. Im Ankleidezimmer lag das Baby, oft von Papa Hemingway eigenhändig gewickelt und gefüttert.

Zu Ezra Pounds Studio war es ein Katzensprung. Helga und ich machen ihn und gelangen an ein hübsches Haus mit der Nr. 70 bis. Man kommt in einen bezaubernden Gartenhof, in dem vorne das letzte Atelier von Zadkine liegt; eine Studie vom Rotterdam-Mahnmal kann man durch das staubige Fenster sehen. Seine Witwe wohnt noch hier.

Ezra Pounds Studio

Im Hof weitere Pavillons und an der Gartenrückfront das Studio von Ezra Pound. Akazien, Kastanien, Blumen, Efeu; überall liegen etwas kitschige Statuen frommer Art herum, gefertigt von einer alten Bildhauerin; am Eingang die· Kopie einer entblößten Rokokodame, deren Original im Louvre steht. Links ein winziges Dachzimmer auf einem der Pavillons, wo der Übersetzer von Jack London wohnte. Das alles erklärt uns ein überaus freundlicher Herr, der Karikaturist vom *Figaro*. Er will diese Traumidylle verlassen und auf das Land ziehen, auch er spricht den Satz, den wir immer wieder hören: Paris wird »invivable«. »Wir holen die Fehler der Amerikaner um ein paar Jahre verspätet nach«, sagt er. Das Auto tötet den Menschen. Er behauptet, täglich in den *Figaro* zu radeln, was allerdings schwer vorstellbar ist, denn Radler sind so selten wie weiße Elefanten in Paris. »In Frankreich gibt es pro Tag durch den Verkehr 200 Tote, 2000 müßten es sein, damit die Menschheit endlich aufwacht.« Sein unfrommer Wunsch: Die Leute aus dem Turm *Maine Montparnasse* sollten in ihren Tiefgaragen so lange bei der Ausfahrt steckenbleiben, bis sie ersticken.

Das Atelierhaus, in dem Ezra Pound von 1920 bis 1924 lebte, hat sechs Etagen und liegt ruhig wie auf dem Lande. Er wohnte im ersten Stock mit den grüngestrichenen Fensterläden, der heute einem Bildhauer gehört. Hierher also kam Jung-Hemingway, um dem älteren Ezra Boxstunden zu geben, die allerdings nicht sehr seriös gewesen sein können. Umgekehrt waren Pounds Stunden schon wesentlich erfolgreicher. Ezra strich alle Adjektive aus den Manuskripten, die Ernest ihm brachte. Hemingway sagte über seinen zweiten Lehrmeister später: »Ezra hatte zur Hälfte recht, und wenn er unrecht hatte, war das so unrecht, daß man nie im Zweifel darüber war. Gertrude hatte immer recht.«

Anfangs mokierte sich der Dreiundzwanzigjährige über den siebenunddreißigjährigen »Löwen vom Quartier Latin«, den John Gould Fletcher »eine sonderbare Kombination eines internationalen Bohemiens und eines amerikanischen Collegeprofessors ›out of job‹« nannte. Ein anderer Beobachter schildert ihn so: »Ezra hatte einen gegabelten roten Bart, reiches braunes Haar, eine streitbare schmale Gestalt; an seiner Wange baumelte ein einzelner Ohrring mit einem blauen Stein. Er trug einen purpurnen Hut, ein grünes Hemd, ein schwarzes Samtjackett, scharlachrote durchbrochene Socken, lebhaft gefärbte Sandalen und Hosen aus grünem Billardtuch, dazu eine riesige wehende Krawatte, die von einem japanischen Futuristen bemalt war.« Der Amerikaner William Carlos Williams nannte ihn einen der fähigsten Dichter der englischen Sprache – doch zugleich den »größten Hanswurst und Scharlatan in der ganzen Innung«. Auch Hemingway war anfangs befremdet, als er mit Hadley zum ersten Mal in das Pound-Studio kam und Ezra ununterbrochen Tee trank, den seine Frau Dorothy (geborene Shakespear) servierte, eine seiner ehemaligen Schülerinnen aus dem Londoner Polytechnischen Institut. »Selbst leise gesprochene Worte«, meinte Hadley, »wirkten hier anmaßend.« Die Einrichtung erschien beiden, die selber nicht gerade erlesen wohnten, eher ärmlich. Alle Möbel hatte Pound selbst getischlert. Der eiserne Ofen war unschön; an der Wand hingen japanische Zeichnungen und Bilder von Picabia und dem englischen Schriftsteller Wyndham Lewis – beide verabscheute Hemingway. Zunächst schrieb er eine freche Satire auf das feierliche Gehabe des Meisters, die er dann auf Anraten schnell wieder zerriß. Später kannte er keinen wohlwollenderen Freund als Ezra, zu dessen Füßen er verehrungsvoll saß. Im Boxunterricht machte Pound bei Hemingway offenbar Fortschritte. Wyndham Lewis schildert, wie er einmal in der Wohnung Rue Notre-Dame-des-Champs erschien und klingelte: »Doch niemand reagierte. So stieß ich die Tür auf, die direkt ins Studio führte. Ein blendend gebauter junger Mann, bis zur Hüfte entblößt und mit einem schimmernd weißen

Körper, stand nicht weit von mir. Er war groß, ansehnlich und ruhig und wehrte mit seinen Boxhandschuhen einen heftigen Angriff Ezras ab.«

Pound war einer der wenigen Wohltäter Hemingways, der dafür später nicht büßen mußte, während der Undankbare seine anderen Wohltäter mit Spott, Satire und Ironie zu überschütten pflegte. Denn Ernest vertrug es offenbar nicht, dankbar sein zu müssen. Für Pound allerdings setzte er sich mit allen Kräften ein. Der Dichter, politisch ein Faschist und Antisemit, war nach der Eroberung Italiens von seinen Landsleuten als Hochverräter auf das schrecklichste erniedrigt worden. Wochenlang saß er im Freien in einem eisernen Käfig in Pisa, allen zum Gespött, bis er total zusammenbrach. Später vegetierte er jahrelang in einem amerikanischen Irrenhaus. Immer wieder versuchte Hemingway ihm zu helfen; so schrieb er in der *New York Times* über die gemeinsame Pariser Zeit: »Er versucht, das Glück seiner Freunde zu fördern, sowohl das materielle wie das künstlerische. Er verteidigt sie, wenn sie angegriffen werden; er führt sie bei Zeitschriften ein und aus dem Gefängnis heraus. Er leiht ihnen Geld. Er verkauft ihre Bilder. Er arrangiert Konzerte für sie. Er schreibt Artikel über sie. Er stellt sie reichen Damen vor. Er veranlaßt Verleger, ihre Bücher anzunehmen. Er wacht die ganze Nacht bei ihnen, wenn sie behaupten, sie stürben, und ist Zeuge für ihr Testament. Er schießt ihnen Spitalkosten vor und bringt sie vom Selbstmord ab. Und am Ende werden einige wenige von ihnen darauf verzichten, ihm bei der ersten Gelegenheit ein Messer in den Rücken zu stoßen.«

Die Hemingways wohnten 1923 zwar nicht besonders komfortabel in der Rue Notre-Dame-des-Champs 113, die im Mittelalter *Chemin herbu* (»Kräuterweg«) hieß und zu einem Mönchskloster führte, aber er erinnerte sich noch gern daran, als er schon berühmt war: »Wir hatten das obere Stockwerk von dem Gartenhäuschen in Notre-Dame-des-Champs mit der Sägemühle in dem Hof genommen (und das plötzliche Jammern der Säge, der Geruch von Sägemehl und der Kastanienbaum über dem Dach und die verrückte Frau im Erdgeschoß) und das Jahr, als wir Geldsorgen hatten … und wie wunderbar die Brunnen auf der Place de l'Observatoire waren (Wasserglanz rieselte auf der Bronze von Pferdemähnen, bronzenen Brüsten und Schultern, grün unter spärlich fließendem Wasser)«, so beschrieb er es in seinem Roman *Die grünen Hügel Afrikas.* Sägemühlen gibt es zwar nicht mehr in Paris, aber der Brunnen steht noch.

1924 spielte er oft mit Ezra Pound Tennis. Er mußte bis zum Boulevard Arago gehen, einen Weg, den auch Helga und ich einschlagen. Wahrhaftig, da gibt es die Plätze noch, offenbar genauso wie damals, gleich neben dem Gefängnis, das »Gesundheit« (»Santé«) heißt. Hier saß kurz einmal der arme Rousseau wegen Beihilfe zum Scheckbetrug und 1911 völlig entgeistert der Dichter Apollinaire wegen seines Sekretärs, der im Louvre gestohlen hatte. Hier steht immer noch die Guillotine, die zum letzten Mal 1972 in Aktion trat, als zwei Gefangene, die im Zuchthaus eine Geisel ermordet hatten, hingerichtet wurden. Neugierig gehen wir an der Mauer entlang, die etwas unsäglich Bedrückendes hat. An einem Gefängnistor kann man die Inschrift aus den Jahren der Okkupation lesen: »Hinter diesen Mauern wurden 18 Patrioten und Antifaschisten exekutiert, vollzogen im Dienste des Feindes. Sie sind für Frankreich gestorben, Franzosen, vergeßt sie niemals!«

Die Mauer nimmt kein Ende, doch plötzlich stehen wir vor einem verwunschenen Zaubergärtlein, Blumen blühen, Vögel singen, Brunnen, Statuen und kleine Schlängelpfade, niedrige altmodische Häuser, Ateliers mit großen Fenstern.

Die *Cité Fleurie*

Wir sind in der vielumkämpften *Cité Fleurie,* der »Blumenstadt«, einem von hohen Betonbauten umgebenen Künstler-
Eiland, das bald auch verschwunden sein wird. Wir besuchen
Domela, den holländischen Künstler, und seine deutsche Frau.
»Wir haben auch unsere ›mur de la honte‹«, sagt der hochge-
wachsene Amsterdamer und weist auf einen brutalen Bretter-
zaun, der sich mitten durch die Gärten zieht. Der Zaun, gegen
den Willen der Bewohner errichtet, die zunächst den Eingang
verbarrikadiert hatten, stand eines Nachts häßlich, klotzig, bru-
tal da, und das hatte seine tiefere Bedeutung. Die *Cité Fleurie,*
gebaut aus Überresten der Weltausstellung von 1878, ist 2000
Quadratmeter groß, eine Grünfläche also, die nicht zerstört
werden darf. Teilt man sie jedoch, so gibt es kein Gesetz mehr,
das ihre Erhaltung befürwortet. Zur Zeit Pompidous aber war
man schlau. So wurde das Gesetz umgangen, indem man Bäume fällte, Gärten zertrampelte und drei Atelierhäuser, deren
Bewohner gestorben waren, einfach zumauerte, damit keine
neuen, womöglich jungen Künstler einziehen konnten. Hier,
wo in 29 Ateliers die Künstler ein ungestörtes Dasein bei niedrigen Mieten hatten, wo einst Gauguin und auch Modigliani arbeiteten, wird bald niemand mehr malen oder meißeln, denn
die Bedrohung rückt näher. Auf der anderen Seite der Straße
erheben sich schon hohe Wohnblocks, auch hier wird bald das
Grün dem Betongrau weichen.
Der Kampf der Künstler gegen die Kapital-Giganten begann
1970, als die Besitzerin der Cité das ganze Terrain mitsamt den
Künstlern darauf an die Baugesellschaft »Sefima« verkaufte.
Der Vater der Besitzerin hatte das Gelände umsonst bekommen, weil er den Boulevard, auf dem übrigens auch heute noch
vier Reihen Kastanien stehen, einst gepflastert hatte. Doch die
Künstler gaben nicht auf. Sie alarmierten Stadtväter und

Presse, brachten überall Plakate an mit der Aufschrift: »Stoppt die Betonwelle, rettet die Cité Fleurie«; sie veranstalteten eine Auktion von Kunstwerken, zu der viele Größen gestiftet hatten, und nahmen 220 000 Francs ein, um Gelände zurückzukaufen. Doch hätten es 850 000 sein müssen. Domela sagt nicht ohne Bitterkeit: »Am 14. Juli 1973 verpulverten die ›Affaires Culturelles‹ allein für das Feuerwerk 900 000 Francs.«

Ceśar Domela (sein Vater begründete die sozialistische Bewegung in Holland) ist so alt wie das Jahrhundert und äußerst vergnügt, wenn man nicht gerade auf die Bedrohung der Cité zu sprechen kommt. Seit vierzig Jahren wohnt der konstruktivistische Maler und Bildhauer, Angehöriger der Gruppe *De Stijl* und Freund Mondrians, in einem dieser Atelierhäuser, das er mit Klauen und Zähnen gegen die Bauhyänen verteidigt. Unter schwierigen Umständen hat das Ehepaar – seine Frau ist eine geborene Warburg – mit beiden Kindern die Besatzung überstanden. »Wir hatten zwei Ausgänge und waren auf alles gefaßt. Einmal klingelte ein deutscher Offizier an der Tür, uns blieb fast das Herz stehen, doch es war nur ein alter Freund aus der Berliner Zeit, der wie ich zur ›Novembergruppe‹ gehörte, kein Nazi. ›Hast du denn keinen anderen Anzug?‹ fragte ich entsetzt.«

Domela spielt uns eine Platte seines Dada-Freundes Schwitters vor, eine *Sonate mit Urlauten* – und erzählt, daß die Guillotine von nebenan sogar noch in den dreißiger Jahren auf dem Boulevard öffentlich in Aktion trat und Tausende im Morgengrauen anlockte, wenn hingerichtet wurde. Wir trinken Whisky, während Domela erzählt. Als er und seine Frau hier eingezogen sind, gab es noch keine elektrische Lichtleitung, das Wasser mußten sie im Garten holen. Jetzt ist das Haus urgemütlich, an den Wänden hängen seine Reliefs, schöne Gebilde aus Kupfer, Glas und Holz, dynamisch und zugleich harmonisch (die Düsseldorfer Kunsthalle brachte 1972 eine Gesamtausstellung seiner Werke). Er erinnert sich, wie Mondrian in den zwanziger Jahren gern in die *Closerie des Lilas* zum Billardspielen kam – »er sah aus wie ein Schulmeister« – und wie sich die Künstler der verschiedenen Richtungen untereinander stritten, die Surrealisten gegen die Konstruktivisten, die Maler gegen die Bildhauer, »jeder war in seiner eigenen Kapelle eingeschlossen«. Nur einer war immer höflich und bedachte alle mit dem gleichen guten Lächeln: Otto Freundlich, der deutsche Expressionist. »Wie gemütlich«, sagte er, wenn gerade ein heftiger Disput ausgebrochen war. Das lag vor allem an seiner Schwerhörigkeit. Freundlich, ein hervorragender Maler, kam in einem NS-Vernichtungslager als Jude um.

Ob in der Zukunft die Cité noch unverändert anzutreffen sein wird, bleibt fraglich. In Paris leben ungefähr 30000 Künstler, doch die Stadt, einst Weltkapitale der Kunst, tut so gut wie nichts für sie. Zwar werden in den Hochhäusern auch Ateliers eingerichtet, doch wer kann die Miete zahlen, selbst wenn sie verbilligt wird? »Die Künstler werden von den Baggern verjagt, zum Exil in die Vororte verurteilt, jenseits der Kontakte mit Kollegen, Galerien, Kritikern, Amateuren. Das gesamte Künstlerleben von Paris wird auf diese Weise verschwinden, wenn es nicht gelingt, die Baufirmen und Spekulanten zu bremsen«, stand schon 1971 auf Flugzetteln in der Blumenstadt. Damals stand der Schandzaun noch nicht. »Die Jagd auf die Künstler ist eröffnet«, schrieb der progressive *Nouvel Observateur*, »man erlebt die Vernichtung aller Ateliers.« Dazu Direktor André Roussilhe von der Präfektur: »Die Leute, die das Geld nicht haben, müssen Paris eben leider verlassen.«

Ernest und Gertrude

Hemingways Freundschaft zu Gertrude Stein stand in voller Blüte. Er ging oft zu ihr, erquickte sich an Trunk und Diskussion, schmeichelte ihr (»schreiben sei leicht gewesen, ehe er sie gekannt hatte«) und lernte von ihr – konnte sich jedoch auch gefällig erweisen. Durch Ezra hatte er den deutsch-englischen Romancier Ford Madox Ford kennengelernt, den er zwar mit einem umgestülpten Faß verglich und von Anfang an nicht mochte, für den er jedoch eine Weile als Redakteur der literarischen Zeitschrift *Transatlantic Review* (übrigens ohne Bezahlung) arbeitete. Dies war seine große Stunde. Er brachte es fertig, daß Ford Gertrude Steins Buch *The Making of Americans* in Fortsetzungen erscheinen ließ. Ernest selbst hatte das Manuskript, das seit 1911 verstaubte, bearbeitet, redigiert, gekürzt, abgeschrieben und seine Gönnerin damit auf das höchste erfreut. In der Aprilnummer 1924 erschien die erste Fortsetzung und auch eine kleine Kritik seines ersten Buches *Three Stories and Ten Poems* (Auflage 300). Im gleichen Jahr kam ein weiterer Erzählband, *In our Time*, heraus. Ford, der seinen vierundzwanzigjährigen Redakteur zwar nicht bezahlen konnte, ihn aber für außerordentlich begabt hielt, ließ sich auch nicht provozieren, wenn Ernest auf seinen literarischen Tees im Redaktionsbüro am Quai d'Anjou in ausgelatschten Tennisschuhen und geflickten Hosen stumm und störrisch herumsaß.
Hemingway war unendlich fleißig, füllte am Tisch unter den Kastanien der *Closerie des Lilas* seine blauen und gelben Notizhefte emsig und mied – damals noch – die glitzernden Brasserien und Montparnasse-Bars, in denen seine exilierten Landsleute träge und klatschhaft herumsaßen. Er wollte so schreiben, wie Cézanne malte. In der minutiösen Hemingway-Biographie des Princeton-Professors Carlos Baker ist das sehr genau beschrieben.

Ezra Pound war ebenfalls einige Male im Salon Gertrude Steins in der Rue de Fleurus erschienen, allerdings ohne großen Erfolg. Er sprach gern über japanische Drucke, was Miß Stein unendlich langweilte. Sie verglich ihn mit einem Dorfschullehrer. War es die Ahnung seines späteren Antisemitismus? Jedenfalls hatte er verspielt, als er einmal im Verlauf einer heftigen Debatte über die Gewalt mit seinem Kaminstühlchen zusammenbrach. Es war Gertrudes Lieblingsstuhl, den Alice Toklas nach Motiven von Picasso eigenhändig bestickt hatte. Nach dieser Missetat gab es keine Chance mehr für den Allround-Gelehrten. Als Ezra die beiden im Jardin du Luxembourg traf und fragte, ob er sie wiedersehen dürfe, hieß es nur spitz: »Schade, Miß Toklas hat Zahnweh, und außerdem sind wir gerade dabei, Blumen zu pflücken.« Das war deutlich.

Im Herbst 1924 verließ Pound Paris, um ganz nach Rapallo zu ziehen. »Hem« hatte Krach mit Ford Madox Ford. Ein neuer Gönner zeigte sich in Gestalt des Herausgebers der Berliner avantgardistischen Zeitschrift *Der Querschnitt* – H. von Wedderkop wurde nicht nur mit einem Grafentitel bedacht, sondern »mister awful nice« genannt, weil das die einzigen englischen Worte waren, die der Deutsche kannte. Durch den *Querschnitt*, der dem Kunsthändler Alfred Flechtheim gehörte, wurde Hemingway als Dichter in Deutschland eher bekannt als in seiner eigenen Heimat. Berlin stand Paris in diesem Jahrzehnt zwischen den Weltkriegen, da alle Künste blühten, nicht nach. Es ist erstaunlich, wie modern heute noch uralte *Querschnitt*-Nummern wirken. Vielleicht sogar die ganze Zeit, die so wenig Verblichenes, Altmodisches hat, wenn man sie etwa mit den vierziger Jahren vergleicht.

Im Herbst 1925 ging die *Transatlantic Review* endgültig ein, Schicksal aller bedeutsamen Zeitschriften. Ford und Hemingway trafen sich zufällig in dem kleinen Ecklokal an Ernests alter Wohnung in der Rue du Cardinal-Lemoine. Als er aber von dem duldsamen Ford an seinen Tisch gebeten wurde, verweigerte er die Einladung und schrie seiner Hadley nur böse zu: »Zahle deine Drinks selber!« Im Frühjahr hatte er zwei ele-

gante Schwestern, die Töchter eines Großgrundbesitzers aus
Arkansas, kennengelernt. Die Ältere, Pauline Pfeiffer, war Re-
dakteurin bei der *Vogue*. Sie mokierten sich über das ärmliche
Leben des ambitionierten Schriftstellers, den sie über der Sägemühle mit ihrem schrillen Lärm besuchten, und hatten Mitleid
mit der uneleganten Hadley in ihren abgetragenen Kleidern.
Tödliches Mitleid, wie sich später erweisen sollte.

Hemingway und Scott Fitzgerald

Ernest schuftete für eine Pound-Sondernummer in der Zeitschrift *This Quarter* und knüpfte Fäden zu Max Perkins, dem Lektor des angesehenen New Yorker Verlages Scribners. Empfohlen hatte ihn der Starautor des Verlages, Scott Fitzgerald, ohne ihn persönlich zu kennen. Das wurde im Mai 1925 nachgeholt. Hemingway saß mit der aparten Engländerin Lady Duff Twysden in der *Dingo-Bar* am Montparnasse in der Rue Delambre und trank Whisky, als sich ihm ein Amerikaner in Begleitung eines Baseballspielers vorstellte und alsbald seine Stories enorm zu loben begann. Es war Scott Fitzgerald. Der Neunundzwanzigjährige stand im Zenit seines Ruhmes und lebte mit seiner ebenso berückenden wie exzentrischen Frau Zelda und der kleinen Tochter Scottie in einer Mietwohnung am Étoile. In *Paris – ein Fest fürs Leben* schildert Hemingway vier Jahrzehnte später dieses Treffen, bei dem Scott ihn volltrunken mit höchstpersönlichen Fragen überschüttete, etwa ob er mit seiner Frau schon vor der Ehe geschlafen habe, kurz darauf plötzlich schneeweiß wurde und wie ein Toter aussah, so daß sie ihn nach Hause transportieren mußten. Erst ein paar Tage später in der *Closerie* freundeten die beiden sich an, wobei der jüngere Hemingway den eleganten Scott der Pariser Jahre genau beschrieb: »Hohe Stirn, lebhaft-freundlich blickende Augen und einen sensitiven irischen Mund ... der Mund beunruhigte einen, ehe man ihn kannte, und danach beunruhigte er einen noch mehr.« Wo aber ist das *Dingo* gewesen? Wir fragen rundum, gehen von Bar zu Bar. Niemand weiß es. Endlich, die Mühe hat sich gelohnt; da ist die *Bar Basque* in der Nr. 10. Ein kleines Restaurant, in dem man vorzüglich speist. Die Bar, aus dunklem Holz, scheint noch dieselbe zu sein, ein freundlicher Spanier bestätigt es. Er war schon damals hier und kannte sie alle: die »drei Grazien, die niemals lachten: Soutine, Krémègne und Kikoine«, die Russen. Monsieur Jacques Vidal kannte auch Picasso gut. Er hat ihm die Leinwand für *Guernica* genagelt und behauptet, Picasso habe meist eine zu billige Leinwand genommen. Diese sei zwar gut, doch die Farben so schlecht gewesen, daß sie schon beim Transport in den spanischen Pavillon der Weltausstellung 1937 abzublättern begannen. Mit Picasso sprach er gern Catalan.

Die *Dingo-Bar* wurde nach dem Börsenkrach verkauft. Der Besitzer taufte sie um und behielt sie bis 1970. Die neuen Besitzer, ein junges Paar aus dem Midi, sind sehr freundlich; zu ihren Gästen gehört der Filmregisseur Truffaut und hin und wieder auch Sartre. Ein Menü kostet etwa 25 Mark.

Natürlich hielt auch die Freundschaft zwischen Scott und Hemingway nicht lebenslang. Jeder war eifersüchtig auf die Erfolge des anderen, beide kränkten sich gegenseitig mit kritischen Briefen und beide tranken zuviel.

Die Fitzgeralds waren seit 1920 das amerikanische Traumpaar. »Sie ergänzten einander wie Gin und Martini«, schreibt Andrew Turnbull in seiner bewegenden Scott-Fitzgerald-Biographie. Sie waren jung, schön, früh berühmt und reich, seit Scotts erste Romane *This Side of Paradise* und *The Beautiful and the Damned* Bestseller geworden waren. Und vor allem seit das beste Buch, das er je geschrieben hat, *The Great Gatsby,* von der Kritik gefeiert wurde. Zum vierten Mal verfilmt, feiert dieser Roman ein Comeback, wenn auch der Film nicht entfernt die Leidenschaft, die Bitterkeit und die Poesie dieses Buches, das man im Original lesen muß, erreicht.

In der *Closerie des Lilas* bot Scott den *Gatsby* Hemingway ganz schüchtern zu lesen an, der nicht umhin konnte, es erstrangig zu finden. »Wie jeder geniale Schriftsteller war Scott auch Prophet«, schrieb die *New York Times* später, »er gab seinem Zeitalter einen Namen: ›The Jazz-Age‹, er lebte durch dieses Zeitalter und sah es verglühen.«

1925, als die Fitzgeralds in Paris lebten, war es noch nicht ganz verglüht, liebten sich die beiden noch mit der gleichen Leidenschaft, mit der sie sich dann zerstörten. 1921 waren sie zum ersten Mal kurz in Paris gewesen und im Hotel *St. James and Albany* abgestiegen, das es heute noch gibt, um alsbald wieder hinausgeworfen zu werden, weil Zelda den Lift immer so lange mit dem Gürtel auf ihrer Etage festband, bis sie sich umgezogen hatte. Sie waren in die *Folies Bergères* gegangen und nach Versailles gefahren, und sie hatten eine Stunde vor dem Haus von Anatole France gesessen, um den von ihnen Verehrten zu sehen, doch vergeblich. Beide sahen wie Geschwister aus, gemmenhafte Gesichter, zart gebaute Körper, ein Paar wie aus Meißener Porzellan, energisch das Kinn, graziös der Gang. Zelda, die jüngste Tochter eines Richters in Alabama, war bildhübsch, ihre dichten blonden Haare umlockten ein rosa-weißes Gesicht mit einem sinnlichen Mund. Eine Schönheit aus dem Süden, dessen Akzent sie nie verlor. Scott, der sich 1919 in die Achtzehnjährige verliebte, wird in ihrem Buch *Darf ich um den Walzer bitten* poetisch geschildert: »Es war, als spüre er unterhalb der Schulterblätter Flügel, die seine Füße in verzückter Federung vom Boden hoben, und als genieße er heimlich die Gabe, fliegen zu können ...«

Das Fliegen hatte er in Paris bald verlernt, zuviel Geld, zuviel Champagner, zuviel Ehekrisen. Nachdem die Tochter Scottie in Amerika zur Welt gekommen war, zogen sie 1924 nach Paris, das sie zunächst »gorgeous« fanden. Sie badeten das Baby im Bidet und ließen es aus Versehen Gin Fizz trinken, bis sich eine Nurse seiner annahm. Sie waren elegant, ja snobistisch angezogen und gaben das Geld, das Scott mit hochbezahlten Short stories neben seinen Büchern verdiente, mit vollen Händen aus. In diesem Jahr lernten sie Harald und Sara Murphy kennen, die besten Freunde ihres Lebens, reiche, ungemein kultivierte Amerikaner, die mit allen Malern und Literaten ihrer Zeit bekannt waren und, da sie unabhängig von Arbeit waren, rundum Glück, Geld und Gastfreundschaft verbreiteten. Auch mit den Hemingways freundete sich das Ehepaar Murphy an, das am Quai des Grands-Augustins wohnte. Sie brachten die bisher fast unbekannte Sommer-Saison an der Riviera seit 1924 in Mode, wie auch die sonnengebräunte Haut.

Scott arbeitete 1924 noch am *Gatsby,* was Zelda so langweilte, daß sie sich in einen französischen Marine-Flieger verliebte (Edouard Jozan wurde im zweiten Weltkrieg einer der höchstdekorierten Marineoffiziere und Vizeadmiral). Zelda verlangte die Scheidung, versuchte einen Selbstmord nach der Abreise von Jozan, versöhnte sich dann aber wieder mit ihrem Mann; doch das bisher schwerelose Glück hatte einen Knacks bekommen.

Ein Jahr später, 1925, als Hemingway sie in der Rue de Tilsitt 14 (auch dieses Haus ist noch zu sehen) besuchte, dramatisierten beide die Geschichte bis zum Exzeß. In ihrer Legende hatte der unglückliche Liebhaber Selbstmord begangen – fasziniert und bleich hörte Scott zu, wenn Zelda die Mär mit schönem, traurigem Gesicht zum besten gab.

Als die Hemingways das erste Mal zum Lunch in die Rue de Tilsitt kamen, waren sie schockiert. Die Wohnung im vierten Stock war häßlich, mit einem rot-goldenen Salon, in dem es »wie in einer Sakristei roch, weil man nicht lüften konnte«.

Zelda war eifersüchtig auf Scotts Werk und Scott auf ihre Flirts, eine Beobachtung, die ein Freund aus Princeton schon 1921 in New York gemacht hatte. Hemingway mochte Zelda mit ihren »Habichtsaugen« von Anfang an so wenig wie sie ihn, den sie »a bogus«, einen Schwindler nannte. Die Freundschaft der beiden Männer wurde oft auf die Probe gestellt, vor allem, wenn Fitzgerald morgens um vier volltrunken in der Wohnung über der Sägemühle erschien und sich am Kamin den Mantel verbrannte. Nüchtern wurde er einsichtig und schrieb einen Brief: »Ich war sehr beschämt am nächsten Morgen, nicht nur weil ich Hadley gestört hatte, sondern das dann auch noch dir unterschob. Jedenfalls ist es nur fair zu sagen, daß der jämmerliche Mann, der am Samstagmorgen in eure Wohnung kam, nicht ich war, sondern ein Mann namens Johnson, der oft mit mir verwechselt wird.«

So unwiderstehlich sein Charme sein konnte, wenn er nüchtern war, so aggressiv, dumm-taktlos, irisch-maßlos konnte er werden, wenn er zuviel getrunken hatte. Doch verschwenderisch blieb er in jedem Zustand. Für eine Kurzgeschichte zahlten die Magazine ihm 2500 Dollar, heute fast unverständlich, wenn man sie liest. Bedenkt man noch den günstigen Wechselkurs, so konnten die Fitzgeralds in ihrer Hoch-Zeit freilich großzügig sein. In *Tender is the Night* schildert Scott, der ja nie etwas erfand, wie Zelda, in diesem Fall »Nicole«, im Paris von 1925 einkaufen ging: »Außerdem kaufte sie noch Sachen im Schaufenster. Alles, was ihr gefiel und sie selbst absolut nicht brauchen konnte, kaufte sie als Geschenke für Bekannte. Sie kaufte farbige Perlen, zusammenlegbare Strandkissen, künstliche Blumen, Honig, ein Gastbett, Taschen, Halstücher, künstliche Vögel, kleine Gegenstände für ein Puppenhaus und drei Meter von einem neuen, makrelenfarbenen Stoff. Sie kaufte ein Dutzend Badeanzüge, ein Gummikrokodil, ein Reiseschachspiel mit Figuren aus Gold und Elfenbein, große Leinentaschentücher und bei Hermès zwei eisvogelblaue Gamslederjacken.« Durch Ernest wurden die Fitzgeralds auch bei Gertrude Stein eingeführt; sie mochten sich sogleich, sahen sich aber nur selten, deshalb hielt die Zuneigung. Gertrude verglich Scott mit Thackerey, und er schrieb ihr beglückt im Juni 1925: »Meine Frau und ich finden, Sie sind eine sehr stattliche, sehr ritterliche, sehr gütige Lady. Wir fanden das sofort und sagten es auch Hemingway.« Im übrigen aber war das Fazit dieser Pariser Monate für Scott nicht erfreulich, er schrieb in sein Notizbuch: »1000 Parties und keine Arbeit.«

Im Herbst kehrte das Paar wieder aus dem Süden zurück. Hemingway fand seinen Freund verändert. »An der Riviera war er keineswegs nüchtern geworden und jetzt war er sowohl am Tage wie nachts betrunken und er erschien in der Rue Notre-Dame jedesmal, wenn er betrunken war, sowohl am Tage wie nachts. Er hatte angefangen, zu allen, die unter ihm standen, oder die er dafür hielt, sehr grob zu werden.« Hemingway beklagt sich, daß es Scott fast soviel Vergnügen mache, ihn bei der Arbeit zu stören, wie Zelda ihn bei seiner.

Die Wohnung in der Rue de Tilsitt verglich ein anderer berühmter Amerikaner, Louis Bromfield, mit einem »Campingplatz zwischen zwei Welten«. Wenn Fitzgerald blau war, machte er irrsinnige Sachen. So schmiß er einmal im Taxi mit den Murphys Hundertfrancsscheine so lange aus dem Fenster, bis der Chauffeur es nicht mehr aushielt und ausstieg, um sie einzusammeln. In dem Moment ergriff Scott das Steuerrad, fuhr an das Ufer der Seine, um hineinzufahren und alle zu ertränken; er konnte nur mit Mühe zurückgehalten werden. Im Winter gingen sie an die Riviera, bis sie im Juni 1926 wieder in Paris auftauchten. Als Zelda im amerikanischen Krankenhaus in Neuilly operiert wurde, ging Scott Abend für Abend aus und zahlte Trinkgeld in der gleichen Höhe wie die Rechnungen. Der *Große Gatsby* war dramatisiert worden. Scott war jetzt dreißig Jahre alt und hatte noch vierzehn Jahre zu leben. Langsam begann der Abstieg von den »Beautiful« zu den »Damned«. Längst hatte er seinen dritten Roman begonnen, *Tender is the Night*, der allerdings erst 1934 herauskam und kein Erfolg wurde. Um diese Zeit hatte auch sein Freund Hemingway eine Krise, er ließ sich von der guten Hadley mit den großen Augen scheiden – sie fügte sich sofort –, um die Spitzmaus Pauline von der *Vogue* zu heiraten. Nach hundert Tagen Prüfung, in denen sie sich nicht sahen, waren die drei übereingekommen. Hemingway wohnte in Murphys Studio in der Rue Froidevaux 69 am Montparnasse, Hadley in einem Hotel gegenüber der *Closerie*. Pauline harrte in Amerika der Dinge. Im ungeheizten Studio, bei einer Mahlzeit pro Tag, las Hemingway die Korrekturfahnen zu *Fiesta*, war melancholisch und immer noch so arm, daß er Murphys 400-Dollar-Spende auf seinem Konto annahm.

Traurig schob er einen Handkarren durch die Straßen von Montparnasse, um Hadleys Koffer in ihre neue Wohnung in der Rue de Fleurus 35 – in der Straße der Steins – zu schaffen, darunter auch das Bild von Juan Miró, das er ihr zum Geburtstag geschenkt hatte. Ein überaus kostbares Geschenk für den stets geldknappen Schriftsteller, der erst die untersten Sprossen der Erfolgsleiter erklommen hatte. Mirós *Bauernhof* kostete 5000 Francs.

Am 10. Mai 1926 schritt Hemigway, nun plötzlich ein gläubiger Katholik, an der Seite der fünf Jahre älteren Pauline in Passy zum Traualtar. Nach der Hochzeitsreise in Spanien zog das Paar in die stille kleine Rue Férou bei Saint-Sulpice. Montparnasse wollten sie keinesfalls verlassen, nicht die Bars und die Cafés, das *Sélect,* das *Dôme* und die *Rotonde.* Sein Roman *Fiesta* war zum Bestseller aufgerückt, und niemand freute sich darüber mehr als Scott. Aber brachte Pauline »Ernie« kein rechtes Glück? Im März 1928 nachts – offenbar nicht ganz nüchtern – zog er im Klosett die falsche Schnur, das ganze Oberlichtfenster stürzte herunter, die »Platzwunde, zwei Zoll über seinem rechten Auge, streckte ihn wie einen mit der Streitaxt gefällten Ochsen nieder«, schrieb Carlos Baker. Die Wunde mußte im Hospital neunmal genäht werden, er lag lange im Delirium, und Ezra Pound schickte ein Telegramm: »Wie zum höllenschwefligen Kater hast du dich so angesoffen, um aufwärts durch das verfluchte Oberlicht zu fallen?«

Im April kamen die Fitzgeralds, die indessen in Hollywood gelandet waren, wieder zurück nach Paris. Diesmal mieteten sie sich in der Rue de Vaugirard 58 an der Place Saint-Sulpice ein. Wir schauten uns das feine bürgerliche Haus mit den bodenlangen Fenstern an, Helga fotografierte den schönen Innenhof. Zelda schildert es in ihrem Buch: »Die Wohnung, deren Polstermöbel mit verschlissenem Brokat bezogen waren, blickte auf die Kuppel von Saint-Sulpice. In den schattigen Winkeln der Kirche kauerten alte Weiber, die Glocken läuteten unaufhörlich.« Sie war nun achtundzwanzig Jahre alt, genauso alt wie Hemingway und nicht mehr damit zufrieden, nur die Rolle der Ehefrau Scotts zu spielen. Sie beschuldigte ihn, sie auszubeuten. »Plagiarism begins at home«, sagte sie wütend, weil er ihre Aussprüche und Briefe schamlos verwendete. Sie war zwar begabt, konnte die Begabung jedoch nicht umsetzen.

Vor Jahren hatte sie zu malen begonnen, jetzt war es der Tanz, dem sie verfiel. Sie nahm Ballettstunden bei der einstigen russischen Primaballerina und Leiterin der Diaghilew-Ballettschule, Madame Egorova, und übte täglich acht Stunden bis zur totalen Erschöpfung. Um Star zu werden, war sie natürlich viel zu alt. Die Murphys sahen ihr einmal im Tanzstudio zu und waren entsetzt: Man hielt den Atem an, bis es vorbei war, sie wirkte grotesk, größer und ungeschickter, als sie wirklich war. Zelda schildert sich in ihrem Roman selbst rücksichtslos: »In ihren Augen glomm das gefährliche Licht eines fanatischen Entschlusses, unter den Backenknochen zeichneten sich weiße Dreiecke ab und auf dem Hals hatte sie blaue Rillen. Ihre Haut roch nach eingetrocknetem schmutzigen Puder vom Abend vorher. In den Kniekehlen, wo die Muskeln eingerissen waren, hatte sie blaue Flecken.«

Scott, vernachlässigt von seiner Frau, konnte jetzt nur noch arbeiten, wenn er trank. Er trank in der *Ritz*-Bar oder in *Harry's* Bar. Manchmal besuchte er den Montmartre noch mit Zelda. Sylvia Beach erzählt, wie Zelda am Pigalle einer Negerin, mit der sie getanzt hatte, ein wertvolles Perlhalsband schenkte, das die Brave jedoch am nächsten Tag zurückbrachte. Wenn das Ehepaar sehr betrunken war, wurde es ohnmächtig. Pariser Taxichauffeure, behutsam wie Ammen, brachten sie dann in die Wohnung zurück. Sylvia Beach berichtet, daß die Fitzgeralds in der Halle immer ein Tablett mit einer Menge Geld aufgestellt hatten, damit sich die Leute, die Rechnungen präsentierten, selbst bedienen konnten. Der Schriftsteller André Chamier, der einzige Franzose, mit dem Scott befreundet war – Scott sah fast nur Amerikaner und lernte nie richtig Französisch – schildert, wie er einmal bei ihnen in der kleinen Wohnung hinter dem Panthéon mitten in der Nacht mit einem Eiskübel und Sekt erschien. Schon im Treppenflur wollte er sich nackt ausziehen, um in dem Kübel zu schwimmen, und statt sich auf dem Sofa, wohin sie ihn mühevoll gezerrt hatten, zum Schlafen niederzulegen, sprang er auf, um vom Balkon einen Kopfsprung zu versuchen (sie wohnten im sechsten Stock), bis es Chamier schließlich gelang, ihn Schritt für Schritt die Treppen herunter und in ein Taxi zu manövrieren.

»Er hat Mussets Eitelkeit, seine Lyrik und seine Generosität«, sagte André über den zweiunddreißigjährigen Scott, »und das gleiche Verlangen nach ewiger Jugend – oder mindestens der Illusion davon im Trunk.«

Zeldas Tanzstunden wuchsen sich zur Qual aus, zur Rache gegen ihren Mann, den sie nun fast zu hassen begann; auch die Gouvernante ihrer Tochter konnte sie, wie alle Gouvernanten, nicht ausstehen, und wenn Zelda Gäste lächelnd begrüßte, flüsterte sie unhörbar Flüche. Sie wurde immer sonderbarer.

Schweigend saßen beide bei *Lipp* oder in der Bar des Hotels *George V.* »Trinken und allgemeines Mißvergnügen«, schreibt Scott in sein Notizbuch, und im August 1928: »Allgemeine Ziellosigkeit und Langeweile«. Sie gehen zurück nach Amerika, um im Frühjahr 1929 wiederum ruhelos in Paris aufzukreuzen. Die Ballettübungen werden zum Veitstanz wie im Mittelalter. Objektiv und klarsichtig sieht Zelda später diese Zeit. »Die Extravaganz der Nachkriegsjahre ließ an die 60 000 Amerikaner wie in einem Hasenwettlauf ohne Hund über das Antlitz Europas wandern. Alle waren dem Alkohol verfallen. Amerikaner mit Tips für die Rennen tranken auf den Treppenstufen, Amerikaner mit einer Million Dollar und einem Dauerabonnement bei der Hotelmasseuse tranken in ihren Appartements im *Meurice* oder *Crillon*. Andere tranken auf dem Montmartre pour la soif oder contre la chaleur, pour la digestion oder pour se guérir – und sie freuten sich, daß die Franzosen sie für verrückt hielten.«

Scott und Zelda wohnten jetzt in der Rue Pergolèse 10. Die Freundschaft zu Hemingway hatte sich abgekühlt. Ernest und Pauline lebten in Florida. Hemingway schrieb den Roman *In einem andern Land*, der 1929 erschien und sofort auf die Bestsellerliste kam. Scotts Ruhm verblaßte mehr und mehr, sein Freund und Rivale galt jetzt als der aufregendste amerikanische Schriftsteller, wie die *New York Herald Tribune* schrieb. Die Ehe Scotts wurde zur Tortur. Er besoff sich allabendlich. Beide beobachteten sich wie Feinde. Im Februar 1930 reisten sie nach Algier. Zelda hatte jetzt einen muskulösen Körper und ein aufgeschwemmtes Gesicht, ihre Schönheit war vergangen. Im April raste sie in Paris wieder wie eine Besessene zum

Ballettstudio, bis sie am 23. April 1930 zum ersten Mal zusammenbrach. Sie kam für zehn Tage in ein Krankenhaus. Ruhelos lief sie auf und ab. »Es ist schrecklich, es ist grauenhaft, was soll aus mir werden, ich muß arbeiten und kann es nicht länger, ich muß sterben und muß doch arbeiten. Ich werde nie mehr geheilt werden, laßt mich gehen, ich muß zu Madame!« So schildert es Nancy Milford. Nach zehn Tagen kam sie wieder aus dem Spital, um im Mai erneut zusammenzubrechen. Scott brachte sie in ein Schweizer Sanatorium. Von nun an spielte sich das Leben der Unglücklichen in Sanatorien, Nervenheilanstalten und Krankenhäusern ab; sie kam nur noch sporadisch nach Hause. Obwohl sie malte, bezaubernde Liebesbriefe an ihren Mann schrieb und schließlich auch das Buch *Darf ich um den Walzer bitten* (das Hemingway unlesbar fand) veröffentlichte, blieb ihr Leben unerfüllt und wurde für ihren Mann immer mehr zur Belastung. Nicht nur finanziell.

Im Juni 1930 war Fitzgerald noch einmal kurz nach Paris gekommen. Er lunchte mit Thomas Wolfe, beide mochten sich sofort und trennten sich erst nachts in der Bar des *Ritz*. Es war das letzte Mal, daß er Paris sah. Auch Zelda kam nie wieder in die Stadt ihrer Träume, ihres Glanzes und ihres Scheiterns. Sie lebte noch 18 Jahre, bis sie 1948 in einem amerikanischen Nervensanatorium bei einem Brand mit neun anderen Patientinnen verbrannte, acht Jahre, nachdem Fitzgerald am 21. Dezember 1940 an einem Herzinfarkt in Hollywood gestorben war.

Anders Hemingway, den es immer wieder nach Paris zog. 1929 kam er mit Pauline und Patrick, seinem zweiten Sohn, wieder in die Rue Férou. Auch Hadley mit Bumby war da – sie heiratete nach ein paar Jahren wieder einen Amerikaner. Natürlich mußte »Hem« wieder boxen, diesmal mit dem alten Freund Callaghan; Scott war damals Schiedsrichter und wurde von Hemingway der Unfairneß bezichtigt. Weil Callaghan siegte? Die Geschichte kam in die Presse und erforderte Gegendarstellungen. War der boxende Autor so empfindlich, daß er eine Niederlage nicht vertrug? Ernest war nun dreißig Jahre alt, sah blendend aus und verdiente gut. So trank er nicht schlecht in den verschiedenen Bars vom Montparnasse, im *Select,* in der *Coupole* mit dem Maler Pascin, im *Falstaff* und natürlich auch im *Ritz,* das er ab nun zu frequentieren begann. Der Mann, der sich im Grunde in Männergesellschaft am wohlsten fühlte, freundete sich mit allen Barkeepern an und schrieb sogar ein Vorwort zu den 1934 in London veröffentlichten Erinnerungen Jimmys, des Barmanns vom *Dingo.*

Im Frühjahr 1934 wohnten die Hemingways – immer auf dem Wege nach Spanien – wieder in Paris im *Paris-Dinard* in der Rue Cassette. Ernest ging jetzt gern zu *Michaud* in der Rue Jacob speisen. Ich suchte das Lokal vergeblich, es hat der Pizzeria *Le petit St. Benoît* Platz gemacht. An einem der blanken Tische bei mittelmäßigem Wein versuchte ich mir vorzustellen, wie es war, als Hemingway den von ihm bewunderten James Joyce hier einlud und ihn verehrungsvoll, fast dumm anstarrte, während der Ire, der tagsüber fast nichts aß und nichts trank, immer heiterer wurde, so heiter, daß er schließlich die kleine dicke Wirtin zum Walzertanz bat, als Ernest das Grammophon andrehte. Das Paar tanzte immer wilder, bis Joyce gegen einen Tisch fiel und der bärenstarke Hemingway ihn dann über der Schulter bis nach Hause in die Rue Galilée 7 tragen mußte. Zurück blieben seine verblüffte Frau und Jannet Flanner, die gewitzte Korrespondentin des *New Yorker.*

1936, indessen Vater eines dritten Sohnes geworden, erscheint Hemingway wiederum in seiner Lieblingsstadt, auf dem Wege in den spanischen Bürgerkrieg. Er drehte dort einen Film und lernte unter Lebensgefahr seine neue Lebensgefährtin kennen: Martha Gellhorn. Der Bart, der ihm gesprossen war, verschwand ebenso wie der Titel »Papa«, er sah nun wieder zehn Jahre jünger aus. Pauline hatte ihm zwar noch einen Sohn geboren, doch wurde sie von der jüngeren, blonderen, mutigeren Martha, die als Kriegsberichterstatterin in Spanien arbeitete, alsbald verdrängt. 1940 heirateten sie, ein zweifelhaftes Glück, das nur vier Jahre währte.

Hemingway bei der Befreiung von Paris

Die größte Stunde aber schlug »Hem« bei der Befreiung von Paris. Der Bart war jetzt wieder gewachsen, er war nun weltberühmt wie sein Träger, dessen Buch *Wem die Stunde schlägt* sofort mit einer Auflage von 100 000 zum »Book of the Month« aufrückte.

Als die Alliierten in der Normandie landeten, hielt es auch Hemingway nicht mehr in London aus, wo er nach einem Autounfall im Luxushotel *Dorchester* residierte.

Anzusehen wie ein furchterregender Krieger, preschte er im Jeep und mit erbeuteten Waffen ausgestattet die leeren Champs-Elysées entlang und befreite zunächst einmal den *Traveller's Club* in der Nr. 25, einen angloamerikanischen Club, der sich im Hause der legendären Païva, der berühmten Maitresse und späteren Gattin des Grafen Henkel-Donnersmark, etabliert hatte. Um diese Zeit war die letzte und intelligenteste Kurtisane von Paris längst auf dem Gut ihres Mannes in Oberschlesien beigesetzt. In ihrem luxuriösen Badesaal hatte der Club ein Eßzimmer eingerichtet, die silberne Badewanne wurde in eine Sitzbank verwandelt, die Spieltische des Clubs – Frauen waren nach englischem Vorbild nicht zugelassen – standen im Boudoir der Païva, die einst, einem polnischen Getto entronnen, in Paris zu Reichtum und Ansehen aufgestiegen war. Die Mitglieder des *Traveller Clubs* entstammten der Hochfinanz und Diplomatie. Hemingway und sein Fahrer Archie zischten einige Flaschen Champagner und eroberten anschließend das leere, unter der Okkupation nicht zerstörte *Ritz*-Hotel. Der erste Wunsch der Befreier an Direktor Ausiello: fünfzig Gläser Cocktail.

Hemingway bezog das Zimmer 31 und machte es für die nächsten Monate zu seinem Hauptquartier. Maschinenpistolen waren des Dichters liebstes Spielzeug. Als er im Zimmer 31 Hof hielt, staffierte er den halben Raum mit Waffen aus; dazu hatte ihm seine neueste Liebste, die *Time*-Berichterstatterin Mary Welsh, die er in London kennengelernt hatte, Drucke seiner französischen Lieblingsmaler aufgehängt.

Die Zeit nach der Befreiung muß phantastisch gewesen sein. Jeden Abend ging Hemingway mit seiner neuen Flamme Mary, dem Surrealisten Marcel Duhamel, seinem Bruder und dem Fotografen Capa (der später fiel) aus. Einmal auch in Picassos Lieblingslokal in der Rue des Grands-Augustins, *Le Catalan*. Leicester schildert, wie »Pablito« und »Ernesto« sich in die Arme fielen, sogar »Tränen der Rührung weinten« und zur frischen Lammkeule dem Rotwein gewaltig zusprachen. Das Lokal gibt es heute noch. Ich fragte eine Concierge aus dem Haus Rue des Grands-Augustin 7 danach, in dem Picasso seit 1937 wohnte.

Es ist zu einem Privatclub geworden, und, wie die Dame mir anvertraute, »special pour hommes«. Weil die Männer dort aber so schön sind, geht auch sie ab und zu gern hin.

In dieser Zeit war Hemingway öfter krank. Er bekam dann viel Besuch, unter anderem auch von Simone de Beauvoir. In ihren Memoiren schreibt sie: »Das Zimmer, in das wir kamen, entsprach keineswegs der Vorstellung, die ich mir vom Ritz gemacht hatte. Es war groß, aber häßlich mit den beiden Messingbetten. In dem einen lag Hemingway im Pyjama, die Augen durch einen grünen Schirm geschützt. In Reichweite standen auf einem Tisch eine beträchtliche Menge halb geleerter oder ganz leerer Whiskyflaschen. Er stand auf, drückte Sartre die Hand und schloß ihn in die Arme. Sie sind ein General, sagte er, ich bin nur ein Captain. Das von zahlreichen Gläsern Whisky unterbrochene Gespräch war hinreißend. Trotz seiner Grippe war Hemingway von überschäumender Vitalität. Schlaftrunken wankte Sartre gegen drei Uhr morgens davon. Ich blieb bis zum Morgengrauen.«

Zwischen Frontbesuchen am Westwall und im Hürtgenwald, auf denen er sich tollkühnen Gefahren aussetzte, kehrte Hemingway immer wieder in sein *Ritz*-Quartier zurück, um Mary in die Arme zu schließen. Denn was die Vorgängerin betraf, so hieß es: »Martha, Martha, du entschwandest« – obwohl auch sie forsch als Kriegsberichterstatterin tätig war. Doch erschien ein anderer schöner Gast im Zimmer 31, die Truppenbetreuerin Marlene Dietrich, von Ernest als »Tochter« angesprochen. Es kam auch George Orwell, der auf seine Bitte von dem Dichter mit einer Pistole ausgerüstet wurde. Ab und zu ging Ernest in die Bar vom *Scribe* oder zum Essen ins Hotel *George V.*, wo er seinen Feind, den »lausigen, armenischen Hundesohn« William Saroyan, in eine solche Schlägerei verwickelte, daß sie alle zusammen rausgeschmissen wurden.

Im März 1945 heiratete er – ohne Bart – Mary. Beide kehrten noch oft nach Paris zurück.

Doch erst im November 1956 gab es für den Nobelpreisträger im Hotel *Ritz* eine Überraschung. Die Direktion hatte sich darauf besonnen, daß im Keller des Luxushotels seit 1928 zwei vergammelte Koffer des damals noch relativ unbekannten Schriftstellers lagen, die sie nun herausholen ließ. Hemingway war beglückt; alle Notizen, Zeitungsausschnitte und ganze Bündel von Manuskripten kamen zwar halb verschimmelt, doch lesbar zum Vorschein. Daraus entstand eines seiner hübschesten Bücher, das freilich auch mit vielen Bosheiten durchsetzt ist: *Paris – ein Fest fürs Leben.* Der hübsche, strebsame junge Mann mit dem Schnurrbart aus den frühen zwanziger Jahren steigt wie ein Geist wieder lebendig auf und wirkt sympathischer als der alte Weißbart. Sein Motto enthält die Wahrheit: »Wenn du das Glück hattest, als junger Mensch in Paris zu leben, dann trägst du die Stadt für den Rest deines Lebens in dir, wohin du auch gehen magst, denn Paris ist ein Fest fürs Leben.«

Vom Hotel *Paradis* ins Hotel *Ritz*

"So we came to the Ritz Hotel,
and the Ritz Hotel is 'divine' ..."
ANITA LOOS

Die Glocke über meinem Bett im Hotel *Paradis* schrillt so laut,
daß ich aufwache. Ich rase im Schlafrock auf den Flur an den
merkwürdigen Sprechapparat, der dort angebracht ist. »Telephone, telephone«, schreit die Patronne durch die Röhre. »Ça
vient de la place Vendôme, Monsieur Ritz«, sie ist völlig von
den Socken. Ich sause die enge, linoleumbelegte Treppe vier
Stock hinunter in die Zelle, wo das einzige Telefon des 67-Bet-
ten-Hotels installiert ist. Licht geht nur an, wenn die Tür geschlossen ist, französische Sparsamkeit.

Es ist tatsächlich Charles Ritz, den ich am Tag zuvor inter-
viewte und der nun noch einige Ergänzungen anbringen will.
Wir machen ein Rendezvous aus, und ich erklimme mein Zim-
mer wieder, dieses kleine Zimmer, das ich so wunderbar finde.
Bett und Schrank haben Klötzchen unter den Beinen, denn der
Boden des ein paar hundert Jahre alten Hauses ist abschüssig.
Die bodenlangen Fenster gehen auf einen schmalen Balkon
hinaus; zu meinen Füßen: Paris – das Hotel liegt fast auf der
Spitze von Montmartre in der ruhig-bürgerlichen Zone zwischen Pigalle und der Touristenkarawanserei, der Place du
Tertre – Paris als Super-Kulisse in allen Wetterlagen: grau-
dunstig; gerade kann man den Turm *Maine Montparnasse* noch
ausmachen, winzig daneben der Eiffelturm; Paris silbrig unter
Azurhimmel – auch das gibt es noch; Paris zur Dämmerstunde:
rosé-violett-rauchgrau, der schönste Moment, wenn die tausend Lichter vielfarbig von Häusern und Reklamen aufleuch-
ten, Paris bei Nacht, und tatsächlich direkt neben dem großen
ausgebrannten Abgrund, dem Loch, das einst das Atelierhaus
Bateau-Lavoir gewesen ist, ehe man es anzündete.
Mein Zimmer ist von ganz speziellem Reiz. Bettüberdecke,

Tischtuch, Gardinen in rotgemustertem Nylonstoff passen ebensowenig zur Tapete, auf der Paradiesvögel in Schlingpflanzen ihr Unwesen treiben, wie zum Verschlag mit der praktischen Falttür, der wiederum buntblühend tapeziert ist. Dahinter verbergen sich Dusche und Waschgelegenheit. Auf dem Tisch stehen Blumen und Kerzen, im Wandschrank gibt es eine Küche mit zwei Gasflammen. Ab und zu kochen wir uns hier köstliche Diners. Am Silvestermorgen zum Beispiel gerieten wir auf der Marktstraße in der Rue des Abbesses in einen Gourmand-Taumel, einen wahren Kaufrausch. Unwahrscheinlich, was da geboten wurde. Alle Geschäfte hatten liebevoll dekoriert, Würste mit Gelatineblumen geschmückt, ganze Gemälde auf Torten gespritzt, große Enten aus Fett geformt, eine Schleife um den Hals und Gänseleberpastete im Inneren. Von der Decke der Fleischerläden hingen Wildschweine herunter, halbe Hirsche, Rehe, alle mit Plastikblumen verziert, Dutzende von Rebhühnern, Wachteln, Hasen; ein wahres Hasengrab, das mich an das Hotel denken läßt, in dem Henry Miller einst gewohnt hat – es hieß *Au Tombeau des Lapins*. Fülle und Wollust Rabelais' auf diesem Straßenmarkt, künstliche Schneeflocken und Weihnachtsmännlein, Berge der herrlichsten Käse, Dutzende verschiedener Buttersorten, Crème de Normandie, rote Hummern, blaßrosa Garnelen, graue Schnecken, Körbe mit Weißbrot, Früchte, Gewürze, Getränke.

Ein alter Mann geigt *La vie en rose*. Mit heiserer Stimme rufen die Verkäufer die »haricots verts«, dünn wie Fadennudeln, und die dicken, billigen Artischocken aus. Bonne Année.

Schwer bepackt kehren wir ins Hotel zurück. Madame sitzt in dem kleinen Empfangszimmer mit dem Schlüsselbrett und rollt frisch gewaschene Bettwäsche durch die Mangel. Am Schiebefenster hängt eines der vielen Warnschilder des Hotels, Besuch ist hier streng verboten, das wird groß plakatiert auf jedem Stock wiederholt. Kein Wunder – Pigalle ist nicht weit. Über einer Tür steht drohend »böser Hund«. »Le chien méchant c'est moi«, sagt der Patron, wenn er aus der Tür heraustritt, ein stets gutgelaunter, schnurrbärtiger Pariser, der gern lacht. Ein längeres Warnschild wendet sich speziell an die »Herren Maler«, die hier wohnen. Früher stiegen die Clowns vom Zirkus Médrano hier ab, doch sie sind – Opfer der modernen Zeit – verschwunden wie der Zirkus aus der Belle Époque, den der junge Picasso mit seiner Bande mindestens dreimal in der Woche besuchte. »Messieurs les peintres sont informés« – heißt es auf dem Anschlag – »que les tableaux en quantité et leur matérial ne seront pas tolerés dans les chambres, celles-ci n'étant ni un dépot, ni un musée, ni un atelier, merci d'avance«. Diese im klassischen Französisch formulierte Bitte an die Maler, weder zu malen, noch Bilder und Farbe in den Zimmern zu stapeln, da sie weder Depot, noch Museum, noch Atelier sind, brachten einen der Dauergäste, Monsieur Verdy, dazu, eine neue Technik zu erfinden. In seinem winzigen, blitzsauberen Zimmer hat er eine Menge kleiner Bilder im Schrank, die auf dem Papier gemalt sind, das in den billigen Bistros als Tischdecke verwandt wird. Er hat das Papier so kunstvoll mit Wachs und Farben nach einer von ihm erfundenen Methode präpariert, daß er sie nun ohne weiteres auf der Place du Tertre verkauft.

Das ganze Hotel wird von nur vier Leuten in Schwung gehalten, von Monsieur und Madame, einer hübsche Negerin und einem Mädchen, von dem man nicht recht weiß, ob es vielleicht doch ein Jüngling ist. Sie arbeiten emsig von früh bis spät. Morgens bringen sie das wunderbare Frühstück aufs Zimmer, mit einem großen Tontopf frischer Butter (nicht so abgepackt, wie das sonst üblich ist), einem Topf Gelee und knusprigen Croissants, wie sie nur am Montmartre in den schönen Jugendstil-Bäckereien noch hergestellt werden.

Das winzige Foyer unseres Hotels ist zwischen Weihnachten und dem Dreikönigstag großartig ausgeschmückt. Der Ständer mit den Plastikblumentöpfen ist von golden und silbern glitzernden Weihnachtsgirlanden umwunden, genau wie Türen, Bilder, Spiegel, Lampen. In einer Ecke steht auch ein Christbäumchen, bunt und gleißend, das seine Lämpchen im Rhythmus aus- und angehen läßt, ein wahres Zwinkerbäumchen. Lustig, nicht weihevoll, mehr Fasching als Heilige Nacht.

Vom *Paradis* ins *Ritz* fahren wir mit der Métro. Dauergäste in unserem Hotel zahlen möglicherweise im Monat nicht mehr als *Ritz*-Habitués für ein feines Appartement am Tag. Wir gehen in die legendäre Bar an der Rue Cambon, Kulisse aus vielen Romanen. Auch Scott Fitzgeralds Held Abe North aus *Zärtlich ist die Nacht* saß volltrunken hier. Wie alles in Paris wurde auch die Bar modernisiert, ganz in braun-goldenem Lack und Samt mit einer ungeheuren venezianischen Spiegelfront, in die hinein ein ganzes Schloß kunstfertig für das *Ritz* geritzt wurde. Auch die Ladies-Bar, die in einem anderen Raum untergebracht war, ist verschwunden. Noch in den zwanziger Jahren war sie nötig, denn alle Männer in der *Ritz*-Bar pfiffen, wenn eine Frau, womöglich auf der Suche nach dem verlorenen Ehegatten, es wagte, dort hineinzuschauen. Die Getränke aus der Epoche, da der »Cocktail« nach Europa kam, sind ebenfalls nicht mehr Mode. Gemixt wird nur noch wenig. Barmann Jacques, ungemein freundlich wie alle Angestellten des *Ritz*, erzählt, daß im Grunde nur noch Whisky verlangt wird. Dennoch bestellen wir »Williamsbirne«, jene Erfindung des Chefbarmanns Bertin, der Hemingway gut gekannt hat und schon ein halbes Jahrhundert in der Bar tätig ist. Dieses Getränk ist keinesfalls mit dem Schnaps identisch, sondern besteht aus einer sanft zu Mus gedrückten frischen Birne, ein paar Tropfen Cointreau und Zitrone, Eiswürfeln und das Ganze aufgegossen mit Champagner. Ein außerordentlich erfrischendes Getränk, das die Laune hebt. Während wir auf Herrn Ritz warten, erzählt Barmann Claude, sanfter Beichtvater frustrierter Herren, was er als siebzehnjähriger Chasseur kurz nach Kriegsende alles erlebt hat. So wollte ein Gast aus Kanada unbedingt ein Candlelight-Dinner veranstalten. Doch woher Kerzen im ausgepowerten, gerade erst befreiten Paris nehmen? Claude kam auf die Idee, alle Kirchen abzusuchen. In Saint-Sulpice fand er dann endlich genug fromme Devotionalkerzen, steckte Geld in den Opferstock und ließ ihren milden Schein nicht vor der Heiligen Jungfrau, sondern vor den Gästen (ohne Jungfrauen?) verstrahlen. Er schwärmte uns von Hemingway vor. »Er war so menschlich«, sagte er und berichtet stolz, daß ihm der Schriftsteller eines Tages ein Gewehr schenkte. »Ein Mann muß ein Mann sein«, war Hems ständige Phrase, »und ein Mann muß ein Gewehr haben. Als ich so alt war wie du, hat mir mein Vater auch eines geschenkt.« Claude hält das Gewehr des Nobelpreisträgers hoch in Ehren. Daß sich sowohl Vater Hemingway als auch sein Sohn Ernest mit einem Gewehr erschossen haben, erschreckt ihn zum Glück nicht.

Am Tag zuvor hatte ich Madame Ritz interviewt. Sie lächelte erstaunt, brauchte aber nur eine Sekunde, ehe sie meine Frage beantwortete, ob es nicht langweilig sei, immer nur mit Reichen umzugehen: »Durchaus nicht, denn es gibt darunter höchst interessante und künstlerische Menschen, außerdem könnten wir ja das Hotel schließen, wenn wir etwas gegen Leute mit Geld hätten.« Madame in Pantherpelz mit schicker Mütze – eine Frau ohne Alter – kommt aus Genf und ist überaus tüchtig. Von früh um sieben bis spät in die Nacht hinein hat sie gearbeitet, um den Zimmern des alten Luxushotels ein neues Image zu geben. Jetzt heißt es in einem Prospekt des Hotels: »1898 Geburt des *Ritz,* 1972 Wiedergeburt des *Ritz.* Die Welt hat sich verändert, Tradition und Sitten sind erschüttert, aber das *Ritz* wurde wieder das jüngste Hotel von Paris.«

Im jüngsten Hotel steigen gern ältere Damen ab, erzählt Generaldirektor Penche. Sie schätzen den individuellen Service, wenn auch der Klingelknopf mit der Aufschrift »service privé« für den eigenen Kammerdiener oder die Zofe kaum noch benutzt wird. Die Zeiten sind vorüber, da Duchessen und Comtessen, Magnaten und Milliardäre im berühmtesten Hotel der Welt wohnten, da der Prinz von Wales (später Edward VII.) die »Royal Suite« belegte, Barbara Hutton gleich auf Jahre eine Zimmerflucht mietete, Hemingway an der Bar den Whisky flaschenweise leerte und Coco Chanel im Originalkostüm, edelsteinfunkelnd und mit Hut, im Speisesaal saß, um dann in ihr Zimmer in den fünften Stock hinaufzufahren. Vorüber auch die Epoche, da Marcel Proust ganz allein im »Salon Psyché« im Frack hinter abgedichteten Fenstern und vor prasselndem Kaminfeuer zu speisen pflegte, beraten von Oberkellner Olivier, der jeden Tag im Bois de Boulogne ausritt. Olivier, der berühmteste Maître d'Hôtel von Paris, wurde oft zum Arrangieren von Festen nach außerhalb gerufen. Edouard Bourdet hat ihn als »Antoine« in seinem Stück *Le sexe faible* porträtiert, das 1974 wieder ein Boulevard-Hit wurde. Mitunter sah man ihn auch mit Proust spazierengehen, um ihm die neuesten Stories zu erzählen. André Maurois drückt es subtiler aus: »Prousts Ausflüge ins *Ritz* hatten die Art plötzlicher Attacken, die geplant waren, um ihm Informationen über den Feind einzubringen, mit anderen Worten über die Außenwelt.«

Maurois schildert auch, wie Proust einmal im *Ritz* ein Diner für den Verleger des *Figaro,* Calmette, mit endlosen Vorbereitungen arrangierte. »Schließlich wurde das Diner serviert in einem Privatsaal des *Ritz,* ganz aus kirschrotem Brokat mit vergoldeten Möbeln. Eine erhebliche Überraschung brach aus, als in dieser Dekoration plötzlich zwei pelzbehangene, wattierte Eskimos erschienen, die sich schließlich als Proust und Madame de Noailles herausschälten.«

Man speiste zu Wagnermusik, und als Proust Maître Olivier ein Trinkgeld von 300 Francs (damals sicher so viel wie 500 Mark) geben wollte, protestierten die Gäste, mit dem Erfolg, daß der Großzügige noch mehr gab. Schon längst nur noch von Kaffee und Milch lebend, ließ sich Proust in den letzten Jahren doch noch ab und zu von Olivier ein Hühnchen oder eine gebratene Seezunge zubereiten.

Die Suite mit den blaßgrünen Satinvorhängen, den Seidenpolstern und den handgeschmiedeten, feuervergoldeten Lichtschaltern existiert noch, zwar renoviert, aber original. In den Betten – die Proust niemals benutzte – schlafen Gäste, die sicher nicht »auf der Suche nach der verlorenen Zeit« in Paris sind. Heute wohnen vor allem Geschäftsleute im *Ritz.* Freilich auch Charlie Chaplin, wenn er nach Paris kommt. Er ist ein gerngesehener Gast.

Siebzig Prozent der Gäste kommen aus Amerika, der Rest aus Südafrika und Lateinamerika. Deutsche sind seltener geworden, seit sie das Hotel im Kriege ganz okkupierten und Göring durch die Salons mit den zierlichen Sesseln stampfte. Doch auch die Deutschen hat man sehr gern, sagt Direktor Penche, der nur für sechs Wochen im *Ritz* lernen wollte und nun schon seit achtundzwanzig Jahren hier ist.

Heute aber wird uns Monsieur Ritz selbst durch das Hotel führen. Schon kommt er mit elastischen Schritten in die Bar, ein überaus munterer Sechziger, der in Wirklichkeit zweiundachtzig Jahre alt ist. »Die deutschen Offiziere waren meist korrekt«, sagt er, »die Flieger feierten hier die Verleihung des Ritterkreuzes, zerstört wurde nichts.« Als der Krieg zu Ende war, fanden die neuen Gäste, meist amerikanische und englische Offiziere, das *Ritz* wie gewohnt vor. Nur mit den Restaurants und den Feinschmeckerwonnen war es schwierig geworden, denn in Paris blieb noch lange alles knapp.

Monsieur Ritz führte uns ausgiebig durch sein Reich, das ihm allerdings nicht mehr gehört: Charles, der Sohn des Gründers César, ist seit 1953 Generaldirektor der Hotelgesellschaft. Er und Madame, beide verwitwet, haben erst 1971 geheiratet. Sie waren jahrelang befreundet gewesen, doch »dann nahm ich sie mit nach Norwegen zum Lachsfischen, und da hing ich plötzlich an ihrer Angel«. Herr Ritz ist ein Alleinunterhalter von hohen Graden, der Englisch, Amerikanisch (»das ist ein Unterschied«), Französisch und Deutsch mit leicht Schweizer Anklang spricht: »Ich bin immer geradeheraus, da paßt Deutsch besser als das komplizierte Französisch.« Er steckt voller Anekdoten. So behauptet er, noch mit Sarah Bernhardt geschlafen zu haben (sie wurde 1844 geboren), doch »da war ich vier Jahre alt, mein Vater schickte mich zu ihrer Unterhaltung auf das Zimmer«.

Sein Vater, der mit den obersten Tausend dieser Welt wie mit seinesgleichen umging, wurde als dreizehntes Kind eines wallisischen Bauern in dem kleinen Schweizer Dorf Niederwald geboren und hütete Ziegen. Der unaufhaltsame Aufstieg des César Ritz ist legendär: Geschirrspüler (der alles zerschmiß), Etagenkellner, Oberkellner, Empfangschef, Hoteldirektor, Hotelbesitzer in Cannes und Baden-Baden, schließlich Begründer des *Ritz*. Sein Sohn erzählt: »Mein Vater machte seine Karriere in London. Vom *Savoy* wechselte er in das neu erbaute *Carlton* als Generaldirektor über. Dort begann seine Zusammenarbeit mit dem sagenhaften Koch Escoffier. Er bat den Prinzen von Wales, einmal in der Woche im Hotel zu speisen, und machte so das Restaurant, in das früher nur die Damen der Halbwelt ausgeführt wurden, zu einem gesellschaftlichen Mittelpunkt. Jetzt kamen auch die Ladies. Eines Tages fragten ihn die Franzosen, ob er nicht ein ähnliches Hotel auch in Paris eröffnen wolle. Ritz sah sich um, entdeckte den Platz Vendôme – Anfang des achtzehnten Jahrhunderts von Jules Hardouin-Mansart, dem Erfinder der Mansarde, im Stil des Grand Siècle erbaut – und erfuhr, daß das ehemalige Palais des Prinzen von Biron zum Verkauf stünde. Die Option von 100 000 Francs brachten englische Freunde, darunter der Ölmagnat Gulbenkian, innerhalb von vierundzwanzig Stunden auf.

Als die nächste Summe zum Hotelbau fällig war, drückten sich die Franzosen. »Mein Vater stand ganz allein da«, sagt Monsieur Ritz. Dann erinnerte er sich an seinen Freund Apostole Marnier, dem er einmal einen Dienst erwiesen hatte. Der Weingutsbesitzer hatte auf der Basis von Orange einen neuen »fine Champagne« kreiert und suchte nun einen Namen für das Getränk. »Mein Vater sah den kleinen Mann mit dem großen Schnurrbart an – der übrigens meine Mutter sehr verehrte – und sagte plötzlich ›Grand Marnier‹«. Und das war es dann. Der »Grand Marnier« wurde und ist bekanntlich heute noch ein großer Erfolg. Das Kapital war da. »Eines Tages sah mein Vater«, erzählt Charles Ritz, »wie auf dem Platz Vendôme vor dem Hotel *Bristol* (heute Sitz einer Computerfirma) ein Wagen mit zwei heftigen Rossen vorfuhr, von dem eine Kupferbadewanne mit Kannen abgeladen wurde. Die Wanne war für den Prinzen von Wales bestimmt. Daraufhin beschloß mein Vater, in alle Zimmer seines Hotels ein Bad einzubauen, damals eine Sensation.« Mit den Architekten Charles Mewes bereiste er die Schlösser Frankreichs, um sich Anregungen zu holen. Die Zimmer wurden mit aller Raffinesse eingerichtet, vor allem legte man Wert auf schöne Beleuchtung. »Mein Vater wurde der Erfinder des indirekten Lichtes, nur eins fehlte«, bemerkte Madame César Ritz, »die Schublade für falsche Locken. Sie wurde überall eingebaut.« Madame war eine große Hilfe. »In einem Hotel«, sagt Charles Ritz, »ist der wichtigste Posten ›la gouvernante‹, die das Etagenpersonal unter sich hat. Sie ist am schwierigsten zu finden. Die größte Sorge eines Hotels ist nämlich das Etagenpersonal. Sie glauben gar nicht, was es da für Intrigen gibt«. Und schließlich: »Il y a le sexe aussi« ... »Es ist unwahrscheinlich, was in einem Hotel alles passieren kann, alle Rassen, alle Klassen, alle Nationalitäten sind ja da zusammen. Die Nichte meines Vaters war die beste Gouvernante, die man sich denken kann.«

1898 wurde der Hotelpalast mit den drei Gärten feierlich eröffnet. Belle-Époque-Playboy Boni de Castellane erschien; die Vanderbilts und die Goulds kamen aus Amerika, die Herzöge von Rohan, d'Uzès und Mornay aus Frankreich. Aus England reisten die Herzöge von Marlborough, Portland und Norfolk an. Unter die elitären Damen des Hochadels mischten sich auch die drei berühmtesten Pariser Schönheiten von eigenem Adel: Liane de Pougy, Emilienne d'Alençon und die schöne Otero. Das Non-Plus-Ultra-Hotel war damals noch klein, später kamen zwei weitere Häuser hinzu, verbunden durch einen endlosen Korridor, den César Ritz, klug wie er war, mit Vitrinen aus den Geschäften ringsum als nicht geheime Verführer zu Glanz und Verlockung brachte. Heute bringen die 170 Vitrinen hohe Mieten ein. César Ritz genoß seine Traumerfüllung nur vier Jahre. Dann verfiel der elegante Mann, der am Tag viermal den Anzug wechselte (»er hatte eine Haut wie eine Frau«, sagt sein Sohn) in Depressionen. Er lebte noch bis 1918, die meiste Zeit in Nervensanatorien. Im gleichen Jahr starb der zweite Sohn an Meningitis. Césars Frau, ebenfalls aus der Hotelbranche, führte die Geschäfte mit Erfolg fort. Sie starb 1961.

Das *Ritz* hat 160 Zimmer (50 davon mit Salon) und 450 Angestellte, von denen 100 schon über fünfundzwanzig Jahre da sind. In der Herbst- und Frühjahrssaison kommen auf einen Gast zwei, im Winter etwa sieben Angestellte. Ballsäle gibt es nicht, »das würde die Ruhe der Gäste stören«, jedoch Empfangssäle für alle Gelegenheiten, wie die herrliche Suite »Retour d'Egypte« – man denkt da an Napoleons Rückkehr aus Ägypten, die ganz in echtem Empire mit herrlichen Boiserien, Bildern, Teppichen und Möbeln ausstaffiert ist. Hier brennt auch noch ein Kamin, den Madame Ritz in den anderen Zimmern wegen Feuergefahr abgeschafft hat, und hier werden gern private Fêten gefeiert. Der Blick auf die Place Vendôme ist traumhaft, fern von allen Türmen.

Die Zimmer kosten, je nach Lage, von 110 Mark pro Tag bis 600 Mark, ein Hund ohne Verpflegung so viel wie das Frühstück, etwa acht Mark. Ein verwöhntes *Ritz*-Hündchen bekommt ein feines Kaschmirmäntelchen für seinen Paris-Aufenthalt geliehen, auf dem in weiß die Initialen H. R. eingestickt sind. Monsieur Ritz lädt uns in den Grillroom zum Lunch ein, wobei er sich an einem Nebentisch niederläßt. Kellner in blauen Jacken umflitzen uns. Wir nehmen das Menü, überbackene Vorspeise, zarte Lammkoteletts, haricots verts, ein Zitronensorbet und einen vorzüglichen Elsässer Wein. Das Menü würde etwa 40 Mark kosten. Der Grillroom »Ritz-Espadon« hat einen Stern im Michelin und wird gern als Treffpunkt junger, smarter Leute benutzt, die freilich zum Entsetzen der Portiers oft im Jeanslook aufkreuzen. Während der Mahlzeit reicht uns ein Kellner auf silbernem Tablett kleine Zettel von Charles Ritz herüber, auf denen er mit blauem Stift die Namen erlesener Gäste notiert hat: Rothschild, Boni de Castellane und viele andere.

»Espadon« heißt auf Deutsch Schwertfisch. Der Raum ist mit Fischen an den Wänden und einem Teppich, in den blauweiße Meereswellen gewebt sind, ganz nach dem Geschmack des leidenschaftlichen Anglers Charles Ritz ausgestattet. Sein Buch *Erlebtes Fliegenfischen,* in dem er neue Angelmethoden verrät, wurde mit einem Vorwort von Hemingway in viele Sprachen übersetzt. »Ich komme jedes Jahr nach Bayern, um in der Amper zu angeln. Bayern ist ein herrliches Land«, sagt Monsieur Ritz. Über Fische und wie man »die Kerle dazu kriegt, am schnellsten anzubeißen«, kann er leidenschaftlich reden. Nach dem Essen führt er uns durch den Hotel-Untergrund. Er ist übrigens, wie er sagt, »optimistisch, denn reiche Leute wird es immer geben. Wir sind vor allem sehr gewissenhafte Arbeiter.« Das Hotel stellt von der Matratze (grands lits sind jetzt selten geworden) bis zu den schweren, seidenen Vorhängen und den Petit-point-Stühlen alles in eigenen Werkstätten her. Die Kantine ist nach dem Drei-Klassen-System hierarchisch eingeteilt: die ersten beiden Klassen haben Self-Service, in der dritten wird feierlich serviert. Es gibt auch eine eigene Elektrizitätsanlage, die das Hotel von Streiks unabhängig macht. Gestreikt wurde 1937 im Hotel selbst. Der Streik, ausgelöst von einem Etagenkellner, wurde vom damaligen Direktor Ausiello, einem ehemaligen Offizier, mit viel List zum guten Ende gebracht. Mit den deutschen Besatzern hatte Ausiello – er starb 1970 – allerdings Ärger. Der Engländer Stephen Watts schildert dies in seinem hübschen Buch *The Ritz*. Ausiellos Frau brachte eines Mittags im *Maxims'* laut ihre Verachtung zum Ausdruck, als sie zwei Französinnen mit deutschen Offizieren speisen sah. Sie kam dafür vier Monate ins Gefängnis nach Fresnes, wegen »Mißachtung der deutschen Armee«, soweit man Watts glauben darf. Radio Moskau verbreitete sogleich die Nachricht, woraufhin ihr Mann als »Kommunist« verhaftet, verhört und in das inzwischen aufgelöste Gefängnis »Cherche-Midi« gesperrt wurde. Da er über Telefon in die Schweiz oft Nachrichten über seine deutschen Gäste durchgegeben hatte, war ihm nicht sehr wohl zumute. Auf einem Zettel in einem Stückchen Brot, das er aus dem Gefängnisfenster warf, tat er seinen Aufenthaltsort kund. Am nächsten Morgen stand schon einer seiner Assistenten unter dem Fenster und winkte beruhigend herauf – im Büro hatte man bei der Durchsuchung nichts gefunden. Zehn Tage später war der Generalmanager des *Ritz* wieder frei. Ohne Erklärung und ohne Verhör.

Wir wandern weiter in eines der Heiligtümer des *Ritz,* den

Weinkeller unter der Place Vendôme. In diesem unterirdischen Königreich herrscht seit siebenundvierzig Jahren ein kleiner Mann mit Knollennase, Monsieur Guyot, ein unerhörter Weinkenner. Behutsam wie Kronjuwelen hebt er einige Flaschen zärtlich aus dem Regal und dreht sie im Glanze ihrer Etiketten: »1812 Grande fine Champagne« oder »Porto de Silva 1878« oder einen besonders guten Jahrgang von »Mouton-Rothschild«. Nur etwa zehn Flaschen solch kostbaren Inhalts, die bis zu tausend Francs kosten, schenkt er im Jahr aus. »Menschen, die Coca-Cola trinken, haben keine Zunge dafür.«

Seit zwanzig Jahren lernt Guyot seinen Nachfolger an, der in einem Verschlag soeben neue Weinlisten studiert. Der Keller ist der Reichtum des Hauses *Ritz,* er ist viele Millionen Mark wert. »Die Deutschen haben ihn zum Glück nicht entdeckt«, sagt Monsieur Guyot, »nur unseren Tageskeller.« Seine Tür hat übrigens ein Loch für die Katze.

In einem anderen Untergeschoß blüht – im wahrsten Sinne des Wortes – das Reich des Gärtners Mauny. Er bindet die kunstvollsten Blumenarrangements, die Phantasie erdenken kann. Mitunter kostet ein Blumenschmuck für ein Festessen 3000 Francs.

Wir landen schließlich wieder in der Bar. Viele Schriftsteller haben die »Ritz-Szene« beschrieben: Anita Loos in *Gentlemen Prefer Blondes*, Louis Bromfield, Harold Nicolson, Art Buchwald, Hemingway und die Prinzessin Bibesco. Der Film *Ariane, Liebe am Nachmittag* mit Gary Cooper und Audrey Hepburn spielte hier. Von Marlene Dietrich, die von hier aus amerikanische Truppenbetreuung gegen Ende des Kriegs machte, spricht man freundlich, Hemingways vierte und letzte Frau wird von Charles Ritz mit den Worten »une brave fille« abgetan. Mit dem Nobelpreisträger selbst aber ist er in Cuba angeln gegangen.

Sylvia Beach und James Joyce

»Then to Sylvia let us sing
Her Daring lies in selling
She can sell each mortal thing
That's boaring beyond telling
To her let us buyers bring.«
JAMES JOYCE

Wir gehen die Rue de l'Odéon hinab. Hinter unserem Rücken thront das Theater wie ein Tempel. Es wurde Ende des achtzehnten Jahrhunderts erbaut. Man spielte mit Erfolg den aufrührerischen *Figaro* von Beaumarchais, der sechs Jahre lang verboten gewesen war, bis ihn die Revolution dann freigab. Folglich hieß das Theater bald danach *Théâtre Égalité,* später *Théâtre du Peuple.* Schließlich brannte es ab, um 1808 zeitgemäß als *Théâtre de l'Impératrice* wiederaufzuerstehen. Nach weiteren wechselvollen Namen und Intendanten wurde es 1959 Jean Louis Barrault anvertraut. Das *Théâtre de France* wurde eine der wichtigsten Bühnen von Paris.

Bis zur Revolution 1968. Während der Studenten-Aufstände und des Generalstreiks im Mai wurde es Tag und Nacht zur Agora, zum Mittelpunkt. 10 000 Menschen durchstreiften es, unendliche Diskussionen gingen hier über Parkett und Bühne, die zum Zeittheater wurde, bis eine Rotte Gewalttätiger erschien, »les katangais«, Anarchisten, die mit Ketten und Waffen die Macht übernahmen, das Forum in eine Kloake verwandelten und den Kostümfundus total zerstörten. Das kostete Barrault die Stellung, obwohl er nichts dafür konnte. Der gleiche Mann, der ihn geholt hatte, Kultusminister Malraux, einst radikaler Linker, dann Gaullist, entließ ihn.

Noch im Juli danach stank das geschlossene Theater wie die Pest, als ich zwischen seinen Säulen herumspazierte und die letzten verwaschenen Inschriften entzifferte, die mit roter und schwarzer Farbe überall an die Häuserwände gemalt worden waren: »Die Langeweile weint«; »Die Phantasie an die Macht«; »Die Isolierung nährt die Traurigkeit«; »Der Beton erzieht zur Gleichgültigkeit«; »Cours, camarade, le vieux monde est derrière toi«. Sprüche von surrealer Poesie aus einer vehementen Zeit, die rauschhaft befreiend begonnen hatte, bis die Zerstörungswut einsetzte, Barrikaden, Autos und Kioske brannten, Menschen schwer verletzt wurden und schließlich die Herrschenden siegten, wenngleich das de Gaulle indirekt zu Fall brachte. 500000 Demonstranten gingen auf die Straße. Simone de Beauvoir sah darin eine Krise der Gesellschaft. »Zum ersten Mal seit 35 Jahren hatte sich in einem hochentwickelten kapitalistischen Land die Frage der Revolution und des Übergangs zum Sozialismus erhoben.«

Melancholisch schrieb ein Studentenblatt, das ich kaufte: »In unserer Zivilisation ist die Straße der Ort der Einsamkeit geworden, ein unmenschlicher Raum, aber dann kam der 13. Mai, und der Dialog war wiederhergestellt. Es war wie eine Explosion.« Doch der Dialog verstummte.

Dabei wurde er gerade in dieser Rue de l'Odéon einst lebhaft geführt, und das vorwiegend in zwei kleinen Buchhandlungen, die als Treffpunkt der großen Geister ihrer Zeit in die Literaturgeschichte eingegangen sind.

Wir suchen die Nr. 12 und finden das Haus noch ganz unverändert, nur der Buchladen ist verschwunden. Eine Vitrine neben dem Schaufenster, das jetzt mit modischem Tand gefüllt ist, gibt den Hinweis: vergilbte Fotografien, ein halbes Jahrhundert alt, Chiffren glanzvoller Vergangenheit. Da sitzt Scott Fitzgerald neben der Buchhändlerin Adrienne Monnier, da klettert der Experimentalmusiker George Antheil in den obersten Stock, lächelnd beäugt von der Ladeninhaberin Sylvia Beach, und da steht James Joyce mit Augenklappe und Spazierstock. Eine Vitrine, mehr nicht. Im Ladeninnern ist keine Spur von früher mehr zu finden, nur noch eine runde Säule, die behängt ist mit Taschen, Gürteln, Mützen. Verschwunden ist auch das Schild mit dem Konterfei Shakespeares und die Schrift *Shakespeare and Company*, der Name, der diesen kleinen

Buchladen in zwei Welten berühmt gemacht hat, verschwunden Bücher, Karteien, Autoren. Die Boutique ist rotsamten ausgeschlagen und vollgestellt mit Putz, Pelzen und Gewändern, die eine blonde Mademoiselle verkauft.

Sylvia Beach, Tochter eines presbyterianischen Geistlichen aus Princeton, war während des ersten Weltkrieges blutjung nach Paris gekommen. Sie freundete sich schnell mit der älteren Buchhändlerin Adrienne Monnier an, die ihr Leitbild wurde. Gleich ihr eröffnete sie 1919 in einer alten Wäscherei ihre Buchhandlung *Shakespeare and Company* in der Rue Dupuytren 8 und spezialisierte sich auf moderne englische und in Paris so gut wie unbekannte amerikanische Literatur. Der Buchhandlung angegliedert war eine Leihbibliothek. Der erste, der sich in die Kartothek eintrug, war André Gide, der zweite André Maurois.

Gertrude Stein und Alice Toklas eilten herbei, natürlich auch Ezra Pound, dessen Frau Shakespear hieß. Der Name lockte ihn. Ihre Mutter unterhielt einen berühmten literarischen Salon in London. Sylvia über ihren Landsmann Ezra: »Ein Hauch Whistler lag über ihm, seine Sprache dagegen war die von Huckleberry Finn.«

Anderthalb Jahre später zog sie um, in die Rue de l'Odéon 12, direkt gegenüber von ihrer Freundin Adrienne Monnier, deren Laden in der Nr. 7 *La maison des amis des livres* hieß und sich als Leihbibliothek plus Buchhandlung auf die französische Avantgarde spezialisiert hatte. Übrigens schon seit 1915.

Sylvia Beach starb Anfang Oktober 1961. Die großzügige Freundin einer ganzen Generation von Schriftstellern aus Frankreich, Amerika und England lag tagelang unentdeckt tot in ihrer Wohnung. Doch konnte sie ihr Lebenswerk 1959 noch mit einer Ausstellung im köstlich vergammelten Pariser Amerikahaus in der Rue du Dragon krönen. Dort saß sie klein und verschrumpelt und genoß den Zulauf der Jugend, die sich diese Schau von Glanz und Größe eines Literaturzeitalters komprimiert im winzigen Rahmen eines Buchladens fasziniert anschaute. Fotografien, Zeitschriften, Erstdrucke, Briefe, Dokumente und dazu die Originaltische und -stühle aus dem *Café du Dôme,* taufrisch und unvergilbt. Ganz modern tauchten die Jahre zwischen den Kriegen wieder empor, die Genieepoche des Montparnasse.

Im Katalog zu dieser Ausstellung sind die Namen von Sylvias Gästen verzeichnet, die in der Rue de l'Odéon ein und aus gingen und oft zu Adrienne hinüberwechselten: Sherwood Anderson, Ezra Pound, T. S. Eliot, Robert McAlmon, Djuna Barnes, E. E. Cummings, Hilda Doolittle, John Dos Passos, Sinclair Lewis, Louis Bromfield, William Faulkner, Archibald McLeish, Man Ray, Katherine Anne Porter, Thornton Wilder und Thomas Wolfe – eine stolze Auswahl.

Wenn Miß Beach sich auch nicht für Männer interessierte, so muß sie doch eine große Anziehungskraft auf Männer ausgestrahlt haben. Einer ihrer treuesten Kunden, Hemingway, schildert sie recht anziehend: »Sie hatte ein lebhaftes, scharfgeschnittenes Gesicht, braune Augen, die so lebendig waren wie die eines kleinen Tieres und so vergnügt wie die eines jungen Mädchens, und welliges braunes Haar, das von ihrer hübschen Stirn zurückgebürstet war und das unterhalb ihrer Ohren und an der Kragenkante der braunen Samtjacke, die sie trug, dicht gestutzt war. Sie hatte hübsche Beine, und sie war freundlich, vergnügt und interessiert und ulkte und klatschte gern. Ich habe nie jemanden gekannt, der netter zu mir war.«

Doch wäre Sylvia Beach nie über ihren Rahmen als Treffpunkt-Buchhändlerin hinausgekommen, hätte sie nicht am 12. Juli 1920 James Joyce kennengelernt, dessen Verlegerin sie mit der ganzen Unbefangenheit einer amerikanischen Pionierin wurde. Sie traf den irischen Sprachlehrer drei Tage, nachdem die vierköpfige Familie auf Betreiben Pounds von Triest nach Paris umgesiedelt war, am 11. Juli 1920, bei französischen Bekannten. Ezra Pound hatte den von ihm Verehrten nach siebenjähriger Korrespondenz endlich in Sirmione am Gardasee kennengelernt und sich in seiner unbeirrbar hilfreichen Art für ihn geradezu fanatisch eingesetzt. Amme und Vater zugleich, hatte er den achtunddreißigjährigen Joyce in Passy bei seiner zukünftigen Übersetzerin Ludmilla Bloch-Savitzky untergebracht, die der Familie ihre Wohnung in der Rue l'Assomption 5 auf Monate überließ. Er hatte ein Klappbett für den Sohn Giorgio gefunden und seinen Helden von einem französischen Literaten zum anderen geschleppt. Joyce war seinem unermüdlichen Förderer dankbar, der ihm während des Kriegs unendlich viel geholfen hatte, von Vorabdrucken in der *New York Little Review* bis zu Zahlungen aus einem Schriftstellerfond, von preisenden Kritiken seines *A Portrait of the Artist as a Young Man* und Teilen des *Ulysses* (Joyce schrieb seit 1914 daran) bis zu Augenarzt-Diagnosen. Er hat alles Menschenmögliche für ihn getan. Joyce nannte ihn ein »Phänomen an Überschwang, Lebensfreude und Hilfsbereitschaft«. Pound hielt Joyce für »eine einzige Ballung von unberechenbarer Elektrizität«.

Nun aber traf Joyce auch Sylvia Beach. Beide ahnten nicht, wie entscheidend sich ihr Leben verflechten sollte, als er »seine schlaffe knochenlose Hand in meine feste kleine Pratze legte. Noch nie hatte ich einen Menschen vor mir gehabt, der so sensitiv wirkte« (Sylvia Beach). Schon am nächsten Tag besuchte der Dichter die junge Buchhändlerin bei *Shakespeare and Company*. Er trug einen dunkelblauen Kammgarnanzug, einen schwarzen Filzhut auf dem Hinterkopf, nicht allzu saubere, weiße Gamaschen und ließ sich auf ihrem Stuhl nieder, einen Stuhl, auf dem er die nächsten Jahre fast täglich sitzen sollte, denn Miß Beach wurde unentbehrlich für ihn. Sie wurde seine Verlegerin, Sekretärin, Expeditin, Botin, Geldgeberin und Managerin – nicht die einfachste Aufgabe für den genialen Egozentriker, den T.S. Eliot schlicht als »Nervensäge« bezeichnete.

In seinem ersten Pariser Sommer stellte ihm der reiche Kritiker und Übersetzer Valéry Larbaud großzügig seine eigene Wohnung zur Verfügung, als er selbst in seinem Heimatort Vichy, wo er Quellen besaß, erkrankte.

Die Nr. 71 ist kein Haus, sondern ein Tor, das auf eine kleine Privatstraße führt. Zwischen Mauern hindurch gelangt man auf ihr zu einem hübschen Plätzchen. Stille und Wohlstand. Daß

Joyce in einem dieser Häuser monatelang wohnte, kündet natürlich keine Plakette. Hier hauste er mit seiner rührenden, erstaunlich hübschen Frau Nora, die nie ein Buch von ihm las, der Tochter Lucia, die später nur noch in Nervensanatorien lebte, und den Söhnen Giorgio und Stephen.

Doch konnte Joyce in der Leihwohnung natürlich nicht ewig bleiben. Er bezog in den Jahren zwischen 1920 und 1939 in Paris etwa zwanzig verschiedene Quartiere, wobei es nur in Ausnahmefällen zu einer Wohnung mit eigenen Möbeln reichte, wie etwa in der Rue de Grenelle 192, Square Robiac 2, wo die Familie von 1925 bis 1931 ein Dauerquartier bezog. Ich wandere die Rue de Grenelle von ihrem Ursprung in Saint-Germain-des-Prés entlang, nicht ahnend, daß es eine der längsten Straßen von Paris ist. In ihren Anfängen ist sie wunderschön, ein Palais aus dem siebzehnten und achtzehnten Jahrhundert reiht sich an das andere. Der Jet-set des Rokoko muß hier früher gewohnt haben. Gebaut wurden: Nr. 15 für den Marquis de Bérulle, Nr. 20 für die Baronne de Beauvais, die erste Maitresse Louis' XIV., Nr. 27–29 für den Grafen Béthune-Pologne, in Nr. 59 wohnte der Dichter Alfred de Musset, Nr. 73, erbaut 1775, beherbergt die italienische Botschaft mit einem Riesengarten hinter hohen Mauern; in Nr. 75, dem Hôtel de Fürstenberg, lebten nacheinander Madame de Maurepas, die Duchesse du Plessis-Richelieu d'Aiguillon und der Graf de Chabrillan; in Nr. 77 der Herzog de l'Infantado; Nr. 79 wurde für die Duchesse d'Estrée 1713 erbaut, später wohnte der Duc de Biron, die Duchesse de Modène, der Marquis de Beuvron d'Harcourt, der Duc de Feltre und schließlich unter der Restauration die Duchesse d'Escars darin. Die ausführliche Aufzählung dieses Adelsnestes steht hier nur deshalb, weil das Palais heute Sitz der Sowjet-Botschaft ist. Von weiteren 16 Palais' und ihren betitelten Insassen sehe ich ab; erwähnt sei nur noch Nr. 102, der Romantik halber, denn hier wohnte das Dichterpaar Robert Browning und Elizabeth Barrett Browning.

Weit hinter dem Marsfeld, wo die Rue de Grenelle sich wieder entlangschlängelt, wird sie dann menschlicher und ordinärer.

Ganz am Ende – schräg gegenüber ist ein kleiner Markt – liegt der Square Robiac. Das Haus, in dem die Familie Joyce sechs Jahre lang im sechsten Stock wohnte, wirkt banal. Es gehört der Versicherung Trieste-Venise (wobei Triest Joyce gefallen haben mag) und beherbergt eine Filiale der Banque Populaire. Joyce ließ die drei Wohnzimmer in den Farben »Meerblau und Meersand« streichen, wenn auch ein Teil der Stühle erst Monate später ankam. Erst als sie 1931 die Wohnung wieder aufgaben, heiratete Joyce in London die Mutter seiner drei erwachsenen Kinder.

Zufrieden war der Dichter nie, den anfangs große Armut bedrückte. Er erschien bei seinem Debüt in Paris in einem von Pound geschenkten Anzug, der ihm zu klein war, und in einem Paar alter Tennisschuhe. Dennoch blieb stets eine Aura von Eleganz und Grazie um ihn. Zunächst war Joyce mit seiner Familie in einem kleinen Hotel in der Rue de l'Université 9 abgestiegen, in das sie immer wieder zurückkehrten. Das Hotel gibt es heute noch, es ist fein und altmodisch und heißt *Hôtel Lenox*. Zufrieden war Joyce selten, wenn auch sein Biograph Richard Ellmann behauptet: »Das Leben in Paris kam eine Zeitlang einem vergnüglichen Zustand verdächtig nahe.« So schrieb James doch an Vater Ezra im November 1920: »Ich bin erschöpft. Einen ganzen Monat auf der Jagd nach einer Wohnung, jeden Tag morgens los und abends zurück, in Taxis, Bussen, Trams, Zügen, Fahrstühlen, Agenturen, Zeitungsredaktionen. Ich habe bestimmt 500 Francs ausgegeben (sparsam war er freilich auch nicht in seiner ärmsten Zeit) und nichts gefunden, also sind wir wieder hier.« Das war in eben jenem Hotel in der Rue de l'Université 9. Er klagte, daß dies nun die zwanzigste Wohnung sei, in der er am *Ulysses* arbeite, und dazu auch noch die kälteste. Dann freilich fand er eine richtige möblierte Wohnung am Boulevard Raspail 5 (das Haus steht noch genauso kompakt und großbürgerlich wie damals da), aber das Wahre war es auch diesmal nicht. Sogleich schrieb er an den Schirmherrn Pound: »Diese Wohnung ist grauenhaft teuer, aber das war das Hotel auch und dort hatte ich keine Ruhe, wenn ich mit Mrs. Pounds Schal um den Kopf und Miß Serruys beiden Decken um den Leib in der Kälte saß und über den lästigen Bloom schrieb. Gäbe es in dieser Wohnung nicht den Gasofen, läge ich mit einer ausgewachsenen Augenattacke flach.« So erschütternd es auch sein mag, zu beobachten, wie einer der größten Geister des Jahrhunderts Not litt, so grotesk ist es andererseits wieder. Der boshaft-satirische englische Maler und Erzähler Wyndham Lewis schildert umwerfend komisch, wie er und T. S. Eliot am 15. August 1920 Joyce aus England ein umfangreiches Paket seines Gönners Pound im Pariser *Hôtel de l'Elysée* in der Rue de Beaune 9 überbrachten. Sie saßen sich an einem Tisch gegenüber, Joyce lässig mit einem Strohhut tändelnd. »Ah, das ist das Paket, von dem Sie schrieben?« Er war mit seinem Sohn gekommen und »rang wohl oder übel eine gewisse vornehme Indolenz nieder, die seiner unverkennbar weltmüden Person anhaftete«. Mühsam wurden die kunstvollen Knoten des »abgefeimten alten Ezra« mit einer Nagelschere geöffnet, unter zerknittertem Papier kamen undefinierbare Kleidungsstücke zum Vorschein und ein paar getragene, doch noch ganz repräsentable braune Halbschuhe. »James Joyce gab ein schwaches Oh von sich«, schrieb Lewis, »und hielt inne, alle starrten wir eine Weile unverwandt auf die alten Schuhe.« Schließlich zwang der Vater den Sohn, der recht gereizt war, in schneller italienischer Suada, die Schuhe nach Hause zu tragen, und ging mit den beiden lunchen. Sowohl der Bostoner Eliot als auch der Engländer Lewis mochten den Iren nicht. Sie fanden ihn gestelzt, schwer zu ertragen und arrogant, auch hochmütig – »der Hochmut Luzifers«, befand Wyndham. Eva Hesse hat diese köstliche Episode für die deutschen Leser beigesteuert. Da Joyce nie wahrnahm, was ander Dichterfreunde schrieben, konnte er nur erstaunt sein, als Eliot 1922 sein *Waste Land* dem »besseren Schmied« Ezra Pound widmete, der über die Hälfte im Manuskript gestrichen hatte. Erstaunt sagte er, »ich wußte gar nicht, daß Eliot ein Dichter ist«, während er Pound überhaupt nur für seinen Impresario hielt. Ebenso okkupierte Joyce natürlich die ergebene Sylvia Beach, wie überhaupt viele Damen seine guten Geister waren. Miß Margaret Anderson und ihre Freundin Jane Heap, die Herausgeberinnen der amerikanischen Literaturzeitschrift *Little Review,* gingen sogar wegen einiger *Ulysses-*Vorabdrucke kurz ins Gefängnis. Miß Harriet Weaver, Herausgeberin der Londoner Zeitschrift *The Egoist,* die ebenfalls emsig vorabdruckte, schickte 1920 zur Unterstützung 2000 Pfund und 1924 sogar 22 000 Dollar, die aber schnell verjuxt waren. Zahllose Fräuleins schrieben die nahezu unleserlichen Manuskriptseiten in Paris ab, darunter die Filmschauspielerin Cyrian Beach, die schöne Schwester Sylvias, meist morgens in aller Frühe, ehe sie zu den Aufnahmen ging. Sein Zauber muß unwiderstehlich gewesen sein. Neun Abschreiberinnen wurden verschlissen. Dazu sagte Nora, seine Frau: »Wenn Gott der Allmächtige auf die Erde herabkäme, hättest du einen Botengang für ihn.«

Ulysses

Mit unendlichen Mühen, zahllosen Briefen und Werbungen gelang es Sylvia Beach, den *Ulysses,* der in angelsächsischen Ländern verboten war, auf Subskription in Erstauflage herauszubringen. Mitten in die Vorbereitungen platzte eine schwere Augenkrankheit des Dichters, doch Sylvia fand einen amerikanischen Arzt, der ihn in einer winzigen Privatklinik operierte. Für den überaus abergläubischen Joyce lag sie an der richtigen Straßenecke, zwischen der Rue du Cherche-Midi (die den Süden suchende Straße) und der Rue du Regard (die Straße des Blicks). Es war nicht die letzte Operation, zehn weitere folgten im Laufe der Jahre. Oft litt er an unsäglichen Schmerzen, manchmal mußte er die Oper oder ein Lokal verlassen, weil er fast ohnmächtig wurde; meist war er halbblind, mitunter sogar fast blind und konnte nur riesige Buchstaben durch eine Lupe sehen. Mit seinem schwarzen Humor schrieb er 1928 an Miß Weaver: »Gegen das völlige Verlöschen meiner Sehkraft wehre ich mich dadurch, daß ich mich in die drei Farben der fortschreitenden Erblindung kleide, wie die Deutschen sie unterteilen, nämlich: grüner Starr (er schrieb das mit zwei r), d. h. grüne Blindheit oder Glaukom, grauer Starr, d. h. Katarakt, und schwarzer Starr, d. h. Ablösung der Netzhaut.« So hatte er sich für diese »nokturne Trikolore« in München eine Jacke aus grünem Stoff machen lassen, in Paris kaufte er dazu ein Paar schwarz-graue Schuhe und ein graues Hemd. »Dann hatte ich noch eine graue Hose, fand einen schwarzen Schlips und suchte per Annonce grüne Hosenträger, Lucia (seine Tochter) gab mir ein graues Seidentaschentuch und das Mädchen fand einen schwarzen Sombrero, damit war das Bild komplett.«
Am Boulevard Raspail blieb Joyce nicht allzu lange, Adrienne Monnier hatte ihn schon am ersten Weihnachtsabend mit einem seiner glühendsten Bewunderer, dem Schriftsteller Valéry

Larbaud, bekannt gemacht, der nicht nur Teile des *Ulysses* übersetzte und über ihn schrieb, sondern der Familie im Sommer 1921 seine gepflegte Privatwohnung in der Rue du Cardinal-Lemoine 71 überließ. »Es ist kaum zu fassen«, schrieb Joyce auf Italienisch an einen Freund, »hinter dem Panthéon, zehn Minuten vom Luxembourg, eine Art kleiner Park, durch zwei verriegelte Tore erreichbar, absolute Stille, große Bäume, Vögel – aber ich bitte Dich, nicht die Sorte, an die Du denkst – als wäre man hundert Kilometer von Paris entfernt … Sollte ich tatsächlich etwas wert sein? Larbaud sagt, eine einzige Episode wie ›Circe‹ würde genügen, einem französischen Schriftsteller Ruhm auf Lebenszeit zu sichern.« Dann aber war der Traum auf dem ruhigen Plätzchen vorüber und die Rue de l'Université winkte wieder. Im November 1922 – dazwischen lagen Ferien im Süden – zog er in die Avenue Charles Floquet 26. Wechselweise wohnte die Familie dann bis 1925 hier und im Hotel *Victoria Palace*, Rue Blaise-Desgoffe 6. Im September 1923 schrieb er an Miß Weaver: »Die wilde Jagd durch den Pariser Dschungel, zwischen panischem Galopp der Omnibusse und dem Trompeten der Taxi-Elefanten, geht weiter. In dieser von amerikanischen Lautsprechern bevölkerten Karawanserei komponiere ich auf einem grünen Koffer, den ich in Bognor gekauft habe, lächerliche Prosa.« Es war *Finnegans Wake*. Im Mai 1924 wiederum an Harriet Weaver: »Es ist seit einigen Tagen sehr heiß und sofort wurden alle Fenster zum Hof weit aufgestoßen und die Insassen lehnten sich auf die Fensterbänke, redeten, riefen, lachten, stritten sich in allen Sprachen, wobei zwei Amerikanerinnen, die laut Schüchternheit diskutierten, alle anderen überschrien. Das hielt ich vier Tage lang aus, dann verließ ich das Hotel.«
Endlich winkte »schöner wohnen« in der Rue de Grenelle 192, 2 Square Robiac im Sommer 1925. Eine richtige Bleibe war gefunden, die Joyce möblierte; sogar ein Dienstmädchen stellte sich ein. Doch so weit war es noch lange nicht, als Sylvia Beach sich 1921 mit Druckern und Subskribenten herumschlug und den berühmten Absagebrief von Shaw »an die junge Barbarin«

bekam. »Wenn Sie sich einbilden, daß ein Ire, geschweige denn ein Ire älteren Datums, 150 Francs für so ein Buch zahlen würde, so kennen Sie meine Landsleute schlecht.« An Ezra hatte er geschrieben: »Wer den Pence nicht ehrt, ist den Pound nicht wert.« Den *Ulysses,* von dem er Vorabdrucke im *Egoist* gelesen hatte, nannte er einen »empörenden Bericht über eine ekelhafte Phase zivilisierten Lebens, aber der Bericht ist wahr«.

Die erste legendäre Lesung aus dem *Ulysses* hatte in Paris bei Adrienne Monnier in der Buchhandlung Rue de l'Odéon 7 am 7. Dezember 1921 in der französischen Übersetzung von Valéry Larbaud den größten Erfolg. Der Romancier sprach die einführenden preisenden Worte vor einem dichtgedrängten Publikum, ein verlegener Joyce wurde unter prasselndem Applaus aus dem Hinterzimmer gezogen und vorgestellt. Gide und Cocteau waren dabei. Die kluge Adrienne hatte wegen der vielen »four letter words«, die damals in literarischen Zirkeln noch ungewohnt klangen, im Programm vorher gewarnt: »Wir möchten das Publikum aufmerksam machen, daß manche Stellen, die zum Vortrag kommen, ungewöhnlich gewagt sind und begreiflicherweise Anstoß erregen können.« Seit Rabelais war man offenbar nicht mehr so abgehärtet. Die allergewagtesten Sätze aus den Kapiteln »Penelope« und »Sirenen« hatte Larbaud sowieso ausgelassen.

Adrienne Monnier, die Freundin Sylvias, war eine ungewöhnliche und sehr bedeutende Frau. Sie hatte ihren Buchladen 1915 eröffnet und, da junge Leute meist kein Geld haben, speziell für Studenten eine Leihbibliothek der modernen Literatur eingerichtet. Sie war eine geborene Pariserin (1897), sah jedoch wie eine rundliche, rosige, flämische Bäuerin aus, trug stets einen bodenlangen grauen Rock zur Bluse und Weste und im Winter ein großes Cape, das ihr das Aussehen einer Nonne gab, einer stets hilfsbereiten, geistvollen, einflußreichen Nonne, deren Passion einzig und allein die Literatur war. Ihre ersten Kunden trugen Uniform – Apollinaire mit Kopfverband, Blaise Cendrars, Louis Aragon und André Breton, »schön wie ein

Erzengel und mit einem Blick, der den schwarzen Engel schon sieht, dem er gehorchen muß«, schrieb Adrienne in ihrem Buch *Rue de l'Odéon*. Zu ihr kam die Elite der französischen Literatur, »les poètes en fleurs et les poètes en fruits«. Es kamen Jules Romain, den sie ihren »Guru« nannte, Paul Valéry und jeden Nachmittag der »Fußgänger von Paris«, Léon-Paul Fargue, dick, boshaft, hinreißend, ein Dichter und Salonlöwe, der in die exklusivsten Salons geladen wurde, wo er regelmäßig zwei bis drei Stunden zu spät aufkreuzte. Voll Geist und Galle verstand er so wunderbar zu plaudern, daß Adrienne oft den Laden erst gegen Mitternacht erschöpft schließen konnte.

Es kamen Pierre Reverdy, Max Jacob, Saint-John Perse und auch Jacques Prévert, der das hübscheste über die Bücher-Nonne schrieb: »Ganz allein mit ihren Büchern, lächelte Adrienne, ehe sie ihren Laden schloß, ihnen zu, wie man zu Engeln lächelt. Die Bücher, wie gute Teufel, gaben ihr das Lächeln zurück. Sie bewahrte dieses Lächeln und ging fort. Und dieses Lächeln erhellte die ganze Straße, die Rue de l'Odéon, die Rue Adrienne Monnier.«

Mademoiselle Monnier war auch Verlegerin und brachte den *Ulysses* in französischer Übersetzung heraus, und sie hatte ihre eigene Zeitschrift, *Le navire d'argent*. Die Fracht des Silberschiffs war mit Avantgarde beladen. Außerdem kochte sie vorzüglich, was man ihr ansah. In ihrer Wohnung neben Sylvias Buchhandlung, die mit schönen alten Parkettböden und antiken Möbeln ausgestattet war, gab sie auserlesene Diners für ihre Freunde. So lud sie auch James Joyce mit Scott Fitzgerald ein, der kaum das Wort an den verehrten Meister zu richten wagte, aber später eine Zeichnung von dem Gastmahl machte. Darauf ist Joyce nur als Heiligenschein und Brille zu sehen, Adrienne und Sylvia hingegen sind Nixen mit einem Fischschwanz, zarte Anspielung auf ihre Unzugänglichkeit dem männlichen Geschlecht gegenüber. Aber sie konnten ihn gut leiden, alle beide. »Blauäugig, gut aussehend, besorgt um andere, war er in seiner stürmischen Unbekümmertheit faszinierend wie ein gefallener Engel und sauste durch die Rue de l'Odéon, uns für einen Augenblick mit seinem Glanz blendend«, sagte Sylvia über Scott Fitzgerald.

Unter all den erlauchten Namen war freilich kaum ein Deutscher zu finden. Seltsam, in den zwanziger Jahren war Deutschland ein sehr offenes, modernes Land. War denn nie die Rede von Thomas und Heinrich Mann, von Wassermann und Zuckmayer, Hauptmann und Remarque, Walter Mehring und Tucholsky? 1930 kam Walter Benjamin zum ersten Mal zu Adrienne und wurde einer ihrer besten Freunde. Sie schildert ihn mit seiner hohen, weiten Stirn und dem Schnurrbart, der den sensiblen Mund eines Epikuräers versteckte, als zeremoniell höflichen und ernsten Deutschen, der sie mit dem »Genie Brechts« bekannt machte und mit dem sie viel über Rilke sprach. 1940, kurz vor seinem Freitod, nachdem ihm die Flucht nach Spanien bei Port Bou mißlungen war, schrieb er ihr noch einmal: »Ich denke an Sie, ich denke ohne Unterlaß an Sie, solange die Gefahr von Paris nicht gewichen ist.«

Pensée sauvage

Ob es dieses herrliche Bücherparadies noch gibt, das Adrienne *La maison des amis des livres* getauft hatte? In Paris haben auch Läden Namen. Wir sehen in der Rue de l'Odéon 7 tatsächlich eine Buchhandlung, freilich ohne Adriennes Signum, sie trägt einen neuen Namen: *La pensée sauvage.* Ich frage den Buchhändler, einen großen, jungen Mann mit dunklen Locken, warum er den Namen geändert hat: »Weil ich kein Freund von Büchern bin«, sagt er spöttisch inmitten von Büchern. Er kommt aus dem Elsaß, spricht Deutsch und erzählt, wie enttäuscht er anfangs von der Stadt war: »Ich dachte, jeder Straßenkehrer ist hier so geistreich wie Voltaire, aber das ist nicht der Fall.« Seit drei Jahren führt er die Buchhandlung, in der nach dem Tode Adrienne Monniers, die 1955 Selbstmord begangen hatte, vorübergehend ein Geschäft für chirurgische Instrumente eingezogen war. *La pensée sauvage,* der wilde Gedanke, nannte der neue Mieter Paulet Cahen den traditionsreichen Laden. Ob seine Gedanken so wild sind? Er hat sich auf Anthropologie, Psychoanalyse, Ethnographie und Philosophie spezialisiert und ist genau wie Adrienne Monnier Verleger einer Heftreihe, die er *Les republications paulet* nennt. Das neueste Heft schenkt er mir: Edmund Husserls *La crise de l'humanité européenne et la philosophie, Die Krise der europäischen Menschheit und die Philosophie,* ein Manifest, das der große Göttinger Professor 1935, drei Jahre vor seinem Tode, veröffentlich hatte.

Am Eingang der kleinen gelehrten Bücherstube, in der Studenten Neudrucke verschollener oder vergriffener Bücher finden können, die sich mit humanitären Wissenschaften beschäftigen, sitzt ein großer Hund vor einem Obstteller, den er offenbar nicht anrührt. Orgelmusik erklingt aus dem Transistor, junge Leute gehen ein und aus, suchen Bücher, diskutieren, verabreden sich. Geist und Gelehrsamkeit haben die Buchhandlung also nicht verlassen, wenn es vermutlich auch schwer sein wird, dort Sartre, Beauvoir, Julien Green, Lévi-Strauss, Sagan oder Alain Peyrefitte zu begegnen und sie in ein Gespräch zu verwickeln. So gemütlich sind die Zeiten schon lange nicht mehr. Und wer hätte Muße, ganze Nachmittage zu verplaudern?

Auch *Shakespeare and Company* sind nicht untergegangen, weder Schild noch Bild. Unten an der Seine, schräg gegenüber von Notre-Dame, gleich neben der Kirche Saint-Julien-le-Pauvre, hängt es original über einer labyrinthisch-schönen Buchhandlung, in der alles zu finden ist: Antiquariat und Moderne. Ein Amerikaner, angeblich Verwandter von Walt Whitman, und ein bärtiger Italiener führen die Tradition fort. So leicht gibt in Paris der Geist nicht auf. Unter uralter Wendeltreppe stapeln sich Bücher in allen Sprachen, im Hintergrund lädt ein uraltes Sofa zum Verweilen ein. Jeden Montag ist hier Dichterlesung. Die Konterfeis von Sartre, Henry Miller und Lawrence Durrell prangen an den Wänden.

Doch zurück in die Vergangenheit: Am 2.2.1922, Joyce' vierzigstem Geburtstag, war es mit dem *Ulysses* soweit. Sylvia hatte den aufopfernden Drucker Darantiers in Dijon überredet, das erste Vorausexemplar zu schicken. Morgens um sieben Uhr war sie zum Bahnhof gerast, wo ihr der Schaffner das Paket mit zwei Büchern im griechischblauen Einband überreichte. Das zweite Exemplar stellte sie in ihr Schaufenster. Alsbald standen die Subskripenten vor der Tür, die vergeblich warteten, denn die anderen Bücher folgten erst wesentlich später. Sylvia verkaufte signierte Luxusexemplare für 350 Francs das Stück und billigere Subskriptionsexemplare. Der Autor bekam die phantastische Summe von 66 Prozent. Eine solche Verlegerin hatte es noch nicht gegeben! Er nahm das freilich für selbstverständlich hin.

Abend für Abend ging die Familie Joyce speisen, oft in das Restaurant gegenüber dem Bahnhof Montparnasse, das ebenso wie der alte Bahnhof verschwunden ist. Mit irischer Gastfreiheit streute Joyce das Geld nur so unter die Leute, gab hohe

Trinkgelder – die Kellner umtanzten ihn – und lud gern Freunde ein. Im März 1922 schrieb Hemingway an Sherwood Anderson, den er um diese Zeit mit seiner Parodie auf den Roman *Dark Laughter* noch nicht beleidigt hatte:

»Joyce hat ein verdammt prächtiges Buch. Sie werden es wahrscheinlich in Kürze erhalten. Mittlerweile geht das Gerücht, daß er und seine Familie am Verhungern sind, aber jeden Abend findet man den ganzen keltischen Verein bei ›Michaud‹, was Binney und ich uns nur einmal in der Woche leisten können. Gertrude Stein sagt, Joyce erinnere sie an eine alte Frau in San Franzisco, deren Sohn im Klondyke-Rush der USA verdammt reich geworden war, und die alte Frau ging händeringend herum und sagte, oh mein armer Joey, er hat soviel Geld.«

Hemingway zum Schluß: »Die verdammten Iren, immer müssen sie über etwas jammern, aber daß ein Ire jemals verhungert ist, hat man noch nie gehört.«

Der »verdammte Ire« hatte in Paris die Seine umgetauft, er nannte sie »Anna Sequana«; er hatte auch seinen eigenen Wochentags-Kalender geschaffen, der freilich unübersetzbar ist: »Moansday, Tearsday, Wailsday, Thumpsday, Frightday, Shatterday«. Auch er zeugt nicht gerade von fröhlich-optimistischer Stimmung.

Der gute Engel Miß Weaver

1922 hatte Joyce seine wichtigste Gönnerin, mit der er seit 1913 in Verbindung stand, Miß Harriet Weaver, in London persönlich kennengelernt. Die Quäkerin, die »zeit ihres Lebens nie eine Liebelei mit irgend jemandem gehabt hatte«, opferte sich für ihn und seine Familie auf. Als Herausgeberin und später als Verlegerin der Zeitschrift *The Egoist* hatte sie durch Pounds Vermittlung *A Portrait of the Artist as a Young Man* und Teile des *Ulysses* vorabgedruckt, wozu damals viel Mut gehörte, denn die Zensur war streng und der *Ulysses* galt viele Jahre als obszön. Sie wirkte wie die milde, aber steife Tochter eines Bischofs, hatte jedoch »das Herz einer Löwin«, wie ihre Biographinnen schreiben. 1936 wurde sie aktives Mitglied der Kommunistischen Partei. Durch eine kleine Erbschaft und ihre rastlos-zähe Arbeit als Vermittlerin und Verlegerin von Joyce war sie die stets ergiebige, rettende Geldquelle für den Dichter. Ungezählte Joyce-Briefe an sie geben darüber Aufschluß. Betroffen war sie in ihrer Großzügigkeit nur, wenn ihr Schützling das Geld auf eine ihr unfaßbare Weise verschwendete. Je nervöser er war, desto trink- und trinkgeldfreudiger wurde er. Er nahm nur Taxis, während sie U-Bahn fuhr, zog sich gern ein bißchen extravagant mit Samtjacketts an, trug viele Ringe, während sie mit Wollhandschuhen und braven Kostümen als graue Maus einherzog und mit dreiundvierzig Jahren bereits von ihrem »hohen Alter« sprach, das auf ihr »lastete und sie deprimierte«.

1924 machte sie sich nach Paris auf, um die Familie Joyce zu besuchen. Unter dem Rock trug sie, wie stets an Lederriemen befestigt, ihre Geldtaschen. Sie stieg in einem kleinen Hotel in der Rue de Rennes ab und wurde von einer amerikanisch-englischen Clique in Empfang genommen: den Schriftstellerinnen Djuna Barnes und Hilda Doolittle und Robert McAlmon. Der

Schriftsteller – reich geworden durch eine platonische Ehe mit der Engländerin Bryer Ellman – ging in dieser Zeit oft und ausgiebig mit James Joyce zechen, mitunter in recht zweifelhaften Lokalen.

Miß Weaver, altjüngferlich, doch nie zu schockieren durch »four letter words« und Szenen im *Ulysses,* die in England kaum ein Drucker zu drucken wagte, war indes eine heftige Antialkoholikerin. Aus diesem Grunde wurde ihr erster Pariser Abend zu einem Fiasko. Sie ging mit der amerikanischen Gesellschaft in das Restaurant *L'Avenue,* wo der Wein natürlich zum Essen obligatorisch war. Harriet hatte mit Mühe ein halbes Gläschen genippt, als Ezra Pound auf dem Plan erschien. Leicht angeheitert sagte er zu ihr: »Es ist das erste Mal, daß ich Sie je betrunken gesehen habe.« Wie McAlmon in seinen Erinnerungen berichtet, kam es zum Eklat. Die arme Miß Weaver saß wie erschlagen da und ging sofort nach Hause. Ihre einzige Furcht, den verehrten Joyce wohl gar einmal in trunkenem Zustand erleben zu müssen, blieb ihr zum Glück erspart.

So konnte sie, die sich mit Sylvia Beach angefreundet hatte und immer wieder nach Paris kam, 1928 den Geburtstag ihres Idols am Square Robiac fröhlich mitfeiern. Es muß eine sonderbare Fête gewesen sein. Bei vorzüglichen Getränken und nach gutem Essen setzte sich der Komponist George Antheil an den Flügel und spielte alte englische Melodien, zu denen James Joyce und Robert McAlmon tanzten, wobei sie griechische und Neger-Motive improvisierten. »Mais regardez donc ce Joyce«, rief die blonde Adrienne Monnier, »c'est le satyre sur un vase grec.« Man reichte Champagner; wie oft an solchen Abenden sang Joyce irische Balladen.

Ab 1932 verdüsterte sich das Leben der Familie durch die Erkrankung der Tochter Lucia. Sie wurde in Schüben schizophren, eine Krankheit, die damals noch nicht durch Pharmaka unter Kontrolle zu bringen war. Für Joyce, der nun wieder seinen Aufenthalt pausenlos wechselte, wurde das der schlimmste Schicksalsschlag seines Lebens. Miß Weaver nahm Lucia, eine begabte Tänzerin und Graphikerin, zeitweise zu sich nach

London. Die Krankheit wurde immer schlimmer, was für den Vater, der es mit den verschiedensten Ärzten und Heilmethoden versucht hatte, unendlich bedrückend war. Lucia mußte in Nervensanatorien eingewiesen werden. Ihre Verlobung mit Alex Ponisovsky wurde gelöst, und auch die Freundschaft mit Samuel Beckett versiegte allmählich. Die Familie Joyce fand schließlich Zuflucht in einer schönen Wohnung in der Rue Edmond-Valentin 7, wo sie bis 1939 blieb. Dann lebte sie noch vier Monate in der Rue des Vignes 43. Die letzten Wochen ihres Pariser Daseins, vom 15. Oktober bis zum 23. Dezember 1939, stieg sie im *Hôtel Lutétia* ab, dort, wo Joyce in den zwanziger Jahren so gern gezecht hatte und wo ihm einmal auf der Terrasse eine Ratte vor die Füße gelaufen war, dem Abergläubischen Böses anzeigend. Joyce war daraufhin sofort wieder schwer augenkrank geworden. *Finnegans Wake,* überaus schwer zu lesen, erschien, als der Krieg ausbrach. Mit dem Krieg kamen Chaos und Bürokratie zugleich. Visa- und Ausreiseschwierigkeiten für die Tochter aus dem besetzten Frankreich, Einreiseschwierigkeiten in die Schweiz. Das alles ging über die Kräfte des Dichters, der am 17. Dezember 1940 mit der Familie in Zürich anlangte und am 13. Januar 1941 starb. Das sind die wechselnden Adressen von James Joyce in Paris zwischen seinen vielen Reisen.

1920: Rue de l'Université 9
      Rue l'Assomption 5
      Rue de l'Université 9
      Boulevard Raspail 5
1921: Rue du Cardinal-Lemoine 71
      Rue de l'Université 9
1922: Rue de l'Université 9
      Avenue Charles-Floquet 26
1923: Rue Blaise-Desgoffe 6, *Victoria Palace Hôtel*
1924: ebenfalls und
      Avenue Charles-Floquet 8
1925–1931 im Prinzip: Rue de Grenelle 192, Square Robiac 2, eine Wohnung

1931: Rue François Premier 52, *Hôtel Powers*
Avenue Pierre-Premier-de-Serbie 41, *Hôtel La Residence*
Avenue Saint-Philippe 2
und einen Tag im feudalen *Hôtel Lancaster*, Rue de Berri 7
1932: Rue de Bassano 28–30
Hôtel Belmont et de Bassano
Rue Galilée 42, *Hôtel Lord Byron*
1935–1939: Rue Edmond-Valentin 7, eine Wohnung, die schon 1934 gemietet wurde
1939 April–August: Rue des Vignes 34
Oktober–Dezember: Boulevard Raspail 43, *Hôtel Lutétia*

Closerie des Lilas

Eine ganze Weile haben Helga und ich vor der *Closerie des Lilas* gestanden, bewundernd die ausgehängte Speisekarte studiert, unser Geld gezählt und uns dann entschlossen auf die Terrasse des Luxuslokals gesetzt, umgeben von Oleander und Lebensbäumen, unter schattigem Kastanienlaub. Ohne uns zu genieren, bestellten wir das »Touristenmenü«, wohl wissend, daß diese Art Menü zum »prix fix« von Gourmets nicht geschätzt und von Kellnern verachtet wird. Tant pis. Auch dieses Menü war zwar für unsere Verhältnisse teuer, doch seinen Preis wert.

Jede bekam eine halbe Flasche exzellenten Wein dazu, keinen »vin ordinaire«, eine vorzügliche Pastete oder Salat als Vorspeise, einen Fisch mit Cremesauce überbacken oder ein gewaltiges Steak als Hauptgericht; Käse soviel wir wollten, auf einer malerischen Platte dargeboten, und schließlich noch Schokoladencreme oder Eis. Wir wurden so satt, daß wir am Abend nichts mehr essen konnten. Es ist zwar bei uns nicht üblich, viel Geld für eine Mahlzeit hinzublättern (hier waren es pro Person etwa 40 Mark), doch in Paris gehört das Essen zur Kultur, ist Kult und Wonne zugleich. Warum also nicht einmal verschwenderisch sein? Die Kellner waren trotz des Touristenmenüs von großer Höflichkeit und überaus witzig. Als ich einen fragte, warum er gar so müde aussehe, antwortete er: »Arbeit bis drei Uhr nachts, und dann im Bett auch wieder Arbeit, das nimmt mit.«

Schon Hemingway berichtet, daß 1923 in der *Closerie* eine »American Bar« eingerichtet und der Standard des billigen Bistros angehoben wurde. Zum Luxuslokal aufgemotzt wurde es jedoch erst 1958. Vorher gab es weder elegant illustrierte Menükarten (»Das älteste literarische Café von Paris«) noch Dom-Perignon-Champagner für 150 Mark, allenfalls Absinth, das Glas zu sechs Sous. Das freilich ist lange her. Doch wie Paris nun einmal ist – auch an dieser Nobelstätte kann man bescheiden in einem verglasten Nebenraum der Brasserie sitzen und ein Bier trinken mit Blick auf die intim gehaltene Bar, eine Komposition aus Mahagoni-Ledergestühl, roten Lampenschirmen, einem Klavier, das mit Zeitungen bedeckt ist, und einer gewaltigen Flaschenbatterie vor dem Spiegel, in den Hemingway genausogern hineinschaute wie in das Whiskyglas. Pietät verpflichtet. In die schön polierten Tische im Barraum sind Messingplatten eingelassen, da liest der Gast mit Staunen, wer einst hier alles gezecht hat: Baudelaire, Verlaine, André Gide, Apollinaire, Mallarmé, Oscar Wilde, Rodin; auch der Genosse Wladimir Iljitsch hat an einem solchen (authentischen?) Tisch gesessen. Man bewahrt sogar ein Schachspiel auf, mit dem Lenin und Trotzki sich die Zeit vertrieben haben sollen. Schach spielte Lenin leidenschaftlich gern, aber in diese Gegend kam er aus seinem Viertel am Parc de Montsouris nur selten. Und mit Trotzki war er von 1903, seit dem II. Parteitag in Brüssel, bis 1915 mehr oder weniger verkracht.

Das Haus über dem Restaurant wurde 1903 erbaut. 1909 war hier ein anderer Russe Stammgast, vor allem deshalb, weil man zu dem Kaffee umsonst Schreibpapier serviert bekam: Ilja Ehrenburg, Schriftsteller und Bohemien. Vor dem Ersten Weltkrieg muß er einen abenteuerlichen Anblick geboten haben, wie er selbst schreibt, denn eines Tages erreichte ihn ein Brief von Alexej Tolstoj in der *Closerie des Lilas* mit der Adresse: »Monsieur mal coiffé«. Der »schlecht frisierte« Ehrenburg zitiert Alexej, den Neffen Leo Tolstojs, der im Weltkrieg sehnsuchtsvoll der Pariser Zeit gedachte: »Auf dem linken Ufer verteidigten die Dichter, Prosaiker und Journalisten mit all ihrer französischen Leidenschaftlichkeit, Tapferkeit und Bettlergroßmut die Schaffensfreiheit und Unabhängigkeit und bekränzten unter Kastanienbäumen in einer alten Kneipe am Denkmal des Marschalls Ney die Entdecker neuer Wege mit Lorbeer.«

Der Marschall, dem die Pariser, obwohl sie ihn nach Napoleons zweitem Sturz standrechtlich erschossen hatten, ein schönes Denkmal errichteten, steht noch und hebt sein Schwert kämpferisch gegen die häßliche Moderne, die ihn geistlos umgibt. Denn auch das einst berühmte Ballokal gegenüber der *Closerie,* in dem meine Eltern noch tanzten, der *Bal Bullier* mit seinem orientalisch geschmückten Tor, ist längst verschwunden.

In Wirklichkeit ist die *Closerie* noch älter. Einst eine kleine Kneipe mit niedrigem Plafond, war sie Postkutschenstation auf der Route Orléans–Paris. Gegenüber konnten die Studenten in einem Bauernhaus billig Milch trinken. Damals wucherte der Flieder – »Lilas«, nach dem sie ihren Namen (auch ohne Flieder) hat – so herrlich inmitten einer grünen Landschaft vor den Toren von Paris, daß die Künstler gerne und in Scharen kamen. Darunter auch Ingres, der seine schönhäutigen Modelle gleich mitbrachte. Vor dem Ersten Weltkrieg machte der »Prince des Poètes«, der schöne, schwarzhaarige, schnurrbärtige Paul Fort, die Kneipe berühmt durch seine Dienstags-Bankette, zu denen die Maler und Dichter gleicherweise strömten. Der Symbolist und spätere Schwiegervater des Futuristen Gino Severini war ein unermüdlicher Animateur. In der Hochblüte des *Bateau-Lavoir* stieg auch die Bande Picassos jeden Dienstag zu Fuß vom Montmartre herab, um an den elitären, turbulenten Abenden, die sich »vers et prose« nannten, teilzunehmen. Augen- und Ohrenzeugin Fernande Olivier berichtete anschaulich: »Um Mitternacht war alles in Erregung. Man trank ohne Maß. Paul Fort, der immer in Bewegung war, wollte sich trotz des Lärms Gehör verschaffen, und seine seltsame, dünne, spitze Stimme durchdrang tatsächlich bisweilen den Lärm.« Ständiger Gast war der skurrile Grieche Jean Moréas. Mit gefärbtem Kaiser-Wilhelm-Schnurrbart, Monokel und Mittelscheitel ließ sich der Dichter vom Kellner Isidore mit »Maître« ansprechen: »Au Maître Moréas j'apporte un café tasse.« Und Fernande erzählt, daß er Picasso ständig die gleiche Frage stellte: »Sagen Sie mal, Picasso, hat Velasquez Talent gehabt?« Der Mann aus Patras, der so einsam war, daß er die Nächte in Lokalen und in den Bistros bei den Hallen verbrachte, starb 1910. Mitunter erschien auch der bleiche Vater des »Ubu«, Alfred Jarry, im Radfahrerkostüm und schoß mit der Pistole auf die Spiegel. Noch irrer muß es freilich unter der Ägide der Surrealisten zugegangen sein, die das Lokal ebenfalls gern heimsuchten. 1925 wollte man, nachdem Paul Fort 1923 vergeblich versucht hatte, die Dienstage wiederzubeleben, einen anderen Dichter feiern, Saint-Pol Roux (er wurde 1940 mit achtzig Jahren von deutschen Soldaten getötet), den die Surrealisten mit seinen dunklen Metaphern als einen der ihren ansahen. Präsidiert wurde das Bankett von Rachilde, einer Dichterin, die in der Zeitschrift *Mercure de France* als Kritikerin eine große Rolle spielte. Die fünfundsechzigjährige Offizierstochter, Anhängerin des Spiritismus, deren gewagte Romane *Monsieur Vénus* und *Madame Adonis* einst Skandale erregt hatten – die einzige Frau, die Jarry ertrug –, zog offensichtlich zeitlebens die Damen den Herren vor. Vielleicht wurden deshalb einige Gäste säuerlich, jedenfalls rief der aufmüpfige Florent Fels während Rachildes Ansprache plötzlich in die Runde: »Diese respektable Dame beginnt uns anzukotzen.« »Ja, Monsieur«, sagte André Breton, »schon längst kotzt diese Dame uns an.« Der Ehrengast Saint-Pol Roux, der in der Bretagne lebte, wollte besänftigen: »Aber, aber, so behandelt man doch eine Frau nicht, welcher Mangel an Galanterie.« – »Wir scheißen auf die Galanterie«, rief jemand, und der Lyriker Robert Desnos hüpfte hoch, klammerte sich an die Gardinenstange und schmiß mit seinen Füßen die Tafel einfach um. Seine spätere Frau Youki schildert es genau: Durch den allgemeinen Krach und das Gerangel hatte sich auf dem Boulevard Montparnasse allerhand Volk angesammelt: was denn da los sei? »Das sind Lebemänner, die da feiern. Eine Schande, wo es noch so viele Waisen und Kriegswitwen gibt ...« Das schien eine Art Signal zu sein, jedenfalls schrie der deutsche Maler Max Ernst: »Nieder mit Deutschland«, und der französische Surrealist Michel Leiris genauso laut: »Nieder mit Frankreich.« Ein herzugekommener Maler zertrümmerte mit seinem Stock die Spiegel, aus dem Nebenzimmer rannte der deutsche Maler Rudolph Levy, dessen fünfzigsten Geburtstag man gerade feierte, mit dem Kritiker Basler und dem Maler Per Krogh herbei, während Leiris stockbetrunken den Boulevard hinauflief und von der aufgebrachten nationalistischen Volksmenge fast umgebracht wurde. »Alle raus«, schrie der Dichter Louis Aragon, »Leiris wird gelyncht.« Die *Closerie* hatte die Polizei alarmiert, die den blutenden Leiris rettete, aber dann arretierte. Erst Herriot, damals Ministerpräsident, konnte seinen Freund befreien.

Solche Aufregungen bleiben der feinen *Closerie* heutzutage erspart. Hohe Offiziere und reiche Bürger lösten die verrückten Dichter und Maler ab. Eigentlich schade.

Als Hemingway in seiner literarischen Frühzeit in der *Closerie* draußen an den Marmortischen, die noch original vorhanden sind, seine kleinen blauen und gelben Notizbücher emsig füllte und mit seinen Freunden soff, gab es noch kein Gästebuch. Das kam erst später. Aber er trug sich gern ein: »Un client fidèle 1920–1956«; ebenfalls sein Sohn, »aussi un client fidèle depuis 1927«, obwohl Bumby damals erst vier Jahre alt war. Auch Foujita malte einen bis auf die Gräten abgezehrten Fisch, und die russischen Kosmonauten zeichneten gar den Eiffelturm. Wer in die *Closerie* zu guter Speise und gutem Trank weilt, möge sich dieses Gästebuch anschauen. Es lohnt, auch wenn man die Schriftzüge von Picasso, Apollinaire, Lenin und Verlaine nicht finden wird.

Trotzki in der *Closerie*

»Die bedeutendste Figur, die ich in Paris unter
den russischen Emigranten vorfand, war zweifel-
los Martow, der Führer der Menschewiki, einer
der begabtesten Köpfe, die ich in meinem Leben
getroffen habe.«

LEO TROTZKI

Sicher war Trotzki öfter in der *Closerie des Lilas* als Lenin.
1915 und 1916, als er an der Emigrantenzeitung *Nasche Slowo*
arbeitete und zugleich Berichterstatter des *Kiewer Gedanke*
war, ging er täglich in die *Rotonde,* um dort zwanzig verschiedene Zeitungen zu lesen; sie war quasi seine zweite Adresse.
Leo Bronstein, Sohn zunächst armer, später reicher jüdischer
Bauern aus der Ukraine, kam zum ersten Mal mit dreiundzwanzig Jahren 1903 nach Paris. Der »junge Adler«, wie man
ihn nannte, Mitarbeiter der *Iskra (Der Funke),* hatte zuvor in
London Lenins Bekanntschaft gemacht und war von der Partei
auf Rundreise geschickt worden. »Die Feder«, wie man ihn
auch ehrenvoll getauft hatte, erschien im Frühjahr in Paris und
wurde von einer russischen Studentin empfangen: Nathalie Sedowa, eine glühende Rebellin, die wie die meisten Revolutionäre Rußlands aus bürgerlichem Hause stammte. Schon mit
sechzehn Jahren hatte man sie aus einem feinen Mädchenpen-
sionat hinausgeschmissen, weil sie ihren Mitschülerinnen die
Bibel aus- und revolutionäre Lektüre einreden wollte. Jetzt
studierte sie Kunstgeschichte an der Sorbonne und nahm sich
durchreisender Emigranten an. Sie brachte Trotzki in einer
kleinen Pension am Quartier Latin unter und schrieb nach seiner ersten Rede in ihr Tagebuch: »Der Abend verlief sehr gut
und die Kolonie der Emigranten war entzückt, denn der junge
Redner übertraf alle Erwartungen.«
Im Louvre freilich, wohin sie den Gast führte, zeigte er sich
störrisch. In seinen Memoiren schrieb er später: »Im Grund widersetzte ich mich der Kunst, wie ich mich früher dem Marxis-

mus und schließlich während einer Reihe von Jahren Lenin und dessen Methoden widersetzt hatte.« Paris imponierte ihm nicht. Mit breitkrempigem Hut auf dem üppigen Haar, hohem steifem Kragen, einer Zwickerbrille und Schnurrbart durcheilte er die Avenuen, ohne ihren Zauber zu bemerken. Er fand Paris »wie Odessa, aber Odessa ist schöner«, wobei er später zugab: »Im Grund war es der Kampf des Barbaren um seine Selbstbehauptung. Ich fühlte, daß man sich stark verausgaben müsse, wenn man Paris näherkommen und es richtig erfassen wollte. Ich aber hatte mein eigenes Gebiet, ein sehr anspruchsvolles, das keine Rivalität duldete: die Revolution.«

Der Dreiundzwanzigjährige war damals schon mit der sechs Jahre älteren Alexandra Sokolowskaja verheiratet und hatte zwei Töchter. Das hinderte ihn jedoch nicht, in Paris seine eigentliche und endgültige Gefährtin, die leidenschaftliche Nathalie, lebenslänglich an sich zu binden. Sie gebar ihm zwei Söhne, aber scheiden ließ er sich nie. Beide Frauen kamen gut miteinander aus. Seine vier Kinder und deren Ehegatten starben vor ihm. Die Tochter Sinaide Wolkow brachte sich 1933 in Berlin um, der Sohn Leo Sedow starb 1938 unter merkwürdigen Umständen in einer Pariser Klinik nach einer Blinddarmoperation, einen Sohn und eine Tochter und deren Ehegatten und seine Frau Alexandra ließ Stalin umbringen. Nathalie Sedowa, die nach Trotzkis Ermordung zunächst in Mexiko blieb, flüchtete schließlich zurück nach Paris zu Freunden, wo sie mit neunundsiebzig Jahren 1962 starb.

Paris war, was die Liebe angeht, für Trotzki, den Organisator der Roten Armee, entscheidend geworden. Kurz vor seinem Tode schrieb er in sein Testament über die Sedowa: »In den nunmehr fast vierzig Jahren unseres gemeinsamen Lebensweges blieb sie eine unerschöpfliche Quelle der Liebe, der Großmut, der Zärtlichkeit.«

1903 muß er das schon geahnt haben, denn fortan trennten sie sich nicht mehr. Im Frühjahr war der zehn Jahre ältere Lenin auf kurze Zeit von London nach Paris gekommen, um an der Emigranten-Hochschule russischer Professoren über die Agrarfrage zu sprechen. Damals gingen er und Trotzki gemeinsam unter Führung Nathalies in die Opéra Comique. Das Haus wurde als *Théâtre des Italiens* 1781 zwischen der Rue Favart und der Rue de Marivaux erbaut und dreht dem Boulevard den Rücken zu. Da steht es seltsamerweise heute noch. In Begleitung des später abtrünnigen Martow erschien Lenin, wie Trotzki schreibt, mit einer Aktenmappe in der Opéra. Trotzki behielt den Besuch in schlechter Erinnerung – in diesem Falle nicht wegen der Bolschewiken und Menschewiken, sondern wegen Lenins Schuhen. Er schreibt in *Mein Leben*: »Mit diesem Opernbesuch ist eine ganz unmusikalische Erinnerung verbunden. Lenin hatte sich in Paris Schuhe gekauft, die ihm, wie sich bald herausstellte, zu eng waren. Nun wollte das Schicksal, daß mein Schuhzeug dringend der Erneuerung bedurfte. Ich bekam Lenins Schuhe, und zuerst war es mir, als paßten sie mir gerade. Der Weg in die Oper verlief glimpflich. Aber schon im Theater fühlte ich: es steht schlimm. Auf dem Rückweg litt ich schrecklich, Lenin machte sich während des ganzen Wegs über mich lustig.« Später drückte Trotzki nicht mehr nur Lenins Schuh – der blanke Haß brach zwischen beiden aus. Die Versöhnung erfolgte erst im September 1915 in Paris, wohin Lenin gereist war, eine Reise, die in keiner offiziellen Biographie Lenins erwähnt ist und über die Trotzki nur kurz berichtet: »Die nebensächlichen Meinungsverschiedenheiten, die mich in Zimmerwald (Schweiz) noch von Lenin getrennt hatten, wurden in den nächsten Monaten völlig ausgeglichen.« Ob das der Moment war, als die beiden in der *Closerie* Schach spielten? Trotzkis abenteuerliches Leben – 1905 lebenslängliche Verbannung, Flucht aus der Tundra, Aufenthalte in Berlin, Kopenhagen, Schweden, Wien und der Schweiz – führte ihn erst am 19. September 1914 wieder nach Paris. In Wien konnte er nach Kriegsausbruch nicht bleiben. Er wurde Korrespondent des *Kiewer Gedanke* und Mitarbeiter der kriegsfeindlichen, russischen Zeitschrift *Golos (Die Stimme),* die Martow herausgab und die Mitte Januar 1914 von der französischen Zensur auf Betreiben der zaristischen Geheimpolizei verboten wurde. Im

126

Februar 1915 gab es daraufhin ein neues, täglich erscheinendes russisches Emigrantenblatt, *Nasche Slowo,* an dem Leo Davidowitsch, genau wie die Drucker, ohne Bezahlung mitarbeitete. Er ließ seine Familie nachkommen. Sie wohnten in einem kleinen Häuschen in Sèvres, dort gingen die Buben in die Schule. Oft besuchte er das *Café Croissant* auf den Spuren des ermordeten Jaurès, den er als gewaltigen Redner verehrt hatte. Auch ging er viel in die *Bibliothèque Nationale* und in die russische Emigranten-Bibliothek in der Avenue des Gobelins. Hauptorganisator des *Nasche Slowo,* für die von Woche zu Woche neues Geld aufgetrieben werden mußte, war ein zaristischer Offizier, der 1905 an der Spitze seines Bataillons gemeutert hatte. Londoner Korrespondent war ein früherer Sekretär der Botschaft in Paris, der Adelige Tschitscherin (später Außenminister). Im Paris der Vorkriegszeit konnte man Tschitscherin, der seinen Posten aufgegeben hatte, oft am Montparnasse sehen. Mit seinen sozialistischen Jüngern durchstreifte er die Lokale in einem großen Cape, dessen Innentaschen wie eine wandelnde Bibliothek mit Büchern und Zeitschriften angefüllt waren. Er war damals noch Menschewik. Mit seinen nächtlichen »Fledermaus-Gewohnheiten«, wie Isaac Deutscher das nennt, faszinierte er die jungen Leute.
Nach Monaten siedelte Trotzkis Familie in die kleine Rue Oudry nach Paris um. Er schreibt als vorzüglich beobachtender Journalist 1915: »Paris entleerte sich immer mehr. Eine Straßenuhr nach der anderen blieb stehen. Dem Belforter Löwen steckte aus irgendeinem Grunde schmutziges Stroh aus dem Maul heraus. Der Krieg buddelte sich immer tiefer in die Erde ein.«
Trotzki verkrachte sich in diesem Jahr mit Martow, obwohl er ihn für einen der klügsten Köpfe hielt, die er je kennengelernt hatte. Er unterhielt Verbindung zu französischen Antimilitaristen und ging jeden Morgen zur Konferenz in die kleine Druckerei, die Isaac Deutscher das »Laboratorium der Revolution« nennt.
Am 15. September 1916 wurde das *Nasche Slowo* verboten.

Erste Bildseite

In diesem Gartenhaus Rue Notre-Dame-des-Champs 70bis lebte Ezra Pound von 1920 bis 1924. Sein Freund Hemingway gab ihm hier Boxstunden, wofür Pound sich revanchierte, indem er dem vielversprechenden jungen Schriftsteller alle Adjektive in seinen ersten Manuskripten strich.

Zweite Bildseite

Oben: Ursula Vian-Kübler, die Witwe des Dichters Boris Vian, Tänzerin und Schauspielerin, auf der Terrasse ihres Hauses in der *Cité Veron*, die sie mit dem Ehepaar Jacques Prévert teilt. Diese Idylle entdeckten wir auf dem Dach des legendären *Moulin Rouge*; gleich dahinter braust der Boulevard Clichy.

Unten: Place Emile-Goudeau am Montmartre. Die Front mit den vermauerten Türen und Fenstern ist ein trauriges Überbleibsel des berühmtesten Atelierhauses der Welt: Das *Bateau-Lavoir* – »Wäscherschiff« – wurde vor ein paar Jahren offensichtlich durch Brandstiftung total eingeäschert. Dies war die Geburtsstätte des Kubismus vor dem Ersten Weltkrieg. Picasso, Bracque, Van Dongen, Juan Gris und Max Jacob lebten und feierten hier.

Dritte Bildseite

Oben: Im Garten der *Ruche*, einer *Cité des Artistes*, die zum Glück noch unverändert in der Passage de Dantzig steht, findet sich noch mancher skurrile Winkel. Als ganz arme Künstler lebten hier von beinahe nichts Chagall, Soutine, Archipenko, Léger, Zadkine und der Schriftsteller Blaise Cendrars.

Unten: Ein idyllischer Hof in der *Cité Falguière*. Gleich nebenan erheben sich bereits gewaltige neue Häuserblocks, genau an der Stelle, wo einmal kleine Atelierhäuschen standen, in denen Foujita, Modigliani und zeitweilig auch Soutine in unbeschreiblicher Armut hausten.

Vierte und fünfte Bildseite

Blick über die alten Dächer von Montmartre auf die Stadt, deren Reiz mehr und mehr zu schwinden droht. Im Hintergrund wächst die Skyline der neuen Megalopolis aus einer trüben Dunstglocke. Ein Pariser Manhattan an der Seine?

Sechste Bildseite

Das *Café du Dôme*, einst Zuflucht der armen ausländischen Maler, die hier ganze Tage bei einem Café Crème und einem Croissant verbrachten. Heute ist die Brasserie von einem im alten Stil neu aufpolierten Restaurant verdrängt worden, in dem man vorzüglich speisen kann. An die Maler erinnern nur noch Fotografien.

Siebte Bildseite

Oben: Im *Café Tournon* sitzen auch heute noch Emigranten, die nicht mehr in ihre Heimat zurück wollen. Am linken Fenstertisch hielt der österreichische Dichter Joseph Roth in den schwierigen letzten Jahren seines Lebens bis spät nach Mitternacht Hof, umgeben von Freunden und Verehrern.

Unten: Charles Ritz, Generaldirektor des berühmtesten Hotels der Welt, in der Bar auf der Seite der Rue Cambon. Sein Vater, ein Schweizer Bauernjunge, gründete 1898 das *Ritz*, in dem Scott Fitzgerald und Ernest Hemingway oft bis zum Morgengrauen saßen.

Achte Bildseite

In der 97. Division des riesengroßen Friedhofs *Père-Lachaise* liegt das meistbesuchte Grab von Paris, auf dem täglich frische Blumen niedergelegt werden: eine Huldigung für die große Chansonsängerin Edith Piaf, die am gleichen Tag wie ihr Freund Jean Cocteau starb. In dem Familiengrab wurden auch ihr Vater, ihre kleine Tochter und ihr Mann Theo Sarapo beigesetzt.

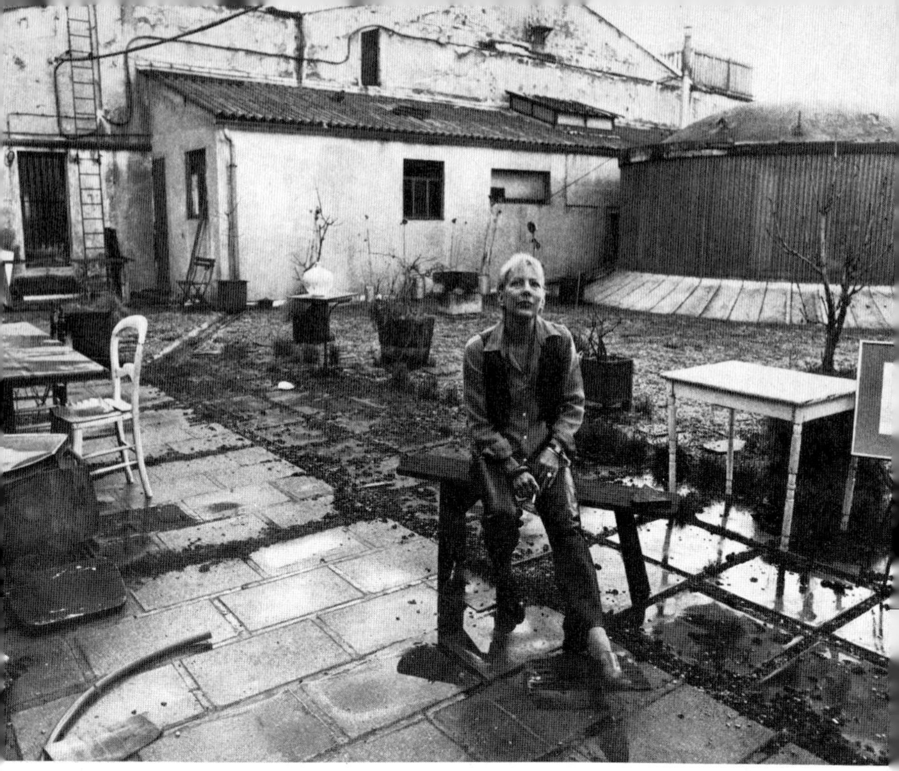

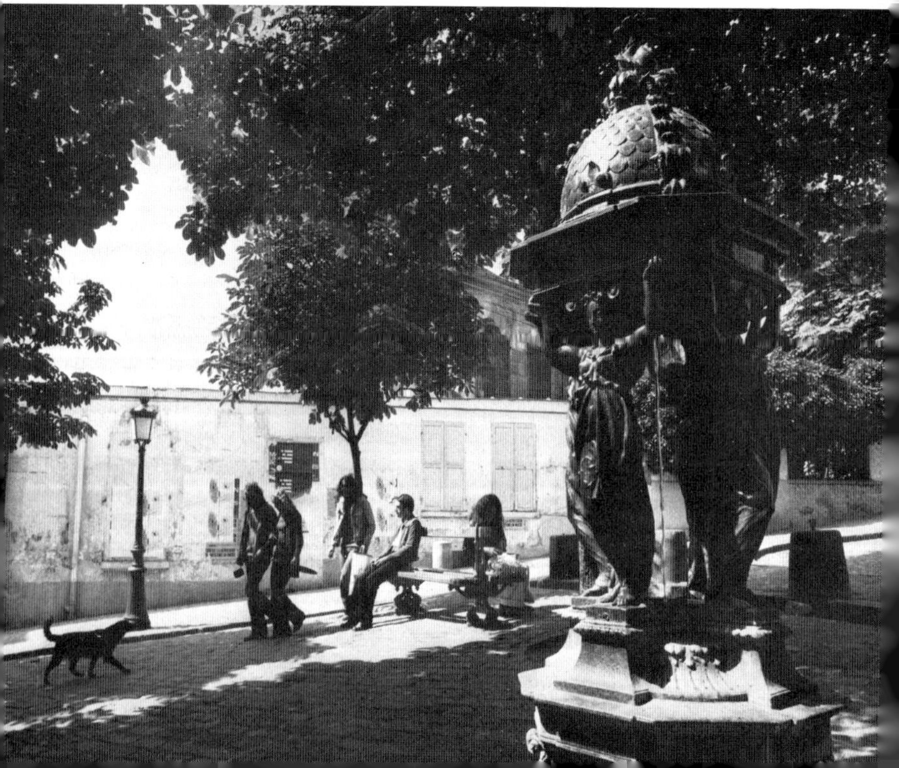

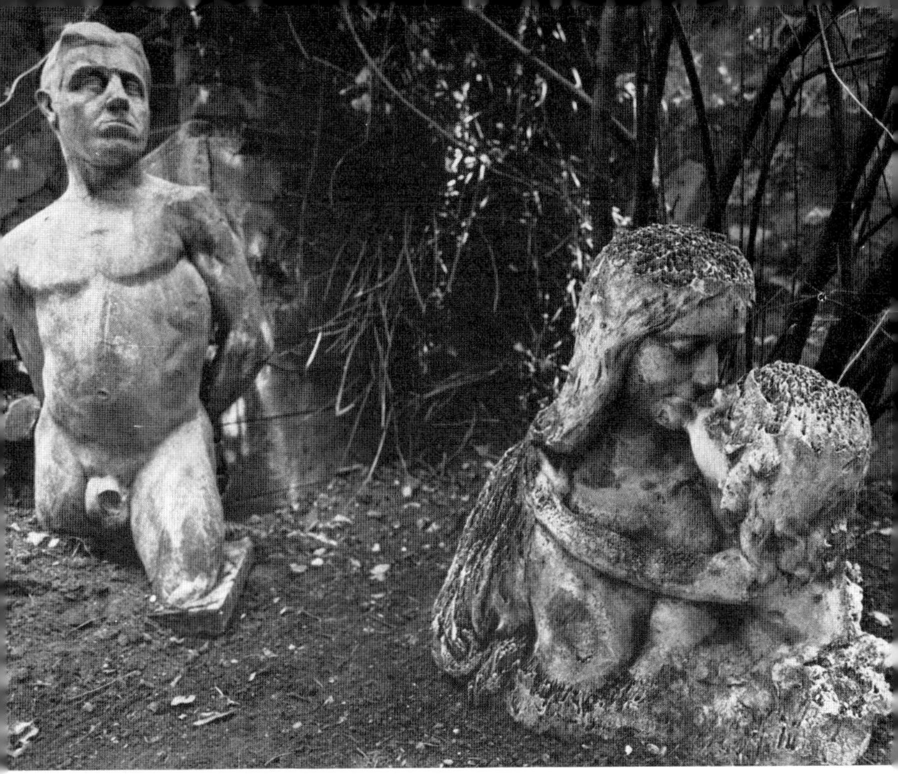
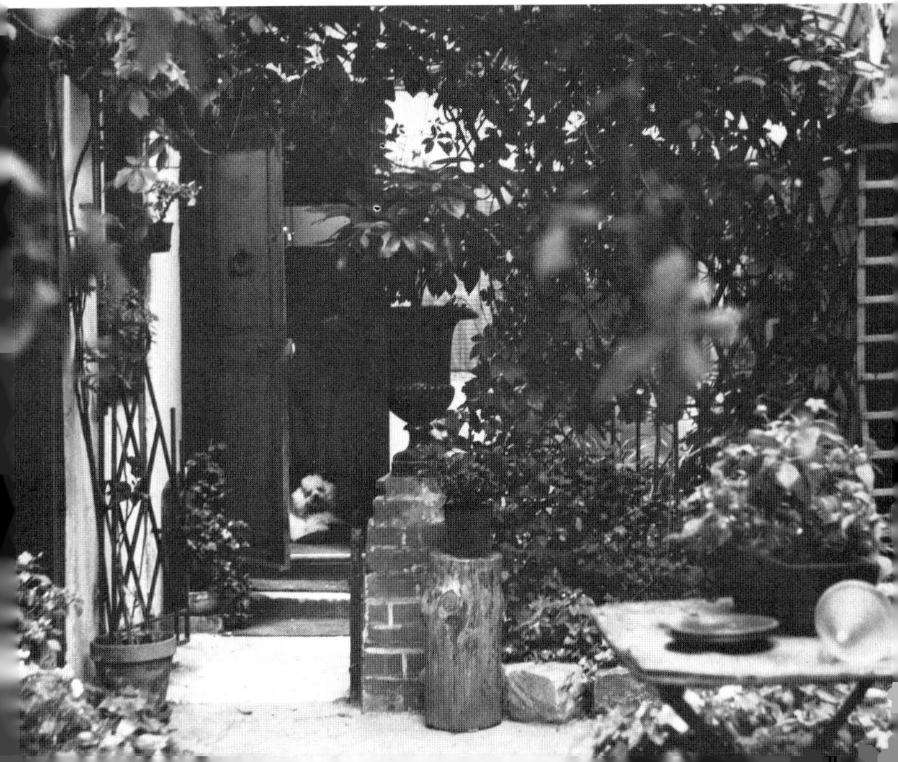

Trotzki erhielt den Ausweisungsbefehl, der durch Einschaltung des Premierministers Aristide Briand bis zum 30. Oktober aufgeschoben wurde. Dann kamen die Polizisten in Zivil. Trotzki: »Als ich von den Freunden und der Familie Abschied nahm, versteckten sich die Polizisten äußerst höflich hinter der Türe. Beim Hinausgehen zog der Ältere mehrere Male den Hut ›Excusez, Madame‹«. Die Polizisten brachten ihn bis zur Grenze nach Irun und sprachen während der Fahrt dritter Klasse mit dem Revolutionär über Pascal und Descartes. Rotwein trinkend sagte einer zu Trotzki: »Lesen Sie Taine. Wir Geheimen sind von Amts wegen konservativ. Der Skeptizismus ist die einzige Philosophie, die unserem Beruf entspricht.« Über Irun, Madrid, Cadiz, New York kam er 1917 nach Petrograd. Der Rest ist Weltgeschichte.

Ob Leo Bronstein Paris noch einmal wiedergesehen hat? 1933 von Stalin gejagt, bekam er Asylrecht unter Daladier in Frankreich. Da ihm der Aufenthalt in Paris verboten war, lebte er in der Nähe, in Barbizon, jener Landschaft, in der die Impressionisten ihre Schule begründet hatten. Ob er heimlich (und bartlos) Paris noch einmal besucht hat? Die Presse aller Parteien griff ihn an. Er lebte wie hinter Gefängnismauern. Von seiner Familie blieb bis auf Nathalie und einen Enkel niemand übrig. 1935 mußte er Frankreich verlassen. Ehe er nach Norwegen ging, schrieb er einen offenen Brief an die französischen Arbeiter: »Der Stalinismus ist jetzt die eiternde Pestbeule der Arbeiterbewegung auf der ganzen Welt, wir müssen sie vernichten.« Statt dessen vernichtete Stalin ihn.

Isaac Deutscher schreibt nichts von einem Treffen Lenins und Trotzkis in Paris, deutet jedoch die Wandlung Trotzkis nach dem Bruch mit Martow an. »So ging wieder eine alte Freundschaft entzwei, und Trotzki kam mit einem weiteren Schritt Lenin und der Dritten Internationale entgegen ...«

Lenin im Park Montsouris

> »Während der Feiertage haben wir uns amüsiert,
> wir sind in die Museen und ins Theater gegangen
> und wir haben das Musée Grevin besucht, das mir
> sehr, sehr gefallen hat.«
>
> LENIN an seine Mutter, 2.1.1910

Lenins längster Aufenthalt in Paris begann am 3. Dezember 1908 und endete im Juni 1912. Der achtunddreißigjährige Kleinadlige erschien mit Frau Nadjeschda und seiner Schwiegermutter als Herr Oulianov bei seiner Schwester im *Hôtel des Gobelins,* Boulevard Saint-Michel 24, und fand ziemlich schnell eine Vierzimmerwohnung mit »Salon« in der Rue Beaunier 24. Zum Fotografieren fuhren Helga und ich in die kleine, eher häßliche Straße; eine Plakette verkündet, daß Lenin von Dezember 1908 bis Januar 1909 hier gelebt hat – nicht lange, wie man sieht, denn die Concierge ekelte die Familie wieder raus. Russen, die dauernd Besuch bekamen, waren nicht ihr Fall. »Man wird viel Ärger mit diesen Anarchisten haben«, hatte sie schon beim Einzug gesagt. Gegenüber in der düsteren Kirche, erzählt uns der Taxichauffeur, hat ein Priester, Père Corentin, sechsunddreißig Jahre später im Beichtstuhl Verfolgte unter der deutschen Besatzung versteckt. Er starb als Märtyrer der Résistance.

Wir fahren zum Parc de Montsouris – oft gemalt von Henri Rousseau –, der unter leichten Regenschauern friedlich leer und ein wenig melancholisch wirkt: Lieblingsweg der russischen Emigranten vor dem Ersten Weltkrieg. Lunatscharski wanderte hier mit einem Kinderwagen, in dem das Kind von Büchern fast erstickt wurde; auch Lenin ging oft im Park spazieren, vorüber am meteorologischen Observatorium, einem Überbleibsel der Weltausstellung 1867, Kopie des Palais des Beys von Tunis. Vorüber am englisch anmutenden Rasen, malerischen kleinen Felsgruppen, Brücken, Bänken und dem Teich – der Park wurde von Baron Haussmann angelegt –, wandern auch wir die gefegten Wege entlang, beobachten ein Brautpaar, das für eine Modezeitschrift fotografiert wird, füttern schwarzweiße Enten und stellen uns vor, wie die Exilrussen hier endlos die Revolution diskutierten. Die Lenins zogen sehr schnell aus der Rue Beaunier um, in eine kleinere Wohnung, Rue Marie-Rose 4. Sie lebten sehr beengt, der »Salon« war die Küche, Monsieur Oulianovs Arbeitszimmer lag hinter einem kleinen Flur, ein wachstuchbezogener Holztisch war das Büro, auf dem Diwan und überall stapelten sich Bücher, hinter dem überquellenden Bücherbord steckte ein Schachspiel. In dem anderen Zimmer hauste Schwiegermutter Krupskaja, ebenfalls eine Kleinadelige, von ihrem Schwiegersohn auf das freundlichste behandelt: »Wolodja machte mir den Hof wie ein Kavalier.« Der revolutionäre Schwiegersohn spielte mit der belle-mère Karten, mokierte sich, wenn sie das Kreuz schlug und trank den von ihr fabrizierten Himbeerlikör. Auch seine eigene Mutter, Maria Alexandrowna, schickte zur Aufbesserung der Mahlzeiten an »den kleinen Wolodja« Schinken, Speck, russische Zuckerln und Senf. Die Schwiegermutter sagte vorausschauend über die Kinder: »Sie werden sicher nicht hier bleiben. Sie werden wieder woanders hingehen. Sie haben immer Ameisen unter den Füßen.«

In der Rue Marie-Rose lebte man gemütlich. Abwechselnd wurde der Haushalt bewältigt, Lenin und Martow – damals noch Freunde – nahmen sich sogar des Abwaschs an und spülten ergeben Geschirr nach Plan, wobei Martow den Mangel an Fortschritt beklagte und die Erfindung von Wegwerf-Geschirr verlangte. Das Wichtigste, eine Druckerei für den *Sozialdemokrat*, wurde in der Avenue d'Orléans 110 gefunden. Täglich begab sich Lenin dorthin, wenn er nicht mit dem Rad in die Bibliothek des 14. Arrondissements fuhr oder noch weiter in die *Bibliothèque Nationale,* über deren Bürokratie der von der Schweiz Verwöhnte sich bitter beklagte. Von acht bis zwei Uhr blieb er dort. Das Rad wurde im Flur eines Nachbarhauses abgestellt, wofür er der Concierge zehn Centimes zahlte, bis es eines Tages gestohlen wurde. Die Concierge verteidigte sich, sie habe das Geld nur für die Aufbewahrung genommen, nicht jedoch, um auch noch auf das Rad aufzupassen.

Mit Rädern, die er selbst putzte und ölte, hatte Wladimir Iljitsch viel Pech. Als er einmal, um Flugversuche zu beobachten, nach Vincennes strampelte, fuhr ihn ein Auto an – ausgerechnet ein Vicomte (»Der Teufel soll ihn holen«) zertrümmerte das Rad. Später gewann Lenin den Prozeß gegen den Fahrer. Radeln war auch die Leidenschaft seiner Frau Nadjeschda, und beide fühlten sich auf Berliner Fahrrädern, die eines Tages ankamen, in den Wäldern der Umgebung von Paris ziemlich glücklich, obwohl die Krupskaja später schrieb, sie hätten in Paris die »schwersten Jahre der Emigration durchgemacht«.

In jedem Frühjahr wurden nicht nur die Räder hergerichtet, sondern auch die Hüte. Nadja lackierte ihren alten Strohhut erneut schwarz, und Lenin putzte seine Melone mit Fleckenwasser. Oft besuchte er den Jardin des Plantes und ab und zu ein Kino oder ein Volkstheater in der Rue de la Gaîté. Glaubt man seinen französischen Biographen, so betrat er das Café, in dem die meisten Emigranten saßen und diskutierten, die *Rotonde*, überhaupt nie. Er hielt seine eher bohèmehaften Landsleute für Schmarotzer. Andere französische Autoren wiederum ließen ihn dort erscheinen und sogar neben Aischa, dem berühmtesten Negermodell, seinen Kognak schlürfen. Auf jeden Fall ist sein Name mit der Geschichte des *Rotonde* verflochten. Aber auch die *Closerie des Lilas* sucht man bei seinen Biographen vergeblich.

Lenins Lieblingscafé war das *Aux Manilleurs* in der Avenue d'Orléans 11, das es heute nicht mehr gibt. In seinen Hinterzimmern hielt er Schulungskurse ab. Oft saß er auch in der Rue Soufflot im *Café Maheux,* das es noch gibt. In den Pariser Jahren fuhr er zur Erholung nach Capri zu Gorki oder nach Nizza, und natürlich reiste er zu allen Kongressen ins Ausland.

Einmal besuchte das Ehepaar in der Nähe von Paris in Draveil das Ehepaar Lafargue in einem eleganten, weißen Landhaus mit Park. Nadjeschda Krupskaja zeigte sich gerührt, und als sie die Dame des Hauses genauer betrachtete, begann sie sogar zu

stottern. »Ich suchte in ihren Zügen die Ähnlichkeit mit Marx.«
Laura, die Tochter von Karl Marx, war mit Paul Lafargue, einem revolutionären Schriftsteller und ehemaligen Medizinstudenten, glücklich verheiratet. Eines seiner Bücher hieß *Das Recht auf Faulheit*. 1911 begingen beide, da sie sich alt fühlten und die Kräfte nachzulassen begannen, gemeinsam Selbstmord. Das Begräbnis war ein Ereignis, Tausende Arbeiter folgten mit roten Fahnen im Regen den Särgen. Am Grabe sprach Jean Jaurès, dessen Zeitung *L'Humanité* am Tage zuvor ein Interview mit dem »citoyen Lénine« veröffentlicht hatte, und auch Lenin selbst. Auf Französisch pries er Lafargue als einen der »begabtesten und tiefsten Propagandisten der marxistischen Idee«.

Doch das Exil in Paris ging Wladimir Iljitsch auf die Nerven. 1910 verfiel er in Depressionen, verkrachte sich mit dem Menschewiken Martow und wirkte mit Stirnglatze, gestutztem Schnurrbart und den schmalen Augen wie ein alter, müder Mann, obwohl er erst vierzig Jahre alt war. Doch wie Trotzki sollte auch ihm in Paris die Liebe (trotz seiner guten Ehe) begegnen, als er die schöne, gebildete und brillante Elisabeth Armand, genannt Inessa, kennenlernte. Sie war von Geburt Pariserin, Tochter des Schauspielers d'Herbenville. Sehr jung hatte sie den Russen Armand geheiratet, von dem sie getrennt lebte; sie war eine glühende Bolschewistin, die Lenin sofort aktiv in die Pariser Parteigruppe einspannte. Nadjeschda duldete die Liaison, die das Leben ihres Mannes durch »ein paar nette Dummheiten« bereicherte. Inessa wohnte mit ihren beiden Kindern in der Rue Saint-Jacques 241; die Freundschaft der beiden dauerte bis zu ihrem Tode, als sie 1920 in Rußland an Cholera starb. Die Krupskaja kannte keine Eifersucht, sie erlag dem Charme der Schönen: »Das Haus wurde hell, wenn sie eintrat. Nichts war ihr gleichgültig, sie nahm sich alles zu Herzen.«
Wir haben das Haus gefunden. Anders kann es damals auch nicht ausgesehen haben. Nur wird wohl noch nicht die schicke Confiserie dort installiert gewesen sein. Im Schaufenster treiben überaus zierliche Automatenpuppen ihr Wesen, eine Bal-

lerina hebt die Hände und dreht sich, und ein Biedermeierpaar schaut verzückt zu. Sehr französisch – und gar nicht bolschewistisch.

Im Februar 1910 schrieb Lenin triste an seine Mutter: »Paris ist in manchen Hinsichten ein dreckiges Loch, mich hier einzuleben ist mir noch nicht gelungen (nach einem Jahr), aber ich fühle trotzdem, daß mich nur außergewöhnliche Umstände locken könnten, nach Genf zurückzukehren.« In Longjumeaux richtete er eine Weile für marxistische Kader Schulungskurse ein, die er auch im Café *Aux Manilleurs* oder in der russischen sozialdemokratischen Bibliothek in der Avenue des Gobelins abhielt. Auf kyrillischen Flugblättern wurden die Emigranten aufgefordert, die Abende und Matineen in der *Muse rouge,* der »roten Muse«, zu besuchen, Rue de Bretagne 49.

1912, im gleichen Jahr, als man auf der Butte Montmartre die Zuckergußkirche Sacré-Cœur errichtete, um die Geister der Kommune (und der Preußen) zu vertreiben, verließ Lenin die französische Hauptstadt. Ohne Bedauern. Am 13. Juni hielt er noch einmal einen Vortrag im Alcazar, in der Avenue de Choisy 190, gleich danach hatte er sich aus dem »Pariser Sumpf« losgerissen und zog zunächst nach Krakau.

»Ich verstehe nicht, was für ein Teufel uns überhaupt hierher geschleppt hat«, sagte der undankbare Russe, der zwar von zaristischen Geheimen ständig beschattet, aber niemals verhaftet oder ausgewiesen worden war. Er kehrte noch mehrmals nach Paris zurück. So hielt er am 23. Januar 1914 im pompösen Saal der Société de Géographie am Luxusboulevard Saint-Germain 184 einen Vortrag über die »nationale Frage« und kam im März zu der Einsicht: »Paris ist eine sehr unbequeme Stadt, wenn man dort mit bescheidenen Mitteln leben muß, und sehr ermüdend. Aber um kurze Zeit dort zu sein, auf Besuch oder auf einer Tour, gibt es keine Stadt, die fröhlicher ist. Das hat mich auf ganz neue Ideen gebracht.«

Wenn auch sonst mit Lenins Thesen nicht einverstanden, mit dieser – die nun schon sechzig Jahre alt ist – stimme ich total überein. Da kann man ihm nur recht geben.

Hitler in Paris

So grotesk es klingt, aber wahrscheinlich hat nie ein Sterblicher Paris in seiner wunderbaren Pracht und dem Zauber der klassischen Plätze und Maße, der herrlichen Gebäude und Straßen so vollendet gesehen wie ausgerechnet Adolf Hitler. Ein Treppenwitz der Weltgeschichte! Paris ohne Verkehr, Baugruben, Wolkenkratzer – und ohne Menschen. Paris wie ein erstarrtes lebendes Bild von bewegender Schönheit, unwiederholbar und nicht einmal im Film total festgehalten. Ein Paris, in dem es noch die Hallen gab und die altmodischen Winkel, die verschnörkelten Bahnhöfe, die Seine-Ufer in aller Beschaulichkeit und noch nicht in Autoschnellstraßen verwandelt, ein Paris, wie es seit der Umgestaltung Haussmanns, seit der Belle Époque fast unverändert jahrzehntelang gewesen ist. Ein Traum!

Der Bildhauer Arno Breker, Schüler Maillols und Günstling Hitlers, schildert ausführlich, wie es war, als Hitler nach dem Waffenstillstand von Compiègne fast heimlich die Stadt seiner Sehnsucht besuchte. Morgens um drei Uhr war man am 28. Juni 1940 (nach Albert Speer; Breker gibt den 23. Juni an) vom Hauptquartier in dem kleinen Dorf Bruly bei Sedan aufgebrochen. Der Flug vom Militärflughafen nach Le Bourget war kurz gewesen. Begrüßt von Oberst Speidel, bestieg die kleine Gruppe offene Mercedeswagen und fuhr durch die Porte de la Villette direkt zur Oper. In Hitlers Wagen saßen Speer, Breker und der Architekt Hermann Giessler, alle drei in militärische Maximäntel gehüllt. Die ausgestorbenen Straßen und die Häuser wirkten wie Phantome, irreal. Die Oper, in das strahlende Licht aller ihrer Lampen getaucht, muß wie eine Fata Morgana ausgesehen haben. Nur ein Wärter führte Hitler, der angesichts der grandiosen Treppe schrie: »Das ist das schönste Theater der Welt!« Dann ging es über den Boulevard des Capucines – der wie eine Bühnendekoration wirkte – die Rue Royale hinun-

ter zur Place de la Concorde und die Champs-Elysées hinauf zum Arc de Triomphe, wo man ausstieg und nach beiden Seiten das autolose Panorama bewunderte, den Blick noch unverstellt vom Manhattan-Aspekt der *Défense*, weiter zum Trocadéro und dem zweiten Ausstieg am Eiffelturm, wo sich Hitler, die Riesenmütze tief in die Stirn gezogen, das Bärtchen hoch unter der Nase, wie jeder Tourist aufnehmen ließ, weiter zum Panthéon mit dem Grabmal Napoleons, dann zum Boulevard Saint-Germain, auch hier keine Menschenseele, in die Rue Bonaparte, vorbei an Saint-Sulpice und dem Palais du Luxembourg zum Boulevard Saint-Michel, von dort zum Panthéon. Dann fuhr die graue Kolonne zum Boulevard Montparnasse, um das Viertel zu sehen, in dem Breker einst gearbeitet hatte, schließlich wieder zum Châtelet, wo die ersten Flics den unerwarteten Gast an einer Straßenkreuzung grüßten. Vorüber an der Sainte-Chapelle kam man zu den Hallen, die in aller Pracht früher Eisenkonstruktionen noch standen – auch sie völlig entvölkert, bis auf ein paar Fischweiber in einer Ecke, die entsetzt die Flucht ergriffen. Ein Zeitungsverkäufer schmiß vor Schrekken einen ganzen Stapel *Le Matin* in die Ecke, als die gespenstische Kolonne in Feldgrau vor ihm auftauchte.
Besichtigt wurde noch die Place Vêndome, deren Architektur von keinem parkenden Auto entstellt wurde, und Sacré-Cœur. Die Stadt im Sonnenglanz des frühen Morgens ohne Fabrikschlote und Schornsteindunst lag zu Füßen ihres Eroberers, der mit schnarrender Stimme zu seiner Begleitung sagt: »Ich danke der Vorsehung, die mir erlaubt hat, diese grandiose Stadt, die mich immer fasziniert hat, zu sehen.« Dann war der Dreistundenausflug beendet. Der Mann aus Braunau betrat Paris nie wieder. In seinen *Erinnerungen* schreibt Albert Speer, daß Hitler am Abend dieses Tages bei Tisch in Bruly zu ihm gesagt habe: »War Paris nicht schön? Aber Berlin muß schöner werden! Ich habe mir früher oft überlegt, ob man Paris nicht zerstören müsse«, fuhr er mit so großer Ruhe fort, als handele es sich um die selbstverständlichste Sache der Welt, »aber wenn wir in Berlin fertig sind, wird Paris nur noch ein Schatten sein.

Warum sollen wir es zerstören?« 1944 beschloß Hitler dann wirklich, daß Paris noch im letzten Moment brennen sollte, aber während die Befreiungstruppen schon vor der Stadt standen, leistete General von Choltitz, der Oberbefehlshaber, zum Glück Widerstand. Am 19. August begannen die ersten Straßenkämpfe, und am 25. August unterzeichnete General von Choltitz die Kapitulation: um 15.30 Uhr im Polizeipräsidium, um 16.15 Uhr auf dem inzwischen verschwundenen alten Bahnhof Montparnasse. Eine Viertelstunde später traf General de Gaulle auf dem Bahnhof ein.

Miß Barney

»Diese Katastrophe: eine Frau zu sein.«
NATALIE CLIFFORD BARNEY

In der Rue Jacob im Viertel Saint-Germain-des-Prés kann man
stundenlang lustwandeln, ohne sich zu langweilen. Sie ist eine
der Straßen, die »Museen sind, in denen man alles kaufen
kann«, sagte Léon-Paul Fargue. Schaufenster wie Bühnenbilder, Kuriositäten, Galerien, Antiquitäten, Buchhandlungen,
Lokale. Im Haus Nr. 14 trafen sich in der *Bar Vert,* die es noch
gibt, die Existentialisten der vierziger Jahre dieses Jahrhunderts; im Hinterhof wohnte in den vierziger Jahren des vorigen
Jahrhunderts eine Weile Richard Wagner mit seiner Minna und
schrieb die Ouvertüre zum *Fliegenden Holländer.* Als er im
April 1842 auszog, fand sich ein neuer Mieter, der Sozialist
Proudhon (»Eigentum ist Diebstahl«), erst befreundet, dann
zerstritten mit Karl Marx. In Nr. 28 wohnte eine junge Frau
Willy, die, von ihrem Mann eingesperrt, Romane schrieb – die
Colette. Im Haus Nr. 20 muß man mutig genug sein, die große
Holztür mit Hilfe der automatischen Klingel zu öffnen, um ei-
nen alten, gepflasterten Hof zu erblicken, an dessen Ende ein
bezauberndes, langsam verfallendes Rokokohaus steht. Durch
die verstaubten Fensterscheiben fällt der Blick auf abgerissene
Tapetenstücke, ein Treppchen, Staub und Trostlosigkeit. Der
Garten an der Seite verwildert hinter hohem Gitter, eine frühe
Amsel zwitschert, sonst ist kein Laut zu hören. »Mein blumen-
loser Garten, eingezäunt, weit weg von der farblosen Straße,
wirkt erstaunlich mitten im Zentrum von Paris«, sagte die Besitzerin dieses verborgenen Schatzes, die hier über sechzig
Jahre wohnte und deren Name noch an einem Briefkasten
steht: Natalie Clifford Barney, obwohl sie, eine alte Dame von
sechsundneunzig Jahren, vor geraumer Zeit gestorben ist. Vor
ihrem Tode wurde sie von dem neuen Besitzer, Minister Debré,
verjagt. Sie starb im *Hôtel Meurice.* Wir trafen ihre Begleiterin,

die seit fünfundvierzig Jahren im Vorderhaus wohnt und sich über den unnötigen Rauswurf beschwerte. Denn noch ist das Haus verlassen. Sie erzählte, daß sie alle Kleider der reichen Amerikanerin von Poiret und der Vionnet dem Pariser Stadtmuseum geschenkt hat.

Nicht zu sehen ist der Empire-Freundschaftstempel im Garten, in den die Gäste zu Hunderten strömten, wenn ein Dichter las, Wanda Landowska spielte oder ein Stück aufgeführt wurde. Der Champagner der antialkoholischen Gastgeberin strömte freigiebig auf ihrem in zwei Kontinenten berühmt gewordenen Jour fix, freitags, wenn sie offenes Haus hielt.

Miß Clifford Barney, eine schöne, reiche Amerikanerin, zog 1910 – damals schon dreiunddreißig Jahre alt – in die Rue Jacob, nicht mehr das »wilde Mädchen aus Cincinatti«, sondern die elegante Amazone mit vollem Haar und eisblauen Augen, als die sie ihr Freund Rémy de Gourmont in seinem Buch *Briefe an eine Amazone* literarisch unsterblich gemacht hat. Er nannte sie Natalis, Betonung auf »lis«, gleich Lilie. Er wohnte nicht weit von ihr in der Rue de Varenne 9, ein adliger Atheist, bedeutender Kritiker, Mitbegründer der Zeitschrift *Mercure de France*, stolz, arm, krank, sein Gesicht durch Lupus entstellt. So lebte er äußerst zurückgezogen. Auf den Empfängen seiner fernen Geliebten stand er nur in den dunkelsten Ecken und auf ihren Kostümbällen erschien er mit Maske, ihre Seidenstrümpfe zum orientalischen Turban gewunden. Ging er in das *Café Flore,* wo man ihn kannte, oder in die *Dingo-Bar* in der Rue Delambre, blieb sein Gesicht verschleiert. Er starb 1915 und liegt auf dem *Père-Lachaise* in einem kuriosen Mausoleum begraben, an der Seite seiner einstigen Maitresse Berthe de Courrière, einer Kabbalistin und Okkultistin, die mit Huysmans befreundet war und ihrerseits an der Seite ihres Geliebten ruht, des Bildhauers Auguste Clésinger, der sie als »Marianne« für den Senat modelliert hat. Ein dunkles Terzett. So kurios können Gräber in Paris sein.

Der Lupus Rémy de Gourmonts störte Miß Barney nicht, denn sie war überzeugte Lesbierin, ohne je daraus einen Hehl zu machen. Auf ihren Grabstein wollte sie das Epitaph setzen lassen: »Sie war Freund der Männer und Geliebte der Frauen, was für Menschen, die voller Glut und Schwung sind, besser ist als umgekehrt.« Sie hatte eine Affäre mit einer der letzten Kurtisanen von Paris, Liane de Pougy, und später mit der englischen Dichterin Rénée Vivien. Ihre Mutter, Schülerin von Whistler, malte die Tochter romantisch mit offener Haarmähne. Sie war eine blendende Reiterin und schrieb gleich gut Englisch und Französisch. 1960 erschienen ihre *Souvenirs indiscrets* und drei Jahre später *Trait et Portrait*. Zu der Reporterin Mary Blume, die sie interviewte, sagte sie 1966: »Ich habe mehr aus diesem Leben gemacht, als es für mich vorhatte.«

Miß Barney war geistig, geldlich und seelisch vollkommen unabhängig. »Ich gab viele Bälle, die dem Haus angemessen waren« (darunter ein Rokokofest), »aber dann hieß es, das Haus sei zu alt, um darin zu tanzen, es könnte zusammenbrechen, so wurde ich literarisch.« Zu ihrem Freundeskreis gehörten Ezra Pound und André Gide, Paul Valéry, Isadora Duncan, die Colette, Rilke, der ihr seine *Cahiers* widmete, Claudel, T.S. Eliot, Sinclair Lewis und alles, was Rang und Namen hatte. Und es kamen natürlich auch Gertrude Stein und Alice Toklas, Oscar Wildes Nichte Dolly (Wildes Freund Lord Douglas hatte Natalie einst heiraten wollen) und Margaret Ratcliffe Hall, die ebenfalls in der Rue Jacob wohnte und in deren lesbischem Roman *Quellen der Einsamkeit* die Freundin vorkommt. »Man traf bei Miß Barney Damen mit hohen Krägen und Monokel, obwohl Miß Barney selbst so weiblich war«, schrieb Sylvia Beach, die ihren exzellenten Schokoladekuchen in bester Erinnerung hatte. Und es kam eines Mitternachts auch Marcel Proust, gespensterbleich und im Frack. Sie empfing ihn in Hermelin gehüllt, schien aber nicht sonderlich beeindruckt. »Er hielt einen Monolog über das ›belgische Gelächter der Comtesse Greffulhe‹«, erzählte sie später, »und kam nie wieder.« Doch verkehrte Prousts »Monsieur Charlus« bei ihr, Robert de Montesquiou, dem sie trotz der Skandale die Treue hielt. Für Max Jacob wurde sie »mein liebes Ideal«, und bisweilen kam auch

Apollinaire mit der Laurencin. Keine größere Chance hatte zunächst James Joyce, der Racine und Corneille so heftig kritisierte, daß sie spitz sagte: »Glauben Sie nicht, daß diese Art von Bemerkungen Rückschlüsse auf den, der sie macht, zuläßt?« Einer freilich konnte sie nicht leiden: Hemingway. »Miß Barney ... hielt an festen Tagen ›Salon‹ in ihrem Haus, und in ihrem Garten hatte sie einen kleinen griechischen Tempel. Viele Amerikanerinnen und Französinnen mit genügend Geld hielten Salon, und mir wurde sehr bald klar, daß ich diesen fabelhaften Stätten fernbleiben sollte ...«

Karl Lagerfeld, ein deutscher Modemacher

Sonne auf dem Platz Saint-Sulpice. Alle Menschen haben fröhliche Gesichter. Nr. 6 ist ein feines Haus aus dem achtzehnten Jahrhundert, der Verlag Laffont hat hier sein Domizil mit bunten Bücherauslagen; auf der anderen Seite lockt eine moderne Galerie. Das schön geschwungene Treppenhaus wirkt skurril durch den später eingebauten Lift, einen kleinen Käfig, der freischwebend wie eine surrealistische »machine infernale« hinaufsurrt. Der Mann, den ich suche, braucht allerdings keinen Lift: er wohnt in der Beletage in einer wunderbaren Wohnung.

Wenn man junge Franzosen aus der Branche fragt, wer der wichtigste Modemacher von Paris ist, nennen sie einen deutschen Namen: Karl Lagerfeld. Einen Deutschen in dieser Domäne gab es noch nie. Das ist neu. Ausländer waren immer die Ausnahme, so Worth und Molyneux aus England, die Schiaparelli aus Italien, Balenciaga aus Spanien, Mainbocher aus Amerika – damit ist die Liste des Jahrhunderts erschöpft, sieht man einmal ab von dem Japaner Kenzo. Und nun gar ein Hamburger? Karl Lagerfeld, berühmter Designer auf den verschiedensten Gebieten, veränderte die Mode der letzten Jahre – ganz still aus dem Hintergrund – mehr als die meisten seiner Kollegen aus der Haute Couture. Mit dem richtigen Gespür hat er längst entdeckt, daß die Konfektion heutzutage wichtiger ist als die Haute Couture. Als Stylist und Berater vieler Firmen hat er sich den Traum vom Glück erfüllt, den manche vergebens träumen. Er ist sein eigener Herr, niemandes Angestellter und niemandem verantwortlich – außer seinen Ideen. Keine Ateliers, Salons, Fabriken, Firmen, Privatkundinnen, Gesellschafter, Kapitalgeber beschweren ihn. Roland Karl Lagerfeld (der Roland ging indessen verloren), Sohn aus reichem Hamburger Hause (Büchsenmilchfirma), betreibt seinen Beruf nicht als

142

Hobby, sondern als Berufung. Er ist eher ein Intellektueller als ein Mensch, der nur über Mode reden mag. Stilisiert in der Aufmachung, ein bißchen Märchenkönig Ludwig, dunkler Bart und dunkler Blick, Stiefel mit hohen Absätzen – ab und zu trägt er Monokel –, ist er jedoch im Wesen völlig natürlich. Obwohl er seit 1952 in Paris, der Stadt seiner Jugendsehnsucht, lebt, hat er den leichten Hamburger Unterton in seinem Deutsch nicht verloren. Er kann witzig sein: »Wenn das mit den Nacktfilmen so weitergeht, muß man die Liebespaare wohl demnächst im Röntgenbild zeigen.« Ob es daran liegt, daß Andy Warhol seine Wohnung als Kulisse für den Film *Love* nahm? Diese Wohnung wird von Museumsleuten oft aufgesucht. Sie ist selbst ein Museum »of modern art«, wenn man so will, modern wirkende Kunst, die freilich meist fünfzig Jahre alt ist. »Art deco« heißt der Stil, den man erst langsam als richtigen Stil entdeckt, von Lagerfeld schon seit 1960, als noch keiner davon sprach, leidenschaftlich bei Händlern und Trödlern gesammelt. Perfekte, kühle Eleganz. Ein Hauch Metropolis!

Wir sitzen im Schlafzimmer, groß wie ein Ballsaal, schwarzer Samtboden, das Bett auf einem Podest mit braunem Satin überzogen, an den Wänden vereinzelt wunderschöne Vasen von Jean Dunand. Der einzige Blumenschmuck: weiße Kalla. Mit weißem Satin wurden auch Sofa und Sessel bezogen. Viele der Möbel sind von dem Pariser Kunsttischler Emile-Jacques Ruhlmann; im Eßzimmer ein ungeheurer Tisch aus kostbarem gelacktem Holz. »Er stammt von dem Luxusdampfer ›Ile de France‹, aber die Restaurierung kostete mehr als der ganze Tisch.« Plastiken von Brancusi passen genau abgestimmt hierher. Im Flur hängen zwei Schranktüren aus der Epoche wie Bilder an der Wand, Vitrinen bergen kostbare Gebrauchsgegenstände, Vasen, Schalen, Etuis, Dosen, Kleinkunstwerke, auch einen schwarzen Spazierstock. Das goldene Stühlchen stand einmal bei Poiret.

Das Toilettenzimmer, abgebildet in der elitären Kunstzeitschrift *l'Oeil*, ist eine Symphonie aus Spiegeln, Chrom und Stahl, gläserne Rolltische sehen aus wie von übermorgen, obwohl sie von vorgestern sind. Das Massagebett aus schwarzem Leder, der Frisiertisch, ein blitzendes Laboratorium, die ins Zimmer hineinragende Badewanne – strukturell durchgeformte neue Sachlichkeit.

Im Arbeitszimmer herrscht gebändigtes Chaos. In überladenen Bücherborden findet Lagerfeld sofort, was er sucht, zum Beispiel die sehr seltenen Kataloge des fabulösen Modeschöpfers Paul Poiret, Vorläufer der *Gazette du Bon Ton.* Stöße von Büchern und Zeitschriften auf Tischen und Stühlen – und auch hier die weißen Kalla. Der Zeichentisch steht auf einem Podest, Drehstühle davor.

Die *Vogue,* die den siebenunddreißigjährigen Lagerfeld einen Künstler von immenser Kultur und preziösem Geschmack nannte, der keine Konzessionen macht, stellte ihm vier Seiten zur Verfügung, auf denen er mit 65 kleinen Bildern und Fotografien seine »persönliche Mythologie« ausbreitete. Die Unterschriften verraten Geist. Unter das *Café Flore* am Saint-Germain-des-Prés schrieb er: »Das beste Coca-Cola von Paris.« Seine Verehrung gilt der Sängerin Malibran, der Schriftstellerin Colette, der Journalistin vom *New Yorker*, Janet Flanner, natürlich der Garbo, aber auch Brigitte Helm – von der Dietrich distanziert er sich, »die ist doch nur noch ihre eigene Karikatur«. Er verehrt den Schriftsteller Paul Morand und den eigenwilligen Kritiker Paul Léautaud, der wie ein Clochard herumlief; er liebt Beardsley, Oscar Schlemmer, Brancusi, den Turm *Maine Montparnasse* und Margaret Anderson, Herausgeberin der amerikanischen Literaturzeitschrift *Little Review,* die 1924 ins Gefängnis ging, weil sie Auszüge aus dem *Ulysses* von Joyce vorabgedruckt hatte. Seinen letzten Geburtstag feierte Karl Lagerfeld mit Paloma Picasso und dem einzigen Freund aus der Haute Couture, Yves Saint-Laurent. Beide erhielten als Sechzehnjährige für Entwürfe den Preis des Internationalen Wollsekretariats, der die Weichen für ihre künftige Karriere stellte.

Lagerfeld lernte von der Pike auf, als er nach Paris kam. Von 1954 bis 1958 war er bei Balmain, ging dann als Chefmodellist zu Patou, wo er ebenfalls vier Jahre blieb, bis er sein eigenes Studio gründete. Er entwirft Schuhe, Frisuren, Schmuck, Accessoires und zeichnete auch die schönen Kleider der betrügerischen Ehefrau in Claude Chabrols Film *Die blutige Hochzeit*. Er steigerte den Umsatz einer Konfektionsfirma von drei auf dreißig Millionen Francs. Die Krefelder ehrten ihn mit der Verleihung des »Goldenen Spinnrads«, dem sogenannten deutschen »Mode-Oscar«.

In der Unterhaltung spricht er von diesen Erfolgen selbstverständlich nicht. Hamburger sind nicht so. Vielmehr weist er aus dem Fenster seiner Wohnung, die auf die Kirche Saint-Sulpice geht: »Wenn Sie sich da vorne auf eine Bank setzen, können Sie ihn sehen, den Surrealisten, Fotografen und Dada-Miterfinder Man Ray. Manchmal kommt der zittrige Greis am Arm seiner Frau hier entlang, ich beobachte ihn oft.« Denn wie alle kreativen Menschen, die wirklich viel zu tun haben, hat Karl Lagerfeld Zeit. »Bücher«, sagt er, als ich ihn kurz vor Mitternacht in einem langen Cape in der Buchhandlung »La Hune« neben dem *Café des Deux Magots* wiedertreffe, »Bücher kann man doch nur am späten Abend kaufen.«

Die vielen Leben des Boris Vian

»Boris Vian jouait à la vie
Comme d'autres à la bourse
Aux gendarmes et aux voleurs
Mais pas en tricheur
En seigneur.«

JACQUES PRÉVERT

Es gibt Verborgenheiten in Paris, die einem den Atem ver-
schlagen, wenn man sie entdeckt. Pigalle, Boulevard de Clichy:
Schießbuden, Auto-Scooter, Menschenmassen, zuckende
Lichter und zuckende Leiber – »nu integral«, der Appetit auf
Fleisch aller Sorten. Schlepper, Bummler, Diebe, Touristen,
Ausrufer, Zuhälter, gestiefelte Damen in Minis, starrende
Männer, Laster, Lust, Lärm. Henry-Miller-Jagdrevier! Laute
Tage in Clichy! Pornoläden, im Schaufenster Präservative mit
Teufelshörnchen, im Innern wieder Männer, blätternd in Pla-
katmappen, Büchern, Fotos; ein endloser Jahrmarkt, schrill,
grell, aggressiv. Doch an der Place Blanche, wo sich in den
zwanziger Jahren die Surrealisten trafen, liegt eine kleine Sack-
gasse, direkt neben jenem Etablissement, das zum Synonym für
Montmartre geworden ist, neben dem *Moulin Rouge.* Die *Cité
Veron* ist ein Gäßchen mit freundlichen Häusern und Vorgär-
ten – um einen Baum liegen weiße Muscheln –, mit Ateliers,
Fachwerkhäusern, Studios. Aus einer Tanzschule klingt Kla-
viergeklimper. Der Hof, in dem die Straße endet, wirkt wie ein
Bühnenbild zu einem absurden Stück: hölzerne Schafe, Bäk-
kerkarren, ein bemaltes Boot neben geparkten Autos, offenbar
ein Bazar, in dem es alles zu kaufen gibt. Pittoresk.
Am Eingang zur Cité das vergilbte Plakat der internationalen
Bakuninisten: »Nous voulons la révolution universelle, sociale,
culturelle, économique, politique, tout à la fois.«
Im Haus Nr. 6 steht auf einem der Blechbriefkästen eine halb
abgebrannte Kerze, darunter der Name Prévert. Vom obersten
Stockwerk baumelt eine Sänfte in das Treppenhaus, die Eta-

gentür ist bekränzt mit welken Papierblumen; eine grazile Frau mit kurzem blondem Haar, attraktiv in schwarzer Lederhose und Weste zum pinkrosa Hemd, öffnet uns: Ursula Vian, Witwe des Avantgarde-Dichters Boris Vian. In der Wohnung mit den großen verhangenen Südfenstern, einen Katzensprung vom Pigalle entfernt, herrscht tiefe Dorfruhe. Wir befinden uns im rückwärtigen Teil vom *Moulin Rouge*. Das Haus wurde 1925 erbaut. Die Vians und ihre Freunde, die Préverts, fanden dieses unwahrscheinliche Refugium durch einen Vermittler, der den deutschen Namen Sonntag trug. 1954 zogen sie ein, gemeinsame Besitzer einer riesigen Dachterrasse, auf die einige der Zimmer gehen. Eine Sonntags-Wohnung sozusagen. Doch der Alltag ist nicht fern, das Glück durchaus nicht von Dauer. Bald wird diese Zauberstätte verschwunden, werden die Mieter gekündigt sein. »Paris ist Scheiße«, sagt Ursula, »nur noch Kommerz; dieser Boden ist viel zu wertvoll, als daß man ihn uns lassen wird. Die Cité wird eines Tages abgerissen.« Und dann wird wieder ein Fleckchen Erde von Paris, das den Charme der Stadt ausmachte, banalen Hochhäusern, Bürosilos und Supermärkten weichen – Mittelmaß, betonverkrustet.

Ursula Vian-Kübler ist Schweizerin. Ihr Vater erfand die schönste deutschsprachige Zeitschrift, das *du*. Sie ist Tänzerin und Schauspielerin, »im Moment arbeitslos«, wie sie lächelnd sagt. Sie spielte kürzlich in dem einzigen Stück, das Céline geschrieben hat, *Die Kirche*, und sie spielte auch in dem Louis-Malle-Film *Feu follet* nach dem Roman von Drieu la Rochelle. »Ich glaube, ich war die einzige normale Figur darin.«

Feu follet, funkelndes Irrlicht, war auch ihr Mann Boris, eine Gestalt, die allmählich legendär wird. Er starb 1959, noch nicht vierzig Jahre alt. »Merkwürdig«, sagt sie, »jede Generation entdeckt ihn neu für sich, im Moment sind es die Vierzehnjährigen.« Avantgarde, die nicht altert. Den hochaufgeschossenen, jünglinghaften Vian mit dem luziferisch-schönen, bleichen Gesicht kann man sich als Alten nicht vorstellen. Sechzehn Jahre nach seinem Tode liegen in allen Buchläden von Paris Bücher über ihn: Noel Arnauds »Les vies parallèles de Boris Vian« und als neuestes ein Bildband *Es war einmal Boris Vian*. Der Existentialistenfürst aus den Kellern von Saint-Germain-des-Prés wird allmählich zum Mythos. Boris Vian, dessen russischer Vorname eine Caprice seiner französischen Provinzeltern ist, war einer der Helden der irren Nachkriegszeit, sprühend von Charme, Witz, Wortspielerei, mit einem kalt scheinenden, unbeweglichen Gesicht. Eine unvergeßliche Figur, genial begabt auf den verschiedensten Gebieten.

Er war vieles und manches zugleich: Ingenieur, Jazztrompeter, Romancier, Poet, Drehbuchautor, Filmschauspieler (er spielte unter anderem in Vadims *Gefährliche Liebschaften*), hervorragender Übersetzer von Strindbergs *Fräulein Julie* und Brendan Behan, Animateur schicker Nachtclubs vom Saint-Germain-des-Prés, Jazz-Kritiker, künstlerischer Direktor einer Plattenfirma; er schrieb Opernlibretti, Ballettszenarien, Theaterstücke, Novellen und Romane, in denen sich Poesie und Gewalt, Zärtlichkeit, Sadismus und schwarzer Humor surreal mischen. Er verfaßte 400 Chansons, von denen er einige auch in Musik setzte. »Er hatte«, sagt sein Freund, der Chansonnier Henri Salvador von den Antillen, »ein zu großes Gehirn. Er war weder von Gestern noch von Heute, sondern von Morgen.« Er war, wie die Beauvoir schreibt, von außerordentlichem Zartsinn und einer Art eigensinniger Aufrichtigkeit. Vian schrieb auch Gedichte, die zum Teil erst posthum erschienen. Seit Jugend herzkrank und oft dem Tode durch schwere Herzerkrankungen nahe, spürte er in den letzten Jahren die Vorboten des Endes, doch schob er die Bedrohung von sich und wollte nicht wahrhaben, was er luzide wahrnahm. »Ich möchte nicht sterben«, beginnt eines seiner Gedichte aus dem Band *Je voudrais pas crever*.

> Je voudrais pas mourir
> Sans qu'on ait inventé
> Les roses éternelles
> La journée de deux heures
> La mer à la montagne

La montagne à la mer
La fin de la douleur
Les journaux en couleur
Tous les enfants contents
Et tant de formes encore
Qui dorment dans les crânes
Des géniaux ingénieurs
Des jardiniers joviaux
Des soucieux socialistes
Des urbains urbanistes
Et des pensifs penseurs

Aufgewachsen in einem bürgerlichen Hause in Ville d'Avray
zusammen mit drei Geschwistern, verbrachte er eine glückliche
Jugend. Krieg und Besatzung störten ihn wenig. Mit einundzwanzig Jahren heiratete er 1941 Michelle Léglise. Beide wurden später Autoren von Sartres *Les Temps Modernes.* Er war
schon Vater von zwei Kindern, als nach der Liberation sein tur-
bulentes Leben begann. Zu dem Kreis des jungen Paares, das in
Montmartre am Faubourg-Poissonnière lebte, gehörte auch
Sartre, mit dem Michelle sehr befreundet war. Dort gab man
die berühmten »Tarte-Parties«, Tortenfeste, eine Abart der
Surprise-Parties, bei denen ungeheure Torten verzehrt wurden. Am 12. Dezember 1946 gab es im Verlauf eines solchen
Festes den großen ideologischen Krach zwischen Camus und
dem Philosophen Merleau-Ponty. Vian hörte nur Türen knal-
len; er fabrizierte gerade in der Küche mit Simone de Beauvoir
irgendwelche Torten, als Albert Camus das Appartment verließ. Sartre lief ihm noch nach, aber die Entfremdung war nicht
mehr aufzuhalten. »Il est trop tarte«, sagte Boris mit schnellem
Wortspiel (tard = spät, tarte = Torte).
In diesem Jahr hatte er seinen ersten Skandal-Erfolg. Sein böser Roman *J'irais cracher sur vos tombes (Ich würde auf eure
Gräber spucken),* die Geschichte eines amerikanischen Negers,
der Rache an zwei weißen Schwestern nimmt, weil man seinen
Bruder gelyncht hat, verursachte tiefe Empörung. Vian hatte

ihn zunächst als Übersetzer unter dem Tarnnamen Vernon Sullivan erscheinen lassen, später bekannte er sich dazu. Anfang des Algerienkrieges kam der zweite Skandal. Sein mutiges Chanson *Le déserteur,* das er trotz Protestgeschrei selbst vortrug, wurde verboten und durfte im Rundfunk nicht gesendet werden. Weder Roman noch Chanson liegen in deutscher Sprache vor. Übersetzt in kleiner Auflage wurden nur die Novellen *Die Ameisen* und die Romane *Herbst in Peking, Chloe* und *Der Herzausreißer.* Vian ist bei uns so unbekannt wie seine Idole Lautréamont und Alfred Jarry, wie Max Jacob und im Grunde auch Apollinaire.

»Wie war es, als Sie ihn kennenlernten?« fragte ich Ursula Vian. »Es war auf einem der berühmten Cocktails bei dem Verleger Gallimard in der Rue Sébastien-Bottin.« Die Szene, wie die beiden sich 1950 trafen, ist in den Büchern geschildert worden – es muß für Ursula, die damals Tänzerin im Ballett Roland Petit war, wie ein Blitzschlag gewesen sein. »Ich kann das nicht erzählen, es ist wie auf einer fotografischen Platte in mir festgehalten, aber ich kann es nicht erzählen«, sagt sie.

Vians Ehe mit Michelle, die sich Sartre zugewendet hatte, war damals schon zerrüttet, seine Entfremdung von Sartre bereits vollzogen. Über das Treffen mit der jungen Schweizerin schrieb er in privaten Notizen:

»Es ist sie, es ist Ursula, sie hat Ponies, die Haare mit einer Gartenschere am Hals geschnitten, ein graugrüner Mantel … ich weiß es nicht mehr. Lang, vage, weit. Ich sehe sie, es ist schrecklich. Ich schaue niemals noch einmal hin. Und ihre Augen. Es ist das erste Mal, ich schwöre, ich erfinde nichts, daß ich das kann, die Augen von jemandem anzusehen. Sie hat Augen mit ein bißchen Öl auf den Lidern. Und das Gesicht ein Dreieck, aber ein echtes, von Euklid.«

1951 zog er aus der Wohnung und Ehe aus. 1954 heiratete er Ursula. Das Leben mit ihr dauerte nur neun Jahre, bis zu seinem Tode. In der Wohnung Ursulas hängt das seltsame Saiteninstrument, das er wie die Trompete und die »trompinette« zu spielen verstand. Der Jazz-Fanatiker war befreundet mit allen großen Interpreten, Duke Ellington wurde sogar Pate seiner Tochter. Hier stehen auch noch die Bücherborde, die er selbst gebastelt hat, und es steht da auch die Hobelbank, die sie vorgefunden hatten, als sie einzogen. »Alle Möbel«, sagt Ursula, »sind im Grunde selbstgemacht oder ›objets trouvés‹.« An den Wänden hängen surrealistische Bilder, darunter ein echter Labisse und die Collage mit Boris, die Jacques Prévert für sie gemacht hat. In den beiden Räumen mit den fellbedeckten Liegen hängen viele Kunstwerke, darunter Assemblagen von großer Schönheit, auf schwarzem Grund mit Spiegelscherben oder aus weißem Gips komponiert. Sie stammen von Ursulas Freund, der bei ihr wohnt, einem dunkelhäutigen Künstler aus Martinique mit Ho Tschi Minh-Bart, der sich d'Déé nennt. Er war ein Freund von Boris und ist jetzt Architekt. Die Assemblagen will er nicht verkaufen. »Ich will nicht, daß sie in einer Wohnung bei mir unbekannten reichen Leuten hängen, ich will sie selbst ansehen«, sagt er. Wir trinken Williamsbirne. Ursula, die anfangs reserviert war, taut auf, spricht immer schweizerischer. Später, wenn sie hier nicht mehr wohnen kann, wird sie in ihr Haus in die Pyrenäen ziehen und in Paris nur noch im Hotel leben. »Dann lerne ich die Stadt endlich einmal kennen.« Sie ist faszinierend, hat die disziplinierten, anmutigen Bewegungen der Tänzerin und wirkt dabei völlig in sich selbst ruhend. Überlegt und überlegen. Sehr ausdrucksvoll sind die Augen, Helga sagt, »ein Blick, den man nicht vergißt, als schaute man hinter einen Vorhang, in etwas Geheimnisvolles«. An der rechten Hand auf jedem Finger ein fein ziselierter Silberring, viele bunte Ketten mit winzigen Perlen passen zu dem Pink des Leinenhemdes. Ihre Haare liegen wie dünne Federn um den Kopf, die Stimme ist tief. »Wenn ich die Musik vom Tanzstudio höre«, sagt sie, »kann ich nicht anders, dann mache ich immer ein bißchen mit die Fouettés, die Battements, es ist wie ein Zwang.«

Hat sie viele Gäste? Die Zeiten der großen Feste sind vorüber. »Falls Sie gesellschaftliche Verpflichtungen meinen, so bin ich überhaupt nicht ›hospitalière‹«, sagt sie, »ganz im Gegenteil, man ist dann allerdings auch schnell am Rande der Society, aber das will ich nicht anders. Wir sind nur noch für unsere Freunde gastlich, es kommen allerdings viele.«

Wir treten auf die 300 qm große Terrasse, auf die auch die Wohnung der Préverts hinausgeht. Ein »terrain vague« zwischen Brandmauern, direkt unter dem Himmel von Paris. Ein herrlich ungeordneter, wie zufällig entdeckter Ort. Nichts von Gartenlauben-Seligkeit, von Schöner-Wohnen-Schick. Irgendwo stehen verloren Gartenmöbel, Tische und Bänke herum, als ständen sie dort seit Jahrzehnten. An Mauern hängen ganze Bündel von Chiantiflaschen, zwischen Steinen wächst Gras. Keine Blumen oder Blattpflanzen, Kübel oder Gitter. Katzen schleichen herum.

Zwölf Tage vor Boris Vians Tod wurde hier noch ein ungeheures Fest gefeiert, das Fest der »Drei Satrapen«, wild, ausgelassen, geistvoll; ein Haufen erlesener Narren des Collège Pataphysique vergnügte sich ganz im Geiste von Jarrys Figur, dem Doktor Faustrolle. Sie ehrten den greisen Baron Jean Mollet, einen Freund Jarrys und Apollinaires, Sekretär der Zeitschrift *Soirées de Paris,* die Apollinaire 1913 gegründet hatte. Sie verliehen dem Baron einen Orden und machten ihn zum Vize-Kurator ihres phantastischen Collège und ihrer phantastischen Wissenschaft »Pataphysique«. Unter den Gästen Raymond Queneau, René Clair, Ionesco, der Cartoonist Siné, Françoise Gilot, Henri Salvador und natürlich die Préverts. Dreizehn Tage danach, am 23. Juni 1959, ging Vian, der sich elend fühlte, aber überreden ließ, in das Kino Marbeuf, um sich eine Voraus-Aufführung des Films *J'irais cracher sur vos tombes* anzusehen, den man nach seinem Buch gedreht hatte. Vian war mit diesem Film nicht einverstanden und überlegte sich, ob er seinen Namen zurückziehen sollte. Er sah nur die ersten paar Meter, dann sank sein Kopf zurück. Er bekam einen Herzanfall, man schleppte ihn in die Klinik in die Rue de Sèvres, wo sein Tod um zwölf Uhr mittags offiziell bestätigt wurde.

Schon sechs Jahre zuvor hatte er über den Tod geschrieben: »Ich habe keine Lust, ich habe noch so viele Dinge zu tun. Der

Zwangsarbeiter ist nicht der, der auf Befehl arbeitet, sondern der, der das nicht macht, von dem er fühlt, daß er es machen muß.« Er war noch nicht vierzig Jahre alt und wußte, daß er niemals Vierzig werden würde.
Prévert schrieb für Ursula ein Gedicht:

A Ursula

Sa date de naissance
Sa date de décès
Ce fut langage chiffré
Il connaissait la musique
Les mathématiques
Toutes les techniques
Et les autres avec
On disait de lui qu'il n'en faisait qu'à sa tête
On avait beau 'dire
Il en faisait surtout à son cœur
Et son cœur lui en fit voir de toutes les couleurs
Son cœur révélateur
Il savait trop vivre
Il riait trop vrai
Il vivait trop fort
Son cœur l'a battu
Alors il s'est tu
Et il a quitté son amour
Il a quitté ses amis
Mais ne leur a pas faussé compagnie

Juliette Gréco und das *Tabou*

> »Der Keller des *Tabou* ist gegen zwei Uhr mor-
> gens ein Eingang zur Unterwelt. Die Kneipe ist
> derart verqualmt, daß man glauben könnte, eine
> Lokomotive sei gerade hindurchgefahren.«
>
> SAMEDIE-SOIR 1947

Tatsächlich, das *Tabou,* legendäre Stätte der Nachkriegszeit, ist noch vorhanden. »Diskothek in Kellern aus dem 13. Jahrhundert«, steht am Eingang in der Rue Dauphine 33. Doch mit dem, was sich in der Zeit zwischen 1946 und 1948 hier abspielte, hat das Lokal nichts mehr zu tun. Eine Diskothek wie hundert andere, vor allem für Jugendliche.

1945 war das Lokal ein kleines, unbedeutendes Bistro, das einem Ehepaar aus der Auvergne gehörte. Die Geschäfte gingen mäßig, bis sich eines Tages, gleich um die Ecke in der Rue Christine, die Firma »Les messageries de la presse« installierte, deren Boten nachts arbeiteten und die entsprechend Durst hatten, den sie ab und zu am Zinc löschen wollten. Das Bistro mit dem fremdländischen Namen *Tabou* bekam eine Nachtkonzession, und die späten Schwärmer von Saint-Germain-des-Prés hatten endlich eine Stätte gefunden, wo sie morgens um sechs Uhr die ersten frischen Croissants zum katerverdrängenden heißen Milchkaffee genießen konnten – genau wie zwanzig Jahre zuvor im *Dôme* am Montparnasse. Doch die wahre Stunde des *Tabou* schlug erst 1947. In der Nähe der Place Maubert, Lieblingsort der Clochards seit Jahrhunderten, gab es einen Hotelkeller, in dem die Amateur-Jazzkapelle »Les Lorientais« spielte. Keller waren gut, dort hörten die Umwohner den Lärm nicht so. Der *Tabou*-Besitzer Monsieur Guyonnet kam eines Tages auf die Idee, seine Keller ebenfalls zu öffnen, zu räumen, anzustreichen und neu zu etablieren. Der *Club du Tabou* war geboren, reine Freude für all jene Existentialisten, die dort in Dunst, Enge und Lärm schwarz gekleidet und barfuß ihr Wesen trieben. Ins *Tabou* gingen die Jazzfans, um die Amateur-Musiker des Be-bop zu hören. Einer von ihnen, der Trompeter Boris Vian, damals siebenundzwanzig Jahre alt, schildert das Kellerlokal, dessen Umwohner – jede Nacht um den Schlaf gebracht – Eimer schmutzigen Wassers auf die späten Nachtvögel entleerten, die draußen krakeelten, sich küßten und sich zankten. »Man trat durch eine Glastür ein und zog einen Vorhang beiseite und war schon mitten im Gewühl. Zwanzig Leute umgaben den großen Meister der Treppe, der Karten ausgab und kontrollierte. Man stieg eine krumme Steintreppe hinunter. Wer 1,75 m groß war, stieß sich an allen Ecken den Kopf an und kam in einen langen Schlauch wie in eine Métrostation, nur viel kleiner und viel dreckiger, der in einer Estrade endete, die als Strohhütte dekoriert war. Auf der anderen Seite gab es eine Eichenholzbar und eine winzige Garderobe. Bis man das alles erkannte, brauchte es Zeit, der Zigarettennebel war quasi londonerisch und der Lärm so intensiv, daß man als Reaktion nun überhaupt nichts mehr sah. Auf beiden Längsseiten: lange und harte Bänke, Hocker und Tische; unmöglich, sich einen Weg in die Mitte des Gedränges zu bahnen. Man trug die Hemden in oder über der Hose und dicke Autoreifen-Schuhe.«

Das *Tabou* wurde ein Riesengeschäft, seit Manager Frédéric Chauvelot die Kapelle engagiert hatte. Boogie-Woogie und Jitterbug erschütterten die Fundamente des alten Hauses. Ab und zu hörte man auch Gedichte und Chansons. Gabriel Arnaud brachte zum Beispiel gern das *Zirkuspferd* zum Vortrag:

C'était un cheval de cirque
Un petit cheval amoureux
L'écuyère le tenait entres ses cuisses
Il en était vraiment très heureux.

Empfangen wurden die Gäste von der rothaarigen Schriftstellerin Anne-Marie Cazalis und ihrer molligen Freundin mit dem schwarzen Zottelhaar Toutoune, die später Juliette Gréco hieß. Es kamen, wie Vian schreibt, allnächtlich mindestens zehn Berühmtheiten und dreißig Bekanntheiten; es kamen Maurice

Chevalier und Orson Welles, die Dietrich, die Garbo und ab und zu auch Sartre, Camus, Queneau und ein bleicher deutscher Maler, die Taschen ausgebeult von Rumflaschen, der Wolfgang Schulz hieß und seine Bilder, die niemand kaufen wollte, mit Wols zeichnete. Und es kamen ungeheure Mengen von Touristen, die man gerne an der Nase herumführte. Boris Vian hatte einen Freund, den er sehr verehrte, einen einäugigen, blutjungen ehemaligen Widerstandskämpfer, den er »den Major« nannte – er starb, als er trunken mit (oder vielleicht auch ohne) Absicht bei einer wilden Party aus dem Fenster fiel. Der »Major«, der ab und zu sein Glasauge herausnahm und auf dem Klavier vergaß, machte sich den Spaß, biedere Paris-Reisende aus Amerika und Skandinavien mit dem verruchten Milieu der Leute, die zwischen Sartres Sein und dem Nichts herumirrten und die irgendeiner Existentialisten getauft hatte, bekanntzumachen. Er führte sie in das *Hôtel Montana* in der kleinen Rue Saint-Benoît – heute ein dichtes Vergnügungszentrum – und zeigte ihnen ein ganz echtes »Existentialistenzimmer«. Im Bett lag Anne-Marie Cazalis, das Gesicht von einer Schönheitsmaske aus Eigelb bedeckt, neben ihr die Gréco ganz in Schwarz. Alexandre Astruc, der später Filmregisseur wurde, saß an einem Tisch und schrieb, den Kopf in einem riesigen Kartoffelsack, wobei er »bei allen Göttern schwor, daß er nur auf diese Weise arbeiten könne«.

Doch wie viele Hunde des Hasen Tod sind, waren auch die vielen Touristen des *Tabou* Tod. Die Clique, auf die es ankam, zog in die Rue Saint-Benoît um, wieder unter das Pflaster, in den *Club du Saint-Germain-des-Prés,* den es heute noch gibt.

Als das *Tabou* starb, stieg eine seiner Gestalten zu Weltruhm auf: Toutoune, das niedliche, dickliche Mädchen, schwarz behost, im schwarzen Pulli zum schwarzen Zottelhaar, wurde zur Muse von Saint-Germain-des-Prés. Mitten im Kriege war sie arm und elend in einer Pension am Jardin du Luxembourg bei einer Schauspiellehrerin gelandet. Mutter und Schwester saßen im KZ Ravensbrück, sie selbst wurde als Fünfzehnjährige nach kurzer Gefängniszeit in Fresnes und Gestapoverhören auf die

Straße gesetzt. Mutter und Schwester kehrten zum Glück lebendig aus der Hölle zurück, aber Toutoune wollte nicht mehr in ihre Heimat nach Montpellier. Sie trat als stumme »Meereswelle« in Claudels *Seidenem Schuh* auf. Sartre schenkte ihr eines seiner Chansons, das er als trister, soeben eingezogener Poilu 1939 im Elsaß gedichtet hatte: *La rue des manteaux blancs.* In den Kabaretts der Rue de la Gaîté sang sie zum ersten Mal ihre schwermütigen Lieder; im *Rose Rouge,* der Geburtsstätte der Frères Jacques und Marcel Marceaus, das in der Nachkriegszeit ebenfalls zu hohem Ruhm erblühte, wurde sie dann endgültig bekannt als Juliette Gréco. Wasserlilienbleich, mit dunklen Antilopenaugen, die Nase vorteilhaft operiert, im schwarzen Etuikleid, prägte sie Moden und Männer. Als Filmschauspielerin (*Orphée, Fiesta, Die Wurzeln des Himmels*) und Chansonsängerin erlangte sie Weltruhm. Bald fünfzig Jahre alt, ist sie »die Gréco«, und wenn sie das Lied singt, das gegen jede Diktatur zum Widerstand auffordert – *Mon fils, chante (Singe, mein Sohn)* –, dann läuft es einem noch immer kalt über den Rücken. Die linke Muse lebt am linken Ufer in der Rue de Verneuil 33. Nach erster Ehe und vielen Freundschaften, nach Krisen und Krawallen, Melancholien und lebensmüden Momenten ist sie mit dem exzellenten Schauspieler Michel Piccoli verheiratet, dem »großen Fresser« und dem »blutigen Hochzeiter«; sie lebt ganz bürgerlich mit ihrer Tochter Laurence und seiner Tochter Anne, die beide gleichaltrig sind. »In ein paar Jahren singe ich nur noch für meine Freunde«, behauptet sie.

Kiki und der *Jockey*

»Ein Ereignis, das den Montparnasse in das Dasein der Snob- und Lebewelt einbezog, war die Eröffnung des *Jockey*.«

ANDRÉ WARNOD

Ein Lokal am Montparnasse der zwanziger Jahre, das stark fre-
quentiert wurde, war der *Jockey,* vor dem die Luxuswagen in
langen Schlangen vorfuhren. Der *Jockey,* Boulevard Montparnasse 126 Ecke Rue de Chevreuse 5 – hier wohnte einmal kurz
Cézanne –, wurde 1923 von dem Schriftsteller Arthur Moss
und dem Maler Hiller Hilaire gegründet. Er bezog seinen Namen jedoch von Barmann Bob, der tatsächlich Jockey gewesen
war. Zunächst siedelte sich das *Dancing Bohemien* in der
Nr. 146 gegenüber an, wo es das hübsche Literatencafé *Caméléon* vertrieb, das an der Ecke Rue Campagne-Première lag, jener Straße, in deren Nr. 17 einst Rilke das Atelier der späteren
Frau Purrmann, Mathilde Vollmöllers, zeitweise bewohnte.
Das *Caméléon* muß hübsch gewesen sein, niedrig, die Wände
mit alten Fässern und Emailletassen, Zeitungen und Plakaten
dekoriert. Es wurde auch die »Sorbonne Parnassienne« genannt. Dichterinnen wie Anna de Noailles konnte man hier im
Gespräch mit Schriftstellern sehen, die den hübschen französischen Namen »homme de lettre« haben, der bei uns als »Mann
des Buchstabens« leider nicht zu übersetzen ist. Doch auch der
Jockey wurde von diesem Ort verjagt, ein hohes Wohnhaus
wuchs darauf empor.
Er zog dahin, wo er sich heute noch befindet. Hinter grün ge-
strichenen Hauswänden, mit Indianern und seltsamen Figuren
bemalt, fristet er sein verändertes Dasein – mehr Touristenfalle
als mondäne Nachtschachtel (boîte de nuit) wie in den zwanziger Jahren. Damals traf sich dort in einem unbeschreiblich engen Getümmel zu Jazzmusik und Hawaii-Bongo ein kosmopo-
litisches Publikum – in der Bar am Eingang konnte man, von
Bob serviert, nur stehend etwas trinken. Die Wände des *Jockey*

waren schräg, schief und mit Plakaten überklebt, und Amerikaner fühlten sich wie in einem echten texanischen Western-Saloon gleich zu Hause.

Attraktion des *Jockey,* der von Foujita, Kisling, Pascin, Derain und vielen amerikanischen Exilierten bis zum Morgengrauen dicht bevölkert war, blieb ein Jahrzehnt »Kiki vom Montparnasse«.

»Es hätte ein Modigliani ihre Gesichtszüge nicht linearer vereinfachen, ein Matisse ihre Formen, das ›Double V‹ ihres Busens, die Acht-Figur ihrer Büste, die Taille, den Schoß nicht sparsamer abrunden können«, begeistert sich Walter Mehring (*Verrufene Malerei)* und zitiert ihre frechen, jedoch niemals wirklich obszönen Chansons: »Mon mari est parti pour l'Espagne. Il m'a laissée sans un sou … Mais avec mon petit trou, j'en gagne … j'en gagne.« Unter ihren Zuhörern saßen mitunter auch Salvador Dali, Paul Eluard und vor allem Hemingway und seine Bande. Zuweilen mischte sich Pascin zwischen die Musiker und schlug auf ein Schlagzeug ein, die Melone schräg auf dem Kopf, im Mund eine Zigarette, »mégot« im Jargon genannt. Zwei seiner Modelle, »La Punaise«, die Wanze, und »La Boule«, die Kugel, brachten ebenfalls leicht anrüchige Liedchen zum Vortrag. Heute sind die Chansons, die dort vor »Paris-by-night«-Touristen aus der amerikanischen Provinz gesungen werden, nur noch grob und ohne Charme. Kiki, Königin vom Montparnasse, wurde als Alice Prin in Bourgignon geboren, woher sie ihre frischen Farben und ihre Haut weiß wie Milch mitbrachte. Sie war eines von sechs unehelichen Kindern. Ihre Mutter, die viel trank, hatte die Väter vergessen. Alice kam als Kind nach Paris, wurde Rüstungsarbeiterin, Schweißarbeiterin, Dienstmädchen bei einem Bäcker und, mit ihrer spitzen Nase und den schwarzen Haaren, Modell, vor allem von Kisling und Foujita. Sie übernachtete in den tristen Zimmern Modiglianis oder auch Soutines – aber sie war mit ihnen nur »copain«. Die Liebe kam 1920 mit Man Ray, dem amerikanischen Fotografen und Surrealisten; sie dauerte zehn Jahre. Kiki sagte beglückt: »Er ist nicht reich, aber bei ihm kriegt man zu jeder Mahlzeit etwas zu essen.« Sie küßten und sie schlugen sich; ab und zu zog Man Ray nach Westernart sogar einen Revolver, wenn es sich auch nur um ein Dada-Spielzeug handelte. Er fotografierte ihren nackten Rücken mit zwei Violinschlüsseln. In seinem schön bebilderten Buch *Montparnasse vivant* schildert J. P. Crespelle, der Journalist, wie die große Liebe endete. Kiki hatte während einer Chanson-Tournee durch die Vereinigten Staaten Man Ray telegrafiert, daß er Geld schicken solle, damit sie eher nach Paris zurückkehren könne. Man Ray schickte das Geld. An der Gare Saint-Lazare holte er sie ab, versetzte ihr ohne jede Erklärung zwei starke Ohrfeigen, und damit war das Ende der Affäre gekommen. Sie nahm neue Liebhaber und eröffnete ein eigenes kleines Nachtlokal *chez Kiki* in der Rue Vavin, ohne großen Erfolg. Auch eine Ausstellung ihrer naiven Malerei ließ die Rubel nicht rollen. Sie wurde erstaunlich fett, mußte während der Okkupation untertauchen, weil sie Flugblätter verteilt hatte, und starb schließlich am 23. März 1953, arm, krank, unbekannt, verwüstet von Trunk- und Drogensucht. Ihrem Sarge folgte nur der Japaner Foujita, doch schickten alle Lokale – *Jockey, Coupole, Dôme* und *Dschungel* – große Kränze. In den zwanziger Jahren hatte sie ihre Memoiren geschrieben, zu denen Hemingway das Vorwort beisteuerte. Kiki, begann er ebenso hart wie unbestechlich, beginne mit achtundzwanzig Jahren bereits wie ihr eigenes Denkmal auszusehen. Die Fotografien jener Zeit zeigen sie tatsächlich in ziemlicher Leibesfülle, immer eine Rose zwischen den Lippen. Sie war das Sinnbild von Triumph und Niedergang des Montparnasse.

Die *Rotonde*

das violette, das chininfarbene Paris stand hinter
der Rotonde auf

MAJAKOWSKI

Zugegeben, die *Rotonde* ist ein ziemlich neues Café, angebaut
an jenes Kino, das in den sechziger Jahren auf dem Platz der alten *Rotonde* entstand. Das Café, im Stil der zwanziger Jahre mit
einer Terrasse dekoriert, ist eine Nachahmung. Dennoch sollte
der Wissende sich dort niederlassen und die Schatten vergange-
ner Zeiten im Trubel des Carrefour Vavin heraufbeschwören.
Nebenan grüßt Balzacs Statue von Rodin, die einst ungeheuren
Ärger verursacht hatte. 1891 bekam der damals noch nicht berühmte Bildhauer von der Societé des Lettres den Auftrag, ein
Denkmal zu entwerfen. Zwei Jahre später – der Ablieferungs-
termin war längst überschritten – gefiel immer noch keiner seiner Entwürfe. 1894 behauptete die Zeitung *Le Temps,* Rodin
habe aus dem Dichter einen »Hanswurst« gemacht; von zehn
weiteren Modellen überzeugte ebenfalls keines. 1898 stellte
der Künstler die Gipsfigur im Salon der *Societé Nationale des
Beaux-Arts* aus und erntete nur Hohn, Spott, Haß, Skandale.
Ähnlich wie über Dreyfus zerstritt man sich leidenschaftlich;
sogar Duelle wurden ausgefochten, und man nannte Rodin den
»Michelangelo des Kropfes«. Für den achtundvierzigjährigen
Rodin setzten sich immerhin einige Persönlichkeiten ein: Mo-
net, Clémenceau, Signac, Debussy, Toulouse-Lautrec, Courteline, Anatole France und Paul Fort. Nur die Bildhauer hielten
sich stark zurück, außer Meunier, Bourdelle und Maillol. Rodin
nahm seinen Balzac in sein Atelier nach Meudon zurück und
sagte über sein Kunstwerk: »Man wird es erst viel später verstehen, da es zu früh für seine Epoche entstand.« Womit er recht
hatte.
Die Statue Balzacs mit dem ausdrucksvollen Kopf und der ge-
drungenen Gestalt im Schlafrock hatte noch viele Wege zu ma-

chen, ehe sie am Carrefour Vavin ihren Ruheplatz fand, lange nach Rodins Tod, der 1917 starb. Sie stand am Boulevard Saint-Germain-des-Prés; erst in den sechziger Jahren kam sie zum Montparnasse.

Sitzt man in der *Rotonde* mit dem Blick auf Balzac inmitten des turbulenten Lebens an der Straßenkreuzung, so kann man sich kaum vorstellen, daß die Ur-*Rotonde* einst eine winzige Vorstadtkneipe war. Erst 1911 bekam die Bar etwas Weltstädtisches. Die »louftingues«, frühe Vorläufer des Dada, ließen sich dort nieder, angetan wie eine Mischung aus Boxer und Medrano-Clown mit karierten Westen und Riesenschlipsnadeln, runde Hüte auf dem Kopf. Zu ihnen gehörten Blaise Cendrars, Modigliani, Kisling und viele andere. Zur »Präsidentin« wurde das schönste Modell gewählt: Pâquerette. Im Hinterstübchen qualmten russische Emigranten bei endlosen Diskussionen ihren Tabak. Der neue Wirt, Père Libion aus der Auvergne, hatte Sinn für arme Künstler, er kaufte ein Schuhgeschäft dazu und vergrößerte so das Etablissement, denn er brauchte mehr Platz. Seine Anweisung, die noch heute am Montparnasse beachtet wird, war großzügig: kein Kellner durfte wegen einer Nachbestellung fragen, auch wenn der Gast bis zu sieben Stunden vor einer leeren Tasse Café crème verbrachte und dazu mehr oder weniger heimlich zehn Croissants verzehrte, von denen er bei der Rechnung höchstens zwei angab. Besonders ins Herz geschlossen hatte Libion den schönen, oft so trunkenen Italiener Modigliani, von dem er mehrere hundert Zeichnungen besessen haben soll, die mit ihm verschwanden, als er das Lokal gegen Ende des Ersten Weltkriegs aufgab.

»Modi« kam täglich in die *Rotonde*, nachdem er den Montmartre verlassen hatte. Maurice de Vlaminck (einst Radrennfahrer) schilderte ihn: »Ich sehe Modigliani wieder vor mir, wie er in der *Rotonde* vor einem Tisch sitzt, sehe seinen herrischen Blick, seine feinen Hände, die mit einem einzigen Streich, ohne jedes Stocken, eine Zeichnung entwerfen … Mit den Gebärden eines Millionärs überreichte er das Blatt, auf das er zuweilen entgegenkommend auch seine Unterschrift setzte, als gäbe er eine Banknote zur Bezahlung eines Glases Whisky, das man ihm gerade angeboten hatte.« Anders beschreibt ihn der Maler Gabriel Fournier in der *Rotonde*: »Wenn er den Gönner gefunden hatte, den er zu suchen schien, ging er, angezogen von der Besonderheit irgendeines Wesenszuges, auf ihn zu, setzte sich an eine Tischecke, öffnete sein Album und fuhr liebevoll mit der Hand über das Blatt. Nun fixierte er starr und eindringlich sein Modell, als ob er es hypnotisieren wollte. Dann begann der Bleistift in allen Richtungen über das Blatt zu huschen, der Künstler schien ruhiger zu werden und summte leise vor sich hin. Er zeichnete erst verschiedenartige Arabesken, unterbrach plötzlich die Arbeit, strich mit der Handfläche über das Papier, um sich wieder mit großem Eifer an ein Detail zu machen. Gefiel ihm der erste Entwurf nicht, blickte Modigliani mit gleichgültigem und leerem Blick um sich, bevor er nervös ein neues Blatt vornahm, das er heftig bearbeitete. Dann warf er den Kopf noch weiter zurück, signierte lässig seine Zeichnung, überließ sie dann seinem Modell gegen ein Glas Gin und verschwand. Alles geschah bei ihm, gleichgültig wie betrunken er gerade war oder wie schlecht es ihm ging, mit aristokratischer Würde.« Modigliani war als Jüngling – er kam mit zweiundzwanzig Jahren 1906 nach Paris – schön wie Apoll im immer gleichen, von ihm selbst gewaschenen Cordsamtanzug. Oft deklamierte er ganze Passagen seines Lieblingsdichters Dante, vor allem aus dem *Inferno*, oft randalierte er und wurde rausgeschmissen. Gern ging er zu *Rosalie* in die Rue Campagne-Première 3 – jenes Haus, das ich 1972 bereits mit dunklen Fensterhöhlen zum Tode verurteilt und ausgeräumt stehen sah und das dann verschwand, um einem »Grand Standing«-Luxusgebäude Platz zu machen. In trüben Lettern stand damals noch der Name *Chez Rosalie* an der geschwärzten Hauswand. Rosalie, einst Modell des amerikanischen Malers Whistler in der Rue d'Assas, starb 1933. Sie war großzügig zu allen Malern, die kein Geld hatten, eine wahre Sozialistin. Feine Damen im Pelz ließ sie nicht herein. »Pelzmäntel gehören auf die Champs-Elysées«, sagte sie, »dies ist ein Restaurant für arme

Leute. Gutes Essen für arme Maler. Geht weg, ihr Reichen, bei mir kriegt ihr nichts.« Doch nach dem Bankkrach 1929, als auch die Reichen ärmer wurden, öffnete sie ihnen ihre Türen: »Die sind doch an gute Dinge gewöhnt, und nun haben sie kein Geld.« Sie bot einfache, gut gekochte Hausmannskost. Das Menü wurde mit Kreide auf eine Tafel geschrieben, fahrende Musiker spielten gern bei ihr für ein Glas Wein, und keiner ging hungrig fort. Pech für Rosalie war nur, daß sie eines Tages nach dem Tode Modiglianis hörte, seine Zeichnungen seien viel Geld wert. Im Keller hatte sie eine Menge davon gestapelt. Aber als sie die Kostbarkeiten freudig hervorkramen wollte, stellte sie fest, daß Ratten die unschätzbaren Blätter zernagt und zerstört hatten. Zweimal verkaufte Rosalie ihr Restaurant, doch die Gäste blieben ohne sie und ihr breites Lachen fort; zweimal kaufte sie das Restaurant zurück und brachte es wieder in Schwung.

Von *Rosalie* zur *Rotonde* war es nicht weit, ein paar hundert Meter nur. Alltäglich und allnächtlich war Modigliani dort oder gegenüber im *Dôme* zu finden, seit er 1913 zum Montparnasse gezogen war. Anfangs hatte er in der Rue Caulaincourt am Montmartre gehaust und schon dort oft zusammen mit Utrillo exzessiv zu trinken begonnen. So tauchte er mitunter schon zum Frühstück die Croissants statt in den Kaffee in Absinth. In der *Rotonde* lernte er 1914 die Frau kennen, die als erste für sein Leben bedeutender wurde als all die kleinen, hübschen Modelle, die er so ausgiebig geliebt hatte: Es war die Engländerin Beatrice Hastings, die schon durch ihren Vornamen für den Dante-Verehrer vorbestimmt war. Sie hat später über ihn geschrieben: »Ein komplizierter Charakter. Ein Schwein und eine Perle. Traf ihn 1914 in einer Konditorei. Ich saß ihm gegenüber. Haschisch und Brandy. War nicht besonders beeindruckt. Wußte nicht, wer er war. Er sah häßlich, wild und gierig aus. Traf ihn wieder im Café *Rotonde*. Er war rasiert und sah bezaubernd aus. Zog seine Mütze mit einer hübschen Bewegung, errötete und bat mich, mit ihm zu kommen und mir seine Werke anzusehen. Und ich ging.«

Sie blieb. Bis 1916 lebten sie zusammen, zumeist in ihrer Wohnung in der Rue Montparnasse 11, die auf einen kleinen Hofgarten hinausging und heute noch vorhanden ist. Er hat die spröde Beatrice oft als Akt gemalt, eine fast keusche, zarte Nackte mit hochmütig geschürztem Mund. Man glaubt es kaum, daß die Polizei diese Bilder 1918 aus dem Galeriefenster der tapferen Berthe Weill wegen Unzüchtigkeit entfernen ließ. Beatrice und Amedeo waren kein stilles Paar. Sie tranken beide viel zuviel Brandy – bis sie ihn dann 1916 schließlich verließ und zurück nach England fuhr.

Wiederum in der schicksalsträchtigen *Rotonde* lernte der Maler aus Livorno 1917 seine letzte Liebe kennen, die neunzehnjährige Kunstschülerin Jeanne Hébuterne, genannt Kokosnuß. Von ihr trennte er sich nicht mehr. Sie bekam eine Tochter von ihm, und er malte sie mehrfach auf dem gleichen roten Stuhl mit offenen oder hochgesteckten Haaren und hell verschwimmenden Augen ohne Pupille. Im länglichen Oval des Gesichts erfaßte er wunderbar die Wandlung vom träumerisch-ernsten Mädchen zur melancholisch-umschatteten Frau. Es war seine kreativste Periode: Von 1915 bis Anfang 1920 malte er 300 Bilder, seine besten. Um diese Zeit war er nicht mehr schön. Zadkine, mit dem er seit 1914 befreundet war, schildert ihn mit »einem zerfurchten Gesicht, dessen Falten die stürmischen Rotweinsaufereien und der Rauch der Haschischpfeifen gegraben hatten«. Es war nicht Haschisch, sondern Canabis indica, Hanf. »Das ehemals so schöne Kinn war oft genug von schwarzen Borsten bedeckt. Schöne, wirre Locken bedeckten die eigenartigerweise faltenlos gebliebene Stirn.«

Das Ende der beiden Liebenden nach kaum drei Jahren war schrecklich. Das Paar wohnte in einem ärmlichen Atelier in der Rue de la Grande-Chaumière 8. Man kann hineingehen und die steile Treppe hochschauen, über die man den Sterbenden hinuntertrug. Die letzte Woche hatten beide offenbar total apathisch im Bett liegend verbracht. Jeanne war hochschwanger, der tuberkulöse Amedeo schwer erkrankt. Die Tuberkulose hatte bereits die Hirnhaut ergriffen. Der sechsunddreißigjährige Modigliani hatte zu seinem Freund Ortiz de Zarate, einem Maler aus Spanien, gesagt: »Du weißt, ich verfüge nur noch über ein kleines Stückchen Hirn, ich spüre wohl, daß es zu Ende geht.« Übermäßiger Alkoholgenuß und Rauschgift hatten ihn zusätzlich zerstört.

Zarate, der eine Woche abwesend gewesen war, ließ die Tür des Ateliers aufsprengen. Den herbeigeeilten Freunden – darunter auch der getreue polnische Kunsthändler Zborowski – bot sich ein schauriges Bild. In dem eiskalten Zimmer lagen aufgebrochene Ölsardinenbüchsen, von denen das Paar in letzter Zeit gelebt hatte, sonst nichts. Der Arzt ließ Modigliani in die Charité in die Rue des Saints-Pères bringen. Heute erhebt sich hier die scheußlich-monumental im Stil des Dritten Reiches erbaute »Medizinische Fakultät«. Amedeo lebte nur noch ganz kurz. Seine letzten Worte sollen der Überlieferung nach »Cara Italia« gewesen sein, als er am 25. Januar 1920 starb. Der Maler Kisling nahm die Totenmaske ab.

Einen Tag später stürzte sich Jeanne Hébuterne, die zu ihren Eltern zurückgekehrt war, aus dem Fenster der Wohnung, die im fünften Stock in einer kleinen Straße hinter dem Panthéon lag. Erst drei Jahre später wurde ihr Sarg vom Friedhof Bagneux zum *Père-Lachaise* überführt. »Amedeo Modigliani Pittore« und »Jeanne Hébuterne Compagna devota fino all Estremo Sacrifizio« steht auf dem Grabstein. Das Grab liegt im jüdischen Teil des Friedhofs.

Die Sage geht, daß der Kunsthändler Ambroise Vollard, der Modigliani ein Bild nicht abkaufen wollte, weil es 300 Francs kosten sollte, es für 30000 nach seinem Tode kaufen wollte. Doch vergeblich. Es war indessen schon 300000 Francs wert.

1965 ersteigerte Werner Schmalenbach das wunderbare *Bildnis des Dichters Max Jacob* für 450000 Mark und bezahlte für die Kunstsammlung Nordrhein-Westfalen sofort bar. Die französische Regierung wollte das Werk des Italieners aus »nationalen Interessen« nicht ausführen lassen, mußte jedoch nachgeben. Inzwischen ist der Wert auf eine Million Mark gestiegen. Und die Deutschen haben nun wenigstens das Porträt des

Schriftstellers und Freundes aller Maler seiner Zeit, den sie in Drancy elend im KZ sterben ließen und dessen Bücher kaum übersetzt wurden. Amedeos und Jeannes Tochter, Jeanne Modigliani-Nechtheim, wuchs zunächst bei seiner Mutter in Livorno auf und lebte dann in Paris. Sie wehrt sich gegen romanhafte Biographien und Filme über ihren Vater und gegen die vielen Fälschungen seiner Bilder. Und sie mußte sich als junges Ding lange gegen all die vielen weinenden älteren Frauen wehren, die bei ihr erschienen und behaupteten, sie seien Mätressen ihres Vaters gewesen, was wohl zum größten Teil auch stimmte, sie jedoch langweilte.

Natürlich bemächtigte sich auch der Film des »prince de la bohème« und machte daraus eine Kitschgeschichte. Gérard Philippe, der Darsteller des Malers, war genauso alt und ebenso schön wie Amedeo, als er mit sechsunddreißig Jahren starb.

Picasso am Montparnasse

Es kamen natürlich sämtliche Maler in die *Rotonde,* seitdem Picasso vom Montmartre zum Montparnasse hinabgestiegen war. Er hatte die schöne Fernande zugunsten Marcelle Humberts, die er seinem Freund Marcoussis ausspannte, verlassen. Ilja Ehrenburg gibt eine höchst lebendige Schilderung der Brasserie: »Die *Rotonde*«, schreibt er im ersten Band seiner Memoiren, »raubte niemandem den Seelenfrieden – sie zog Leute an, die seiner bereits ledig waren.« Der gut beobachtende Russe schildert die Besucher: »Max Jacob erschien bereits am Tage im Abendanzug, das gestärkte Hemd leuchtete, im Auge blitzte ein Monokel. Ein Indianer im Federschmuck stellte seine Pastellzeichnungen aus. Die Negerin Aischa warf ihren blauschwarzen Lockenkopf zurück und lachte, die Zähne schimmerten im Halbdunkel. Der Bildhauer Zadkine erschien im Arbeitsdreß in Begleitung einer gewaltigen dänischen Dogge, das Modell Margot zog sich wie gewöhnlich aus … In der allerdunkelsten Ecke saßen regelmäßig Krémègne und Soutine … wer hätte gedacht, daß sich einmal die ganze Welt um die Arbeiten dieses schmächtigen Jünglings aus dem Judennest Ssmilowitschi reißen würde?«

Auch als der Erste Weltkrieg ausgebrochen war, redeten die Maler weiter über den Kubismus, soweit sie nicht als Soldaten an die Front mußten. Gertrude Stein stand bei Kriegsausbruch mit Picasso am Boulevard Raspail, als ein getarnter Kriegslastwagen vorüberfuhr. »Es war Abend«, schreibt sie in ihrem Picasso-Porträt, »wir hatten von Tarnungen gehört, aber noch nichts dergleichen gesehen, Picasso betrachtete den Wagen staunend und dann rief er: ›Das haben wir ja gemacht, es ist der Kubismus!‹« Er wohnte um diese Zeit in der Rue Schoelcher 5 und schaute von seinem Atelier auf den Friedhof von Montparnasse. Das Haus im schönsten Jugendstil steht noch, es sieht freilich verwahrlost und halbleer aus. Hoffentlich wird es nicht verschwinden. Hier lebte Pablo mit der zartgliedrigen Marcelle 1913 bis 1916, der er auf seinen Bildern als »la Jolie« oder »Eva« huldigte. Es gibt nur eine Fotografie von ihr; in ihrem japanischen Kimono gleicht sie darauf einer bezaubernden Puppe. Picasso ließ sich in seinem Atelier vor kubistischen Bildern dreimal in einer Art Striptease fotografieren, erst mit Arbeitermütze, langen Hosen und weiter Arbeiterjacke, dann im offenen Hemd und Unterhose und schließlich in der Pose des Ringkämpfers, halbnackt, nur mit der Hose, aufgerollten Strümpfen und Schuhen bekleidet, die dunklen Augen intensiv blitzend, die Hände zu Fäusten geballt, die schwarze Haartolle in der Stirn, ein untersetzter, starker Stier. In der Rue Schoelcher feierte er seinen ersten kapitalistischen Triumph. Im *Hôtel Drouot*, dem berühmten Versteigerungshaus mit den blutrot bezogenen Wänden, erwarb der deutsche Kunsthändler Tannhäuser am 2. März 1914 das berühmte Gauklerbild *La famille des saltimbanques* für 11 500 Franken.

Das einhundertfünfundzwanzigjährige *Drouot* in der Rue Drouot kann sich seit dieser Zeit kaum verändert haben. Ein ständiges »living theatre« spielt sich dort ab, das man – ohne einen Sou Eintritt zu zahlen – unbequem stehend sehr genießen kann, auch wenn man nicht mitsteigern will. Die verschiedenen Säle in zwei Stockwerken bieten Schätze aller Art, von der untersten Flohmarktgrenze bis zum teuersten Louis-quinze-Möbel und echten (oder auch unechten) Kunstwerken aller Epochen. Menschen aller Rassen und Klassen schieben sich durch die Flure, gierige Gesichter, von Daumier entworfen, uralte Tandlerinnen, Damen im Nerz, abgefeimte Händler, junge Liebespaare, Clochards, Abgewetzte und Elegante, Arme und Reiche, Sammler und Gauner. Man kann dort Tage nur mit Schauen verbringen.

Als Picasso den hohen Preis erzielte, klatschten die Zuschauer, Mitsteigerer, Händler und Maler begeistert in die Hände. Er war ein gemachter Mann.

Picassos Wohnungen in Paris

Ungefähr zwölf verschiedene Unterkünfte, Wohnungen, Ateliers hat Picasso in Paris gehabt, seit er im Oktober 1900 zum ersten Mal an der Gare d'Orsay angekommen war. Neunzehn Jahre alt und arm wohnte er, wo es billig war: am Montmartre, in der Rue Gabrielle 49, das Haus gibt es noch. Auf der nächsten Pariser Reise ein Jahr später zog er auf den Boulevard Clichy 130 in den obersten Stock. Die dritte Wohnung war ein ziemlich schäbiges Hotel, damals *Hôtel des Écoles,* heute *Hôtel Central* in der Rue Champollion, im 5. Arrondissement.

Schließlich wohnte er auch in der heute so quicklebendigen Rue de Seine 57, in der in jedem zweiten Haus mindestens eine Galerie lockt, im *Hôtel du Maroc* (später *Hôtel Louis XV.*), fühlte sich jedoch unglücklich. Er fror so, daß er aus seinen Skizzen ein wärmendes Feuerchen bereitete, und zeichnete sich selbst in dickem Mantel mit dünnem Hund und traurigem Profil. Das war im Winter 1903. Dennoch scheint er sich, wieder in Spanien, nach Paris gesehnt zu haben. Seinem neuen Freund Max Jacob schreibt er: »Mein alter Max, ich denke an das Zimmer Boulevard Voltaire (wo Jacob wohl wohnte), an die Omeletts, die Bohnen und den Brie-Käse und an die Pommes frites. Aber ich denke auch an diese Tage des Elends, und das ist recht traurig. Und ich erinnere mich an die Spanier der Rue de Seine mit Widerwillen. Ich werde den Winter hierbleiben, um etwas zu machen. Ich umarme Dich, Dein alter Freund Picasso.« Der Alte war damals zweiundzwanzig Jahre alt.

1904, als Picasso beschloß, sich endgültig in Paris niederzulassen, fand er den Ort, der später durch ihn legendär wurde, das *Bateau-Lavoir* an der Place Ravignan 13 (heute Emile-Goudeau). Er zog in das Atelier seines spanischen Freundes, des Bildhauers Paco Duro, und blieb bis 1909. Zeit seines langen Lebens sollte er sich an die glücklichen Tage im »Wäscherschiff« erinnern; einige Flohmarktmöbel von dort schleppte er von Wohnung zu Wohnung, von Schloß zu Schloß.

Reicher geworden, zog er – noch mit Fernande – 1909 zum Boulevard Clichy 130 in eine große Wohnung. Das Haus gibt es ebenfalls noch. Sein Atelier ging auf einen baumbewachsenen Hof hinaus. Vier Jahre später floh er mit Eva »la Jolie« für ein paar Monate an den Boulevard Raspail 242, dann in die Rue Schoelcher 5. Nach ihrem Tode 1916 ging er in den Vorort Montrouge, Rue Victor-Hugo 22. Es kam die Flucht nach Rom in die Ballett-Welt, in die ihn der »Engel Heurtebise« in Gestalt von Cocteau entführte, die Arbeit an Dekor, Kostümen und Vorhang für Cocteaus Ballett *Parade* (Musik Eric Satie), das bei der Uraufführung in Paris 1917 einen Skandal verursachte und die Liebe zu der damals noch schönen unschuldigen Ballerine Olga Khokhlova entfachte. Sie brachte es fertig, ihn zum Traualtar zu schleppen. Die Hochzeit fand in der russischen Kirche in der Rue Daru am 12. Juli 1917 statt; Trauzeugen waren Apollinaire, der verwundet auf Urlaub kam, Diaghilev und Cocteau. Das junge Paar fuhr zunächst in den Midi und zog, ehe die Wohnung in Paris fertig wurde, eine Weile in das *Hôtel Lutétia* (hier erfuhr Picasso den Tod seines Freundes Apollinaire), um dann für Jahre in der Rue La Boëtie 23 im sechsten Stock zu wohnen, wo der nichtsnutzige Sohn Paolo geboren wurde. Nach einer Reihe kriegerischer Jahre ging die Ehe 1935 endgültig zu Bruch, als Olga – indessen matronal und noch dümmer geworden – auszog und fortan in der Rue de Berry im *Hôtel Californie* wohnte. Die Scheidung, die Picasso einreichte, kam niemals zustande, doch schon 1931 hatte er vor dem Warenhaus Galerie Lafayette eine siebzehnjährige blonde Schweizerin angesprochen, Marie Thérèse Walther, die ihm 1935 seine Tochter Maja (ohne Trauschein) gebar und die er zeit seines Lebens gern hatte.

Marie Thérèse zog auf die Isle Saint-Louis an den Boulevard Henri IV, dort besuchte Picasso sie häufig, auch in der Besatzungszeit, und verfertigte für seine Tochter, die er hinreißend zeichnete, entzückendes Spielzeug. Er selbst, wieder zum Junggesellen geworden, wohnte noch eine Weile allein in der Rue La Boëtie, bis er durch seine zweite Gespielin neben Thérèse, Dora Maar, die berühmte Atelierwohnung in der Rue des Grands-Augustins 7 fand, in die er 1942 endgültig einzog. Dora Maar, die er im *Café des Deux Magots* kennengelernt hatte, die etwas düstere Freundin eines Surrealisten, Malerin und Fotografin, wohnte um die Ecke in der Rue de Savoie.

In dem uralten Haus in der Rue des Grands-Augustins mietete er den *Grenier de Barrault*, ein riesiges Atelier, das einst Barrault für sein Experimentiertheater benutzt und in dem er in einer Art Kommune gehaust hatte. Hier entstand das Bild *Guernica*.

Das Haus aus dem siebzehnten Jahrhundert, das alte Palais Savoie-Carignan, wirkt guterhalten und nicht einmal besonders alt. Der Hof hinter dem großen Portal sieht nach Werkstätten aus. Tatsächlich hat Balzac in der Erzählung *Le chef-d'œuvre inconnu (Das unbekannte Meisterwerk)* hier Künstlerwerkstätten angesiedelt, was dem Magier Picasso, der das Werk 1931 illustriert hatte, natürlich Spaß machte. Kein Schild deutet darauf hin, daß Picasso hier im Kriege malte und lebte, während er schon Schloßbesitzer war. Françoise Gilot, die er, als sie einundzwanzig Jahre alt war, im Mai 1943 in seinem Lieblingsrestaurant *Catalan* kennenlernte, beschreibt in ihrem Buch *Leben mit Picasso,* wie sie Pablo zum ersten Mal mit ihrer Freundin, der Malerin Geneviève, besuchte. Sie gingen eine enge Treppe hoch, wurden vom Sekretär Sabartès empfangen, durch einen langen Vorraum mit Pflanzen, Vögeln und Turteltauben in einen zweiten Raum geleitet. »Ich sah verschiedene alte Louis-XIII.-Sofas und -Stühle, auf ihnen lagen Gitarren, Mandolinen und andere Musikinstrumente herum ... Der Raum hatte ausgezeichnete Proportionen, aber alles war in einem großen Durcheinander ... Das nächste Zimmer war ein Atelier, das fast ganz mit Skulpturen angefüllt war ... Über eine kleine Wendeltreppe an der anderen Seite des Raumes stiegen wir zum zweiten Stock von Picassos Wohnung hinauf. Oben war die Decke viel niedriger. Wir betraten ein großes Atelier. Weiter hinten in diesem Raum sah ich Picasso, umgeben von sechs oder acht Leuten. Er trug eine alte Hose, die lässig von seinen Hüften herunterhing, und einen blaugestreiften Seemannssweater.«

Die Gilot schildert in ihrem spannend-boshaften Buch auch, wie sie mit Picasso nach dem Kriege in die alte Wohnung in der Rue La Boëtie ging, die er fünf Jahre lang nicht mehr betreten hatte und die ihr wie eine Art verstaubte Ali-Baba-Wunderhöhle vorgekommen sein muß. Kein Deutscher hatte während der Okkupation diese Wohnung je betreten. Auf den aufgeschlagenen Doppelbetten lag der Staub von fünf Jahren, auf dem Nachttisch moderten Reste eines versteinerten Frühstücks, an den Wänden hingen noch die sieben kleinen Bilder von Corot. In einem der Wandschränke hingen fünf oder sechs Anzüge »wie tote Blätter, die ganz transparent geworden waren, nur das Geflecht der Fasern war noch übrig«. In der Speisekammer waren Gelee und Marmelade in den Töpfen kristallisiert, in seinem Atelier, einen Stock höher, waren Bilder in allen Größen aufgestapelt und auf dem Fußboden lagen Hunderte von leeren, aufgeplatzten Farbtuben verstreut. An den Zweigen einer verdorrten Pflanze hatte er einen bunten Staubwedel und verschiedenfarbige Zigarettenschachteln neben einem Vogelschnabel aufgehängt, das alles hatte etwas ergeben, das »mehr nach Picasso aussah, als irgend etwas, das bewußt zusammengestellt worden wäre«.

1951 mußte Picasso die Wohnung nach einem verlorenen Prozeß aufgeben, der unglückliche Sekretär Sabartès den ganzen Inhalt klassifizieren und in siebzig Kisten verpacken.

Doch wo auch immer er in Paris wohnte – in Restaurants und Brasserien ging Picasso gern, zu *Lipp*, ins *Café Flore*. Als junger Maler, der den Montmartre verlassen hatte, besuchte er nun natürlich die Lokale am Montparnasse. Nach Evas Tod machte er einen melancholischen Eindruck. »Er fühlte sich nicht recht wohl in seiner Haut, er suchte die Gesellschaft anderer und führte dennoch ein Einsiedlerdasein. Abends erschien er in einem alten lakritzefarbenen Regenmantel mit einer schwarzweißkarierten Stallburschenmütze in der *Rotonde*. Er setzte sich finster und wortlos im Hintersaal nieder, der den Stammkunden reserviert war, und beobachtete mit trübem Blick das Kommen und Gehen der Gäste. Man war versucht, ihn für völlig geistesabwesend zu halten, so wenig schien er sich um die Unterhaltung seiner Tischgenossen zu kümmern, aber wie schon im *Els 4 Gats* (seinem Lieblingslokal in Barcelona) nahm er manchmal unversehens am Gespräch teil, wenn irgend etwas sein Interesse erweckte.« Auch Trotzki, der aus der *Rotonde* sein Hauptquartier gemacht hatte, mußte sie verlassen, als er 1915 ausgewiesen wurde.

Vor dem Kriege war die Brasserie geradezu ein russisches Revolutionärszentrum gewesen. Martov, Lunartscharski, Tschitscherin, Trotzki und Ilja Ehrenburg (in dessen Memoiren der Name Trotzki nicht vorkommt) verkehrten hier. Ob aber Lenin pausenlos an dieser Stätte mit Trotzki Schach gespielt hat, bleibt zweifelhaft. Häufig erschien er bestimmt nicht am Montparnasse, meist blieb er in seinem Viertel in der Gegend der Avenue d'Orléans, die heute Avenue du Général Leclerc heißt. Kriege verändern Straßennamen, sogar Kriege, die man nicht gewonnen hat.

Majakowski in Paris

Da es viel Polizei-Razzien wegen der Russen gab, verkaufte Père Libion seine Goldgrube und entschwand. Das Lokal verfiel in eine Art Dornröschenschlaf, um nach dem Krieg wieder wie Phönix aus der Asche zu steigen, lebendig, international, aufregend. Alles hockte wieder zusammen, die ganze École de Paris, dazu die Schriftsteller Blaise Cendrars, Cocteau, Salmon, die Maler Léger, Vlaminck, André Lhote, der Futurist Severini, Diego Rivera, ein Mexikaner, der später in seiner Heimat berühmt wurde, Archipenko, Zadkine, Chagall, die Polen Kisling und Lipchitz, Foujita, dessen Weizen stark zu blühen begann und der zum Modemaler avancierte, Pascin und Per Krogh und die von beiden geliebte Frau Lucie Krogh. Im November 1922 erschien auch auf seiner siebentägigen Blitzreise der russische Revolutionslyriker Wladimir Majakowski zum ersten Mal im Café am Carrefour Vavin, ein auffallender Hüne mit breiten bunten Krawatten, die dichten dunklen Haare total abrasiert; scharf akzentuiert standen die schwarzen Pupillen im Weiß der großen Augen, breit war der Mund mit den schön geschwungenen Lippen, tief sein Baß, eine hinreißend seltsame Erscheinung.
Die sieben Majakowski-Tage müssen für den Dichter, der aus Berlin kam, wie ein einziger Rausch gewesen sein. Was für ein Programm hatte er aber auch vom 19. bis 25. November absolviert! Sie waren, wie er sagte, »bis zum Platzen von Erlebnissen überfüllt«. In seiner Majakowski-Biographie zählt Hugo Huppert das Programm auf. Es ist überwältigend. Wladimir Wladimirowitsch besuchte zunächst Picasso in seinem Atelier in der Rue La Boëtie 23. Das Haus steht noch, wirkt aber mit einem Teppich- und Stickereigeschäft heute äußerst uninteressant. Picasso hat sich hier mit seiner Ehefrau, der dummen, snobistischen russischen Tänzerin Olga Khokhlova, trotz der Geburt

des Sohnes Paolo, verdammt gelangweilt. Das Dasein eines »homme du monde«, zu dem sie ihn zwang, ödete ihn an. Es war übrigens das einzige Mal, daß er auf einem Ball bei dem Gesellschaftslöwen Comte de Beaumont erschienen war. Davon war freilich kaum die Rede zwischen dem Poeten und dem Maler. Majakowski schilderte ein Jahr später Picasso in seinen Reisenotizen: »Ein untersetzter, dunkler, energischer Spanier – inmitten einer von Bildern verhängten Wohnung.« Der Russe fragte sich, ob Picasso etwa wieder zum Klassizismus neige. Dazu muß man wissen, daß die frühen Jahre der russischen Revolution in künstlerischer Hinsicht stark avantgardistisch geprägt waren. In Moskau als einer Metropole der Moderne wurden die Häuser bizarr bemalt; Filme, Theater, Dichtkunst, Architektur und die Malerei der Futuristen, der Majakowski huldigte – das alles brodelte vulkanisch, bis die grauen Funktionäre einer kleinbürgerlichen Stalin-Welt alles einstampften, erstickten, verdammten und mit dem Mehltau der Staatskunst überzogen. Wozu freilich auch beitrug, daß Lenin keine Spur musisch war und von Kunst keine Ahnung hatte. So schrieb Majakowski die heute kaum glaubhaft klingenden Sätze: »Ich kann alle Befürchtungen zerstreuen. Es gibt bei Picasso keinerlei Rückkehr zu keinerlei Klassizismus. Sein Atelier ist voll von verschiedensten Dingen – angefangen bei einer kleinen, sehr realen, ganz in frühem antiken Stil gehaltenen Szene in bläulichem Ton mit Rosa, aufgehört bei einer Konstruktion aus Blech und Draht.« Da riet doch der Dichter (der ja auch Maler war) dem Spanier, das französische Parlament, das ehrwürdige Palais Bourbon, einfach anzumalen. ›Warum‹, fragte ich, ›übertragen Sie Ihre Malerei nicht auf die Seitenwände Ihrer Deputiertenkammer? Im Ernst, Genosse Picasso, so wird sie besser sichtbar sein.‹ Picasso schüttelte schweigend den Kopf. ›Ihr habt es gut, bei euch gibt's keinen Polizeisergeanten eines Monsieur Poincaré.‹ ›Pfeifen Sie doch auf die Sergeanten‹, rate ich ihm, ›holen Sie in der Nacht ein paar Farbkübel und gehen Sie in aller Ruhe streichen. Bei uns hat man ja sogar das Passionskloster angestrichen.‹ Monsieur Picassos Frau bekommt, obwohl sie an der

Realisierungschance meines Vorschlags gewisse Zweifel hat, leicht angst-geschminkte Augen. Doch die ruhige Pose Picassos, der sich offenbar bereits damit abgefunden hat, daß er nie mehr etwas anderes als Bilder machen wird, bringt die Welt wieder in Ordnung.« Soweit Majakowskis Bericht. Picasso war nur der Anfang der Pariser Besichtigungen. Stürmisch ging es weiter: Wladimir Wladimirowitsch besuchte die Ateliers von Delaunay, Léger und Braque, der damals schon am Parc de Montsouris wohnte (das Haus ist unverändert, Rue du Douanier 6), er besuchte den Pariser Herbst-Salon im Grand Palais und viele Galerien, er ging in das *Théâtre Maillol,* die Alhambra und delektierte sich an den schönen nackten Leibern der Damen von den Folies Bergères. Er traf Igor Strawinski in der Klavierfabrik Pleyel, besuchte Jean Cocteau, der mit dem jungen Raymond Radiguet befreundet war, und ließ sich mitnehmen auf die Beerdigung Marcel Prousts, der am 18. November 1922 in Paris gestorben war.

Kannte er Proust? Hatte er von der Welt Swanns, Albertines, der Herzogin von Guermantes und des dekadenten Barons de Charlus je etwas gelesen? Die dämonisch-preziöse Konversationskunst der Proustschen Aristokraten in den Salons, die meisterhafte Beschreibung der Toiletten, Gerüche, Gefühle genossen – er, der ein Proletarier sein wollte, der flammensprühende Revolutionär? Das ist schwer vorstellbar. Da standen im schwarzen Trauerhabit der Comte de Greffulhe, die Prinzessin Marie Murat, der hochmütige Nationalist Maurice Barrès und der Katholik François Mauriac, Léon Daudet und sein Feind Astruc; da war der kleine Hund, der sich losgerissen hatte und sich kläffend unter dem aufgebahrten Sarg in der Kirche Saint-Pierre-de-Chaillot versteckte. Was mag er gedacht haben, der Dichter aus dem unendlich fernen Rußland Lenins, als er das Leichenbegängnis Marcel Prousts sah? Von dem langen Leichenzug hatten sich zwischendurch Cocteau und sein düsterer Freund Raymond Radiguet entfernt. Sie verschwanden im *Bœuf sur le Toit* in der Rue Boissy-d'Anglas 28, der Bar, die Cocteau mitbegründet hatte (schräg gegenüber vom »Sattler

von Paris« Hermès) und die leider einem banalen Friseurge-
schäft gewichen ist. Die beiden Beerdigungsschwänzer ließen
es sich kurz im *Bœuf* wohlsein und aßen Eierkuchen à la Moysés
– er war der Besitzer des mondänen Lokals – und fuhren dann
schleunigst im Taxi auf den Friedhof *Père Lachaise*. Wie muß
dem russischen Förstersohn, der in Georgien geboren wurde
und der Lenin wie einen Heiligen verehrte, die elegante Ver-
sammlung der Haute Bourgeoisie vorgekommen sein, als man
den genialen Schilderer dieser Gesellschaft hoch oben auf dem
Friedhof *Père Lachaise* neben seinen Eltern im Grabe »à per-
pétuité« beisetzte – gekauft auf Ewigkeit. Kurios? Abstoßend?
Lächerlich?
»Bin Zyniker«, hatte Majakowski über sich gesagt, »dessen
Blicke Fettflecke auf den Anzügen aller, die sie treffen, hinterlassen. – Flecke von der Größe einer Untertasse. Bin ein
Droschkenkutscher – kaum drängt sich so einer in den Salon,
schon hängen ihm die Worte seiner Profession, der Dialektik
des Salons zuwider, wie schwere Beile in der Luft.« Ein Beil im
Proustschen Salon also. Nur in einem glich er ein wenig dem
»Romancier des Jahrhunderts«, den man da zu Grabe trug: in
der Hypochondrie. Seit sein Vater an einer kleinen Finger-
wunde an Blutvergiftung gestorben war, hatte Wladimir, der
damals erst dreizehn Jahre alt war, Angst vor Bazillen. Er trug
ständig Handschuhe und ein Stück Seife in der Jackentasche,
um sich sofort nach einem Händedruck waschen zu können;
den Kaffee in der *Rotonde* saugte er mit einem Strohhalm ein,
weil ihm der Tassenrand zu schmutzig erschien.
Im Jahre 1922 lebte der Lyriker bereits in einer schwierigen
Ehe zu dritt mit der wunderbaren Lilja und ihrem Mann Ossip
Brik, den viele einen Intellektuellen und manche einen Weisen
nannten. Lilja, in Briefen als »Teure, Blendende und meine
einzige kleine Sonne, Füchslein« von ihm angeredet, liebte er,
seit er sie mit dreiundzwanzig Jahren zum ersten Mal getroffen
hatte. Die Zarte mit den rotgoldenen Haaren und den großen
Augen – »zwei tiefbraune, heiße, glühende Kreise« – war die
Liebe seines Lebens beinahe bis zu seinem Tode. Ein unglei-

ches Paar, sie elegant, spielerisch, verwöhnt, unberechenbar und bezaubernd, er – wie Ehrenburg ihn beschrieb – »groß, mit einem schweren Unterkiefer, mit Augen, die zwischen Traurigkeit und Härte schillerten, laut, ungelenk, jederzeit bereit, in eine Rauferei einzugreifen, halb Athlet, halb Träumer, die Kreuzung zwischen einem mittelalterlichen Jongleur und einem fanatischen Ikonenstürmer«. In Paris suchte er auf seinem Sieben-Tage-Trip vergeblich Anatole France auf und auch Barbusse. Einen Tag vor der Abreise gaben die russischen Maler für ihn ein Bankett, auf dem der Neunundzwanzigjährige Lyrik zitierte, mit diesem volltönenden dunklen Baß, der ihn mitunter wie ein Naturereignis erscheinen ließ. Zwei Jahre später ist Majakowski im November wieder in Paris. Er trifft die Schriftstellerin Elsa Triolet, die Schwester von Lilja, die er anfangs auch ein wenig geliebt hatte. Diesmal kommt er nicht mehr kahl, sondern mit ungebärdigem dunklem Haarschopf.

In Paris stand unser Dichter mit skeptischem Blick unter der Menge, als man den 1914 ermordeten Jean Jaurès in den Panthéon umbettete. Er hielt das für üble Heuchelei: »Camerade Jaurès, zum zweiten Mal sucht dich der Revolverlauf«, dichtete er in einem langen Poem. Später sah man ihn in der Rue de Grenelle mit Donnerstimme begeistert im Chor die »Internationale« mitsingen, als auf der feudalen Botschaft der Sowjetrussen (die auch heute noch an der gleichen Stelle residieren) zum ersten Mal, zur Verblüffung der Franzosen, die rote Fahne gehißt wurde. Der erste Botschafter der Sowjetunion, Krassin, trat seinen Posten an. Die »Camelots du Roi« hatten zwar Protest gepfiffen, doch ohne Erfolg. Keinen Erfolg hatte allerdings auch Majakowski, der ein Visum für Amerika und ein Durchreisevisum für Kanada beantragt hatte. Er mußte unverrichteter Dinge wieder abreisen, und beinahe hätte man ihn sogar ausgewiesen, wäre Elsa Triolet nicht vermittelnd dazugekommen. Er wohnte im *Hôtel d'Istria* in der Rue Campagne-Première 29: »Habe mich trotz allem in Elsas Pension niedergelassen, weil es das billigste und sauberste Hotelchen ist, und ich spare ja und bin bemüht, so gut ich kann, mich nicht herumzutreiben«, schrieb er an Lilja und auch, daß er ihr »ein Kofferchen, ein herrliches« bestellt, Hüte und natürlich Parfum gekauft habe. »Wenn es ganz ankommt, werde ich nach und nach mehr schikken. Küsse Dich, Kindchen, küsse Du Ossjka, ganz Euer Wol.« Das Warten auf das Visum machte ihn nervös: »Habe es hier restlos satt – kann ohne Arbeit nicht sein ... Theater besuche ich keine mehr, auch keine Kneipen, habe genug davon; sitze daheim und nage an Hühnerschenkeln und Gänseleber mit Salat. Das alles schleppt meine Wirtin, Mme. Sonet, herbei. Erstaunlich ästhetische Stadt.« Er unterzeichnet die Briefe wie stets mit Kläff und malt sich selbst als einen kleinen Hund, der trübe vor dem Eiffelturm sitzt. Dennoch dichtete er:

Gewöhnlich sagt unser Idiom
Alle Wege führen nach Rom.
Doch schwör ich:
       auf Montparnasse
kommt dieser Spruch nicht zupaß
Stammt aus Rom
       oder nicht aus Rom –
man geht ins »Rotonde«
       oder ins »Dôme«
Das zieht noch immer,
       wie's jahrelang zog,
ins Cafe.
       Das ist unsrer Tage Refrain.
Auch ich trete ein:
       »Garçon un grog-
américain«.
Und Wort
       und Lippen
       und Backe und Kinne
verschmolzen
       zu Café-Getösen.
       Geschrieben 1924 nach der
       zweiten Parisreise.
       (Übertragung Hugo Huppert)

Im Frühjahr 1925 war er wieder da. Aus Rußland ausreisen zu dürfen, muß für Dichter damals wesentlich einfacher als heute gewesen sein. Diesmal wollte er nach Mexiko. Der Zauber von Paris schien nicht mehr zu wirken. Zwar schrieb er wieder ein Poem »Die Stadt«, das mit der Hymne auf die Place de la Concorde endet: »die kandelabernden / Leuchten. Ein Platz – / daß man / vor Bewunderung heule! Jede Stadt / wär stolz / auf dergleichen Schatz. / Wär zufällig / ich / die Vendômesäule. – Ich heiratete / den Konkordiaplatz.«

Doch blieb seine Laune mürrisch, obwohl er auf der später legendär gewordenen Ausstellung »art deco«, zu der die Sowjetunion einen der modernsten Pavillons beisteuerte, sogar eine Silbermedaille für ein Plakat bekam. Nur Tristes wußte er Lilja Brik zu schreiben: »Die Ausstellung – der langweiligste und dümmste Ort. Geschmacklosigkeit, die man sich nicht einmal vorstellen kann.« Wie verblüfft wäre er gewesen, wenn er gehört hätte, daß diese Ausstellung Impulse für einen ganzen Stil gab, der als »art deco« plötzlich, ein halbes Jahrhundert später, als neueste Mode entdeckt wurde. »Das sogenannte Paris im Lenz ist Bluff«, schrieb er am 2. Juni, »nichts blüht, nur die Straßenreparaturen allerorten.« Was hätte er wohl zu dem als Autobahn verödeten Seine-Ufer gesagt, zum Abbruch der Hallen und zum ganzen Neo-Paris? »Den ersten Abend fuhr ich aus, jetzt rühr' ich mich nirgendhin, schlafe zwei Mal am Tag, eß' Doppelfrühstück, nehm' Brausebad, Schluß.« Wo blieben die Maler, die Musiker, die Kunst, die er beim ersten Mal so fieberhaft gesucht hatte? »Kein einziges Mal im Theater gewesen, nur einmal im Kino, Chaplin gesehen. Unausstehliche Hitze, einzig erträglicher Ort der Bois und der nur abends.«

Noch ahnt er nicht, welches Pech ihm in seinem billigen *Hôtel d'Istria* am Montparnasse drohen sollte. Sein guter Engel Elsa Triolet schildert, wie sie ihn morgens aus seinem Hotelzimmer abholte: »Er saß in Hemdsärmeln und aß zum Frühstück sein Jambon. Vorm Weggehen zog er sein Jackett an, das über der Stuhllehne gehangen hatte, und überprüfte mit mechanischer Tastbewegung den Inhalt seiner Rocktasche. Da sah ich ihn plötzlich erblassen. Nie hatte ich jemand vor meinen Augen so aschfahl werden sehen. Man hatte ihm sein ganzes Geld entwendet, seine 25 000 Francs. Und er stand auf der ersten Staffel der Weltreise, die für ein Jahr geplant war, ohne einen einzigen Franc in der Tasche da.« Der Dieb hatte sich, wie ihm später klar wurde, im Zimmer gegenüber eingemietet. Er schrieb an Lilja: »Als ich für 20 Sekunden in Sachen des Bauchs hinausging, stibitzte er mit ungewöhnlichem Talent mein ganzes Geld samt Brieftasche und türmte in unbekannter Richtung.«

»Doch wirkte sein Schock kaum eine Stunde«, berichtete Elsa Triolet weiter, »er sagte, Hauptsache – in unserem Lebensplan nichts ändern; Frühstück in der Grande Chaumière, dann meine Einkäufe …« Es gelang ihm in kurzer Frist, das Geld rundum zu borgen, auch auf der sowjetischen Handelsvertretung, und ab ging es per Schiff nach Mexiko. Im November kam der unermüdlich Reisende wieder nach Paris zurück, las zur achten Jahresfeier der von ihm bewunderten Oktoberrevolution in der Pariser Botschaft Amerika-Gedichte und noch einmal in der Rue Saint-Jacques im Ozeanographischen Institut vor sowjetischen Hochschülern. Im Frühjahr 1927 kam er von Deutschland wiederum nach Frankreich. Er saß nun oft im *Café Voltaire,* damals ein berühmter Dichtertreffpunkt an der Place de l'Odéon, heute leider verschwunden; an seiner Stelle steht die amerikanische Bibliothek Benjamin Franklin. Er ging mit Elsa Triolet, Ehrenburg und anderen am Boulevard Saint-Michel in eine Bar zum Tanzen. »Er imitierte gern andere Dichter, blickte aber zwischendurch wie ein gefangener Löwe finster nach allen Seiten«, schrieb Ehrenburg. »Mein Leben ist ganz widerlich und unglaublich lästig. Ich tue alles, um meinen Aufenthalt hier in diesem bekleckerten Ausland möglichst bald zu beenden«, klagte er Lilja. Er ging aber gern in die *Coupole,* die mit ihrem neuen Glanz den Boulevard erstrahlen ließ. Hier traf er ein Jahr später Louis Aragon. »Das waren Minuten, die mein ganzes Leben verändern sollten«, schrieb der Franzose und trat daraufhin in die Kommunistische Partei ein, wie seine Freunde Paul Eluard und André Breton. Oder lag es auch daran, daß er

Elsa Triolet kennenlernte? Sie schrieb: »Seitdem haben wir uns nicht mehr verlassen.« Das war am 6. November 1928. Wladimir Wladimirowitsch hingegen lernte – sofort entflammt – seine vorletzte Liebe kennen, die russische Emigrantin Tatjana Jakowlewa, ebenfalls ein wunderschönes Mädchen, das er sofort heiraten wollte. »Wieder beginnt des Herzens erloschener Motor zu rattern.« Doch ähnlich wie Apollinaire hatte Majakowski zwar eine ungeheure Anziehungskraft auf Frauen und verfaßte auch die glühendsten Liebesgedichte, doch bis zum endgültigen Schritt in die Ehe reichte es nie aus. »Es ließ sich schwer atmen auf seiner Höhe, sie hatten Angst vor ihm«, sagte Elsa Triolet. Die beiden jungen Russen müssen ein hochgewachsenes Paar gewesen sein: »Allein mir gleichend / brauennah den Blick mir reichend.«

Er machte den Eindruck eines verlegenen Verliebten, ließ allerdings Lilja wenig von der neuen Lage wissen. »Bin leider in Paris, das ich bis zur Bewußtlosigkeit, bis zum Erbrechen, bis zum Abscheu satt habe … Maler und Poeten sind widerlicher als glatte Austern. Als verfaulte Austern. Dieser Beruf ist völlig entartet.« Am 10. November telegrafierte er: »Kauf' Renault. Hübscher Kerl, grau, 6 Pferdestärken, 4 Zylinder.« In einem Brief zeichnete er das Auto und sich selbst als Hündchen vorne auf der Motorhaube. »Verweile etwas in Paris, um das Wägelchen selbst vom Werk abzuholen.« Warum er trotzdem noch verweilte, deutete er nur sybillinisch an. »Mein Leben ist seltsam ereignislos, aber reich an Einzelheiten, es wäre kein Stoff für Briefe, man kann es nur erzählen …«

Offenbar ging er mit der eleganten Emigrantin auch in die Oper, denn in einem Gedicht, das er danach schrieb – es wurde 1929 veröffentlicht – macht er Beobachtungen von Proustscher Genauigkeit:

Im Smoking,
      wie ein Ober,
rasiert,
      wie mit dem Hobel,

in der Großen Oper,
flaniere ich nobel.
In der Pause,
      im Vestibüle,
welche Frauen, wieviel Schönheit!
Mich entwaffnen die Gefühle –
Mit der Welt
      bin ich versöhnt heut.
Eine Vase
    ihre Taille.
Ihre Lippen
    ein Geblüm.
Ihre Nägel
    aus Emaille.
Und ihr Atem ein Parfum.
Ums Aug –
    violetter
Fond,
    wie auf Wachs.
Seidne Schulterblätter –
fein rosa wie Lachs.
Fallend
    von oben
mit Schick
    und Kunst,
langwallende
    Roben –
zu vornehm
    für uns.
Ohren
drehn Brillantgehänge.
Busen schaukeln unterm Latz.
Platz
    dem Perlenbandgepränge
macht
    der Hermelinbesatz.

Flaum,
   der wie im Traum
                 erschien.
Selbst ein Walroß,
              alt und fett,
trägt nur
        eitel
                 Crêpe de Chine,
nur ein Wölkchen
                 aus Georgette.
Flitterglanz
        und Spangengold!
Durchsichtskleid
        von Schopf bis Schuh.
Ach,
   wer denn verlangen wollt
auch noch –
        einen Kopf dazu ...
        (Übertragung: Hugo Huppert)

Tatjana, offensichtlich tief beeindruckt von dem ungestümen Liebhaber, schrieb ihrer Mutter im Dezember 1928 nach Moskau: »Das ist ein herrlicher Mensch und das wichtigste, er ist ganz anders, als ich ihn mir vorgestellt habe. Er behandelt mich wunderbar, und es war für ihn ein großes Drama, von hier mindestens für ein halbes Jahr fortzufahren. Er rief mich aus Berlin an – es war ein einziger Schrei.« Doch der Schrei hielt die Schöne nicht ab, kurz darauf zu heiraten, keinen Revolutionär, sondern einen Grafen Duplessis.
Ob Lilja das wußte? Ob er es ihr erzählte? Später hat sie, die auch als alte Frau noch von ungeheurer Faszination war, über ihn gesagt, er habe »die Revolution und das Leben eimerweise gesoffen«.
1929 kam der Feuerkopf, der größte Lyriker Sowjetrußlands, der mehr Feinde als Freunde hatte, zum letzten Mal nach Paris, auf der Durchreise nach Nizza. Seine Zeit war gestundet. *Die*

Wanze war ohne überwältigenden Erfolg im Moskauer Meyer-hold-Theater uraufgeführt worden, das satirische »Schwitz-bad« fiel fast durch. Die Funktionäre verfolgten ihn, die Gehäs-sigkeiten von oben und unten nahmen zu, man nannte ihn »Häuptling der Schreihälse« und »Schmachtserenaden-Ver-fasser«; nach einer letzten erfolglosen Liebe zu der blutjungen Schauspielerin Veronika Polonskaja nahmen die Depressionen zu. Die Briks waren verreist, ein Kehlkopfleiden ließ den Hy-pochonder Schlimmstes befürchten. Am 14. April 1930 er-schoß er sich in seinem kleinen Arbeitszimmer in Moskau, erst achtunddreißig Jahre alt. Schon mit dreiundzwanzig Jahren hatte er geschrieben: »Immer öfter denk ich / wär's nicht ge-scheiter / auf die Stirn / einen Schlußpunkt / mit Blei zu set-zen.«

Soutine und die *Cité Falguière*

Das Bild wirkt melancholisch: Ein graublauer Himmel hängt schwer über seltsamen, wie vom Sturm verblasenen Atelierschuppen aus Holz, düster ragen zwei Schornsteine hoch. Das Bild aus einer New Yorker Kollektion hing eine Weile in der Pariser *Orangerie,* wo eine Kollektivausstellung Chaim Soutines zu sehen war. Es entstand 1914 und zeigt naturgetreu die Behausung, in der Soutine 1914 im Atelier des russischen Bildhauers Miestchaninoff Unterschlupf gefunden hatte. Über ihm wohnte Foujita, der noch nicht in Mode war, und gegenüber Modigliani. Das Häuschen steht heute nicht mehr, an seiner Stelle erheben sich zwei weiße Riesen, Grand-Standing-Appartements in der kleinen Sackgasse, die *Cité Falguière* heißt: Einst gab es hier dreißig Künstlerateliers, einen Teil gibt es sogar immer noch. Es lohnt sich, sie zu entdecken. Von der Métro Pasteur geht man in südlicher Richtung den Boulevard Pasteur hoch, biegt rechts in die zweite Querstraße, die Rue Falguière, ein und findet dann in der zweiten Sackgasse rechts die Cité. Gewitzt durch Erfahrung gehen wir durch eine der offenen Türen dieser Häuschen und entdecken hinter dem engen Flur plötzlich ein kleines Gartenparadies: die zwar bedrohte, doch immer noch bestehende Künstlerkolonie. Über Brücken und Treppen geht es hinunter, Bäume, Oleander, Blumen; dreistöckig übereinander stehen die Ateliers mit undurchsichtigen Glaswänden. Über einer Tür liest man in roter Farbe »Exposition d'Amour«, Akazien blühen, eine angenehme Unordnung herrscht, Vögel zwitschern, irgendwo übt einer auf dem Klavier, und da tritt auch schon eine Frau im Schlafrock in ihr Gärtchen, im Arm hält sie einen Pudel, genannt Bébé. Wir dürfen eintreten. Ihr Mann, Monsieur Delahaye, hat alle Straßen und Häuser dieser Gegend aquarelliert, es gibt sogar Postkarten davon. Und das ist ein Glück, denn die meisten alten Ge-

mäuer und Gebäude sind verschwunden. Einige dieser individuellen Ateliers um die Ecke in der Rue Platon stehen noch,
auch in der malerischen und ein wenig verkommenen Passage
Déchambre, doch wirken sie schon wie zum Tode verurteilt,
leer und staubig. In der Rue Mathurin-Régnier, die so nach einem Poeten aus dem sechzehnten Jahrhundert heißt, hängt ein
Aufruf: »Ihr seid von der Vertreibung bedroht, eine Enquête
ist eröffnet, Achtung, unterzeichnet nichts leichthin, jedes
blinde Vertrauen kann euch teuer zu stehen kommen. Gruppiert euch angesichts der Autorität der Herausschmeißer. La
coopérative nationale des expropriés.«

Als wir das gemütliche, altmodische Atelier Delahayes verlassen, kommt schon ein anderer Bewohner der Cité auf uns zu,
der ungarische Bildhauer Rohal, Schüler von Albiquer. Er hat
sein Atelier zur Straßenfront, es ist angefüllt mit modernen,
halb abstrakten Eisenplastiken, Gestalten und Tieren. Eine seiner Konstruktionen steht vor einem Turm des neuen Wolken-
kratzerviertels *La Défense,* er zeigt uns die Abbildung. »Da
kommt mon passager clandestin«, ruft er plötzlich, und vorüber
geht der »blinde Passagier«, eine junge amerikanische Malerin
im schwarzen Hosenanzug, das offene, silberblonde Haar paßt
zum breiten Silbergürtel. Wir besichtigen auch ihr Atelier. Ju-
dith Bledsor macht Farblithos, die zugleich an Paul Klee und
Paul Flora erinnern. Sie ist traurig, denn sie muß aus dem Atelier, in dem sie zehn Jahre gewohnt hat, ausziehen. Doch kein
böser Promoteur schmeißt sie hier heraus, sondern ein böser
Kunstgenosse, der italienische Bildhauer Lardera, dem das
Haus gehört. Vorn hat auch er ein Atelier, in dem er allerdings
nicht wohnt. In der wenig komfortablen, doch pittoresken Cité
kann man so etwas wie ein Badezimmer kaum entdecken. Ju-
dith Bledsor schaut schön und melancholisch drein. »Ich habe
zwei Kinder, eine Katze und viele Pflanzen«, sagt sie; nun muß
sie hinunter in einen dunklen Verschlag ziehen. »Es gibt keine
Optimisten und keine Pessimisten, nur Dummköpfe, die fröhlich oder traurig sind«, fährt sie nachdenklich fort.

In einem vierten Atelier besuchen wir ein altes japanisches Ehepaar. Tadashi Kaminagai hat sie alle noch gekannt: Soutine, Lipschitz, Modigliani, Foujita, die einst hier wohnten, auch Marcel Marceau lebte in der Cité. Der Pantomime ist zugleich Maler und Zeichner. »Es war die Epoche der Armen«, sagt der Japaner mit dem weißen Haar. Die Ateliers von *Falguière* sind ebenfalls Überreste der Weltausstellung 1900. Als Soutine hier gelegentlich wohnte, müssen sie also noch ziemlich neu gewesen sein. Dennoch berichtet die Legende, daß die Bewohner, um sich vor Wanzen zu schützen, mitunter den ganzen Fußboden unter Wasser setzten und wie in Booten in ihren Betten lagen, wenn sie bei Kerzenlicht noch lasen oder Modigliani seinen Dante zitierte. Wanzen labten sich gern an genialem Blut. So machte Picasso seine Witze über die Wanzen im *Bateau-Lavoir*-Atelier von Juan Gris: dort hätten sie sogar Eisen fressen müssen. Modigliani beschäftigte sich in der Zeit der *Cité Falguière* vor allem mit Skulpturen, weniger mit Malerei. Die Steine dazu klaute er nachts von Baustellen am Montparnasse. Viermal hat er seinen Freund Soutine porträtiert, der seinerseits seinen einstigen Gastgeber Miestchaninoff 1923 in der Pose König Charles' VII. recht verzerrt malte, weil er das Königsbild Fouquets im Louvre besonders liebte.

1914 lebte der einundzwanzigjährige Chaim (Chaim bedeutet auf Hebräisch Leben) Soutine schon etwa zwei oder drei Jahre in Paris. Präzise Daten sind bei ihm schwer zu ermitteln. Das elfte Kind eines kleinen jüdischen Kaftanschneiders aus dem Getto des weißrussischen Dorfes Smilovitchi bei Minsk kam aus einer solchen Armut, daß er jedes Elend ertrug. Nur an Sonntagen gab es zu Hause Fleisch, das die Mutter teelöffelweise an die Kinder verteilte. Mit unvorstellbar zäher Energie, die in seiner Berufung wurzelte, gelang es Soutine, der fast noch ein Knabe war, in Minsk und später in Wilna auf die Kunstakademie zu gehen und sein Leben teilweise als Retuscheur bei einem Fotografen zu verdienen. Mit neunzehn Jahren landete er in Paris; er mußte schwarz über die Grenze gehen und tagelang durch Deutschland in Waggons vierter Klasse fahren. »Ich kam in Paris an«, schrieb er, »meine zukünftige Adresse auf einen Zettel geschrieben. Wie riesig Paris ist, wenn man nur kleine Städte und Dörfer gekannt hat. Nach vielen Abenteuern, die Züge, die Métro, gelang es mir, mein neues Vaterland zu finden: *La Ruche*.« Dort traf er seine russischen Freunde wieder: Kikoine und Krémègne, mit dem er sich später verkrachte.

Die *Ruche*, ebenso berühmt wie das *Bateau-Lavoir*, gibt es zum Glück noch. Diese *Cité des artistes* wird sogar staatlich gefördert und restauriert, eine anonyme Schenkung ermöglichte es. Soutine, der nur Russisch und Jiddisch sprach und auch später nie richtig französisch schreiben lernte, muß damals eine Erscheinung zum Fürchten gewesen sein. Sein abgeschabter Mantel, unter dem er mitunter nichts anhatte, sein Manchester-Anzug, der von oben bis unten farbbekleckst war, ließen ihn als Clochard erscheinen. Wie ein geprügelter Hund den Kopf gesenkt, raste er durch die Straßen, oft von Kindern verspottet, um heimlich zu malen. Er geriet zeitlebens in Wut, wenn man ihm dabei zusehen wollte. Stets unterernährt, oft durch billigen Fusel angetrunken, ruinierte er seine Gesundheit systematisch, bis er schließlich Magengeschwüre bekam, die nicht mehr zu heilen waren. In dem Buch *La Ruche* schildert Jacques Chapiro eine Szene, wie Soutine in der *Ruche,* im Atelier seines Landsmannes Zborowski, wo er in dessen Abwesenheit wohnen durfte, einmal Heringe malen wollte. Da er nur nach der Natur malen konnte, hatte er die Heringe aufgebaut, als eine Riesenratte die Treppe erklomm, auf den Tisch sprang und die Heringe vor dem wie hypnotisiert starrenden Maler einfach auffraß. 1916 – er wechselte seine Schlafstätten ständig – malte er das inzwischen berühmte Bild *Nature morte aux harengs*. Auf olivfarbenem Tisch liegen drei ausgemergelte, noch im Tode finster schauende Heringe auf einer gelben Tonschale, rechts und links sind zwei Gabeln hineingepikt, die wie hagere, zupackende Hände aussehen. Rasender Hunger springt den Betrachter aus diesem Bilde direkt an.

Ein seltsamer, scheuer Geselle, dieser Soutine in der Zeit seiner extremen Armut, in der er davon lebte, daß er altes Zeug aus

Müllkästen fischte und es für ein paar Sous für Essen verkaufte. Die Trambahn zum Montparnasse – dem Parnasse der Künstler – kostete von der *Ruche* aus drei Sous, doch auch die hatte er meist nicht. Elie Faure schildert ihn so: »Wenn Sie ihn auf der Straße sehen, im Platzregen, als sei er auf der Flucht, der Rücken gebückt, der Hut über die Augen gezogen, seine schönen kleinen Hände, das Kalmückengesicht, in dem die Haare die Stirn verdecken, fühlen Sie das Drama, das diesen Magier zu den Sternen treibt, auf der Suche nach Ruhe.« Die Haare waren fettig, die Nase voller Pickel, die Zähne um diese Zeit kaum je geputzt, er roch nicht gut, doch hatte er etwas, das die Frauen bezauberte: Augen, die das ganze Antlitz leuchten ließen, »klar wie Bergseen«, schreibt ein Zeitgenosse.

Eine Weile belegt Soutine in der Akademie das Atelier Cormon, doch da er sofort mit Farbe malt, ohne je zuvor zu zeichnen, kann er hier nichts lernen. Der polnische Dichter und zunächst erfolglose Kunsthändler Zborowski, der nicht nur eine gute Nase, sondern auch ein gutes Herz hat, ermöglicht ihm mit Modigliani zusammen 1918 eine Reise in den Süden. Soutine entdeckt das Meer. Er malt wie ein Besessener und zerstört anschließend das meiste wieder. Er bleibt im Midi, in Vence, Céret und Cagnes bis 1925. Um diese Zeit hat er freilich schon einen Sammler, den berühmten amerikanischen Pharmazeuten Dr. Barnes, der alles von ihm aufkauft. Bei Zborowski (dessen Frau Modigliani so hinreißend gemalt hat) entdeckte man ganze Schränke voll vergessener Leinwände von Soutine, die vor der blindwütigen Zerstörungssucht des Malers gerettet werden konnten. Nun haben beide Geld, der Händler, der es gleich bei *Maxims'* ausgibt, und der Künstler. Soutine zieht wieder nach Paris in die Rue du Saint-Gothard, im gleichen Viertel Vaugirard, weit hinter dem Montparnasse. Er hat jetzt ein großes Atelier – die alten Häuser sind alle nicht mehr da – und kann sich aus den nahen Schlachthöfen halbe Ochsenleiber anschleppen lassen, um sie gleich dem von ihm verehrten Rembrandt zu malen. Blutige Ochsenleiber, mystisch, wollüstig, fast liturgisch gemalt, wie Flammen. Die Kadaver begannen oft zu stinken, wurden grünlich, violett, dann holte er sich am Schlachthof frisches Blut und übergoß sie damit. »Im Fleisch, das schon tot ist, findet er seine sinnliche Freude«, sagt Elie Faure. Er malt deformierte Porträts und tote Tiere, Hühner, denen die Zunge aus dem Schnabel hängt, Rochen, die unendlich traurig dreinblicken, Hasen, die böse Mäuler haben; er malt wie mit Dynamit; Unglück und Revolte, Aufruhr und Entsetzen ist in seinen Bildern – und die Angst.

Chaim ist immer noch mißtrauisch, trägt sein Geld, zu Kugeln gerollt, in der Jackentasche mit sich herum, besitzt zwar bessere Anzüge und pflegt sich mehr, doch hat er immer nur ein Paar Schuhe. 1926–1928 wohnt er am Boulevard Edgar-Quinet 9, später in der Rue de l'Aude. 1927 findet seine erste Ausstellung (die er niemals besucht) in der schicken Rue La Boïtie statt. In diesem Jahr beginnt seine Freundschaft mit dem Ehepaar Castaing, das in der Nähe von Chartres wohnt und ebenfalls zu seinen Sammlern wird. Madeleine besucht ihn oft in Paris, 1929 erscheint das erste Buch über Soutine von Elie Faure – mit fünfunddreißig Jahren hat er es endlich geschafft. Er lebt noch oft im Midi, verbringt ganze Sommermonate bei den Castaings und stellt 1935 zum ersten Mal in Chicago aus. 1937 wohnt er in Paris in der Villa Seurat 18, im gleichen Haus wie Henry Miller. Man kann jetzt sagen, daß er reich und berühmt ist. Doch auch schwerkrank, die Magengeschwüre werden bedrohlich. Zum Glück lernt er eine junge deutsche Emigrantin aus Magdeburg im *Dôme* kennen, Gerda Michaelis. Die geschiedene junge Frau führt ein armseliges Leben, wohnt in einem kleinen Hotel am Boulevard Raspail und lebt von Gelegenheitsarbeiten als Putzfrau. Die Eltern können ihr kaum Geld aus Berlin zukommen lassen, ab und zu verkauft sie Schmuck. Nachmittags sitzt sie gern im *Dôme*. Im Herbst 1937 lernt sie Soutine kennen, den sie zum ersten Mal sieht: »Mittelgroß mit mattem Teint, sehr schwarzen Haaren und tiefbraunen Augen. Er sprach mit etwas rauher Stimme und russischem Akzent Französisch.« Sie ist sechsundzwanzig Jahre alt, hübsch und groß, er dreiundvierzig und schwer magenleidend. Sie besucht ihn in der Villa Seurat 18, diesem äußerlich banalen Haus aus dem Jahre 1920 in der kleinen Künstler-Kolonie hinter der Rue de la Tombe-Issoire, das noch genauso steht wie damals. Die Wohnung ist schmutzig und verwahrlost, Zigarettenstummel liegen überall herum. Gerda macht Ordnung, kauft Blumen, kocht. Eines Tages liegt Soutine krank im Bett. »Ich sah ihn schlafen, fand ihn schön. Er hatte nicht eine Falte, und seine schwarzblauen Locken ließen ihn sehr jung erscheinen. Die Linie seiner ein wenig stumpfen Nase gab ihm einen Ausdruck von Härte, die noch akzentuiert wurde durch die Wangen und das Kinn mit den schwarzen Stoppeln. Seine Magerkeit war eindrucksvoll«, so schildert sie ihn. Es war ein schicksalsvoller Abend: »Als er aufwachte, sprang er aus dem Bett, umarmte mich und schrie: ›Gerda, tu as été cette nuit ma garde, tu es Garde et maintenant c'est moi qui te garde.‹« Das Wortspiel ist unübersetzbar, »garder« heißt bewachen, behüten, bewahren und auch pflegen. Fortan hieß die junge Frau aus Magdeburg Garde. Sie zog zu Soutine, den sie liebte und dem sie half, sie brachte ihn zu neuen Ärzten, fand eine bessere Diät, er wurde unter ihrer Obhut von seinen ewigen Magenschmerzen erlöst. Kein leichtes Leben für sie, denn Soutine war extrem sparsam, nie durfte sie seine Bilder anschauen, die er in dieser Zeit malte. Abwechslung brachten nur die Besuche von Boxkämpfen, Ausflüge mit dem Sammeltaxi ins Grüne, Kino und ab und zu das *Dôme*. Neue Kleider durfte sie nicht kaufen; fast unterwürfig liebt sie den Maler aus dem Getto von Smilovitchi.

Da sie beide sehr abgeschieden lebten, wurden sie vom Ausbruch des Krieges überrascht, als sie Ferien in Civry machten, einem winzigen Dorf bei Avallon. Nur durch Soutines Beziehungen zu Minister Sarraut gelang es ihm, einen Passagierschein zurück nach Paris zu erhalten. Der Bürgermeister des Dorfes verweigerte Garde die Abreise, bis endlich der zurückgekehrte Soutine mit ihr in aller Morgenfrühe illegal nach Paris zurückfuhr, wo die Zeit der Gemeinsamkeit jedoch bald endete. Am 15. Mai 1940 wurde Garde zunächst im Velodrom d'Hiver mit 5000 deutschen Frauen (zum größten Teil Emi-

granten) von den Franzosen interniert. Chaim brachte sie hin –
er hatte vorsorglich eine Wolldecke mit eingepackt –, und sie
nahmen Abschied. Für immer, doch das wußten sie nicht.
Gerda kam in das Lager Gurs und ging, als die deutschen Truppen das Lager auflösten, nach Carcassonne, wo sie fast drei
Jahre versteckt lebte. Madeleine Castaing brachte ihr die triste
Nachricht, daß Soutine indessen mit einer anderen Frau in Paris
zusammenlebte, mit der (zweiten) geschiedenen Frau von Max
Ernst, der Französin Marie-Berthe Aurechne, die ihn in ihrer
Wohnung in der Rue Littré zunächst vor der Besatzung versteckte und ihn dann in einem Dorf der Touraine im Champ-
giny-sur-Veude bei braven Menschen sicher unterbrachte.
Soutine malte dort bis an sein Lebensende. Es kam schnell. Die
Magengeschwüre brachen durch, man schaffte ihn heimlich
nach Paris, wo er zu spät operiert wurde. Er starb am 9. August
1943. Als er am Friedhof Montparnasse beerdigt wurde, folgten dem Sarg Picasso, Cocteau, der deutsche Maler Rudi Bärwind und auch Garde, der man falsche »Arier«-Papiere ver-
schafft hatte. 1960 starb Marie-Berthe Aurechne; sie hatte sich
ihr Grab an Soutines Seite reservieren lassen, das nicht weit
vom Grab Baudelaires entfernt liegt. Garde, die Bescheidene,
beendete ihre Erinnerungen mit dem Satz: »Wer bin ich im
Grunde? Ein Schatten, der im Schicksal eines Mannes vorüber-
ging, dessen Genie unserer Epoche einen Stempel aufgedrückt
hat.«

Das *Dôme*

Der große Weltkrieg von 1914 entstand durch die
schwärmerische Sehnsucht der Deutschen nach
dem Montparnasse. Anstatt allmählich dorthin zu
kommen oder mit der Eisenbahn, wollten sie den
Montparnasse gleich alle zusammen und zu Fuß
erreichen.

JEAN GIRAUDOUX

Dritter im »Verkehrsverbund« Ecke Rue Delambre, am Boulevard Montparnasse, ist das *Dôme*, heute ein gehobenes Restaurant für die gehobene Boutgeoisie. Walter Mehring nennt
das *Dôme* in seinen Pariser Erinnerungen »Kunstbebenzen-
trum der Ultra-Moderne«. Doch das ist lange her.
Elegant auf »art nouveau« neu poliert, mit orangeroten Lampenschirmen und Fransen; hinter der Theke thront Madame
Grass (nicht verwandt oder verschwägert mit Günter Grass);
lederbezogene Sofas, holzgetäfelte Nischen, in denen gerahmt
die Fotografien der Künstler hängen, die zum Ruhm des *Dôme*
beigetragen haben. Kleine Altäre der Erinnerung. Da sind sie
alle, einst arme Tröpfe, die am damals schäbigen »Zinc« ihren
»Coup de rouge« für ein paar Sous tranken oder ein Croissant als einzige Mahlzeit zu sich nahmen. Arm, hungrig, unbekannt und manche erst nach ihrem Tode zu Ehren gekommen. Da hängen sie also zu Köpfen der Gäste: Bonnard,
Vlaminck, Braque, Manès Katz, Kisling mit der nackten Kiki,
Derain, Zadkine, Dufy, Modigliani, Soutine, Dali, Matisse, Léger, Pascin und Picasso. Deutsche sucht man vergeblich.
An einem Sonntag im November sitze ich mittags auf der Terrasse. Regentropfen klopfen an die Glasscheiben, man fühlt
sich wie ein Fisch im Aquarium. Ich trinke einen Aperitif und
beobachte die Menschen. Ein Kreis von Spaniern hat sich in der
Nähe meines Tisches niedergelassen – übrigens noch der gleiche wie einst, Marmorplatte und Gußeisenfuß –, ältere Männer, die statt Schlips oder Kragen einen Schal tragen, sie spre-

chen Spanisch. Alle kennen sich, ein Maler mit Mappe und Hemingwaybart gesellt sich zu ihnen, weiße Haare wuchern unter einer Schiebermütze heraus, sie trinken Rotwein und sagen sich gegenseitig Liedertexte auf. Rotspanier? Hier hängengeblieben? Sie wirken abgeschabt und streiten sich, manche haben ganz zerknautschte Gesichter. Doch die Kellner sind, wie überall in dieser Gegend, außerordentlich höflich. Diese Kellner vom Montparnasse sind »une race spéciale« mit Menschenkenntnis und Menschengüte. Nicht weit davon sitzt eine Indonesierin mit einem großen schwarzen Hut und dem Gesicht einer asiatischen Halbgöttin, vermutlich ein Photomodell. Ein Clochard mit abgebrochener Krücke und Schlapphut setzt sich nicht weit von ihr auf einen Strohstuhl und bestellt »une fine«.

Ich gehe hinein. Nicht immer war das *Dôme* ein Restaurant mit Riesenspeisekarte – »le chef vous propose«, »Langouste à la parisienne«, »Escalope de Normandie« –, doch ist das Essen vorzüglich und der Preis dafür nicht hoch. Versöhnlich für Unbegüterte ist wiederum die im Sommer stets überfüllte Terrasse des *Dôme*, auf der man schlicht ein Bier zu 1,50 Mark trinken kann, ohne herablassend bedient zu werden; ein Café expreß und dazu ein Sandwich kosten wenig. Diesen großen Brasserien sind alle Gäste willkommen, und die Wirte wissen, daß vielleicht gerade der abgerissene Lockenkopf vor einem Glas Milch zu 90 Pfennig berühmter werden kann als der ehrenwerte Monsieur, der drinnen unter dem Fransen-Lampenschirm Kaviar aus dem Iran für seine Begleiterin bestellt. Pariser Lokale, wenn sie nicht mit drei Sternen ausgezeichnet sind, bleiben in den alten Künstlervierteln human, auch wenn sie fein herausgeputzt sind. Herablassend werden die Terrassenbesucher nicht behandelt.

Das *Dôme* stand an der gleichen Stelle schon vor fünfundsiebzig Jahren. 1898 war es eine kleine Holzbaracke, in der Bauarbeiter – rundum wurden neue Straßen angelegt und Wohnhäuser gebaut – ihren Durst löschten und »frites« kauften, denen sich alsbald arme Maler zugesellten. Dahinter lagen Bauernhäuser, Kartoffelfelder, Mühlen, Sägewerke. Aus der Holzbaracke wurde eine Brasserie. In einem der kleinen Säle saßen vor dem Ersten Weltkrieg vor allem die deutschen Maler, die dort auch Billard spielten. Zu ihnen gehörte der Matisse-Meisterschüler Hans Purrmann, der Münchner Albert Weißgerber, der im Ersten Weltkrieg fiel, der Zeichner Rudolf Grossmann (der nie Trinkgeld gab) und der Berliner Rudolf Levy, der jahrelang in Paris lebte und durch die Nationalsozialisten in Florenz auf nie geklärte Weise im Zweiten Weltkrieg umkam. Gelegentlich erschienen auch die Bildhauer Wilhelm Lehmbruck und Ernesto di Fiori, Theodor Heuss, den Weißgerber zeitunglesend in Paris malte, die Kunsthändler Paul Cassirer aus Berlin und Flechtheim aus Düsseldorf. Ab und zu tauchte auch mein Vater Konrad Kardorff, Liebermann-Schüler und Freund Purrmanns und Grossmanns, im *Dôme* auf. Purrmann verlobte sich in Paris mit der Matisse-Schülerin Mathilde Vollmöller und mein Vater mit meiner Mutter Ina Bruhn, die vom Museumsdirektor Tschudi nach Paris geschickt worden war, um im Louvre Bilder von Renoir zu kopieren. Die jungen Ehepaare Purrmann und Kardorff besuchten auch die Samstagabende bei Gertrude Stein, wobei Frau Purrmann und meine Mutter vermutlich Alice Toklas in die Hände fielen, denn Gertrude sprach nur mit Männern und ihren nicht verheirateten Gefährtinnen oder emanzipierten Frauen. War doch Eifersucht auf Eheglück dabei?

In dem Buch *Leben und Meinungen des Malers Hans Purrmann* von Barbara und Erhard Göpel findet man Purrmanns Erinnerungen an das Café *Dôme*, das er 1906 als junger, der französischen Sprache nicht kundiger Maler kennen- und später lieben lernte. Anfangs fand er es öde und dunkel, es ärgerte ihn, daß sehr laute amerikanische Maler nur durch eine halbhohe Wand von den Deutschen getrennt waren. Die Kellner André und Eugène gaben Ratschläge und borgten gelegentlich auch Geld. Die ihrer Heimat entfremdeten Ausländer waren zumeist jung und arm. So war das *Dôme* geselliger, aber auch sozialer Mittelpunkt. Nächte hindurch diskutierten die kosmopolitischen

Künstler über den revolutionären Stil aus dem *Bateau-Lavoir*, genannt Kubismus. Ihrer aller Gott aber war Cézanne. Ich erinnere aus meiner Jugend den Vers, den meine Eltern oft zitierten; er stammte abgewandelt von Rudolf Levy: »Stellt auf den Tisch die duftenden Reseden / die letzte Tube Zinkweiß holt herbei / und laßt uns wieder von Cézannen reden / wie einst im Januar, Februar, März, April und Mai.«

Purrmann schildert das Begräbnis des Düsseldorfer Malers Wiegels, der im *Bateau-Lavoir* ein Atelier hatte und sich, dem Kokain und Haschisch verfallen, dort eines Tages 1905 aufhing. Picasso war ins *Dôme* heruntergekommen, hatte Rudolf Levy herausgebeten und ihm die Nachricht überbracht. Nie wurde geklärt, ob einer der Gründe zum Selbstmord des Deutschen vielleicht auch ein überlieferter Ausspruch Picassos gewesen sein könnte, der vor einem der Bilder Wiegels gesagt hatte: »Wenn ich so malen müßte, bliebe mir nichts anderes übrig, als mich zu erschießen.« Auf jeden Fall war der Deutsche ein zarter, todessehnsüchtiger Mensch. Pascin, Freund Purrmanns und meines Vaters, hat ihn oft gezeichnet. Purrmann über das Begräbnis: »Über die breiten Montmartre-Boulevards zog der dünne Leichenzug Wiegels. Einige Modelle, Negressen, Künstler, der Wirt des *Lapin Agile* (Père Frédé) in seinem weißgrauen, überweiten Manchesterkostüm folgten ihm. Es war fast schwer, ernst zu bleiben. Aber selbst die einfachen Straßenkehrer entblößten ihr Haupt, sahen nachdenklich drein. Picasso schritt neben mir, und ich konnte mir nicht versagen, Seitenblicke auf ihn zu werfen, um ihn in Gestalt und Wesen zu bewundern. Pascin weinte still vor sich hin. Rudolf Levy ging in sich versunken neben dem mächtigen Derain, Apollinaire und anderen, heute fast als unsterblich geltenden Berühmtheiten.« Der Kreis Picasso hörte nach diesem Tod jäh auf, Opium zu genießen, was am Montmartre Mode war.

Auch Richard Goetz gehörte zum deutschen *Dôme*-Kreis. Später wohnte er sogar im obersten Stock des Hauses. Picassos Freundin Fernande Olivier schildert ein Fest bei ihm in der Rue du Cardinal-Lemoine. Er hatte alle Zwischenwände auf Dreiviertel ihrer Höhe abgetragen. »Es gab Champagner-Soupers«, berichtet Picassos Geliebte, »aus riesigen Kochtöpfen, in die man eine schöne Zahl von Champagnerflaschen geleert und Ananasscheiben geschnitten hatte (die deutsche Bowlen-Sucht ist Franzosen unbekannt, ja unheimlich), schöpfte man mit großen silbernen Löffeln. Mit Säge und Hacke zerteilte man mächtige Gänse, die heiß und fett auf Zeichenbrettern hereingebracht wurden. Man verließ das Haus mit so schallender Heiterkeit, daß die Leute ihre Türen öffneten, um zu sehen, was sich im zweiten Stock abspielte.« Fernande verhehlt auch nicht, daß einmal Braque und Wiegels, offenbar sehr angeheitert, die Treppe herunterfielen.

Bis kurz vor dem Zweiten Weltkrieg wohnte Richard Goetz im vierten Stock über dem *Dôme*. Walter Mehring traf ihn 1938: »Sein farblos formloses drolliges Hütchen auf dem schwäbisch-bäurischen Birnenschädel, seinen schlottrigen Lodenmantel, den er einmal als Unikum primitiver Dorfschneiderkunst gekauft haben mußte, um die Schultern und mit einer mächtigen bräunlichen Malleinwandrolle unter dem Arm. ›Hallo, Goetz, wohin?‹ ›Nach Amerika.‹ ›Und was schleppen Sie da unterm Arm?‹ ›Einen Tintoretto.‹« Mehring beschreibt seine Wohnung am Boulevard Montparnasse 186, das Zuhause eines »Kunstwüstlings«; gleich eingangs im Wohnzimmer, kaum erhellt von trüber Birne, hing der Tintoretto *Tarquinius und Lucrezia* (den Goetz nach seiner Flucht in Amerika für 250 000 Dollar an das *Chicago Art Institute* verkaufte). »Er führte uns durch dumpfige Korridore und rußige Räume – an den rissigen Wänden Bild an Bild, eine frührheinische *Madonna im Rosenhag*, eine stürmische *Turner-Marine*, eine lichte *Jongkind-Düne*, ein angetuschtes Cézanne-Impromptu, eine Picasso-Kritzelei (unvermeidlich dazu Goetz: ›le plus formidable dessinateur de notre époque‹) und einen Frauenkopf von Millet.« Walter Mehring fand in der Wohnung außer den Museumsschätzen – die Goetz ständig austauschte und verkaufte, um neue zu erwerben – nur schmutziges Geschirr, zerbrochene Stühle und ein wackliges Patentsofa, auf dem der Maler unter seinem Tintoretto schlief. Laut Mehring ist Richard Goetz, Maler und Sammler, 1954 in Paris gestorben. Im Irrenhaus.

Als 1914 der Erste Weltkrieg ausbrach, leerte sich das *Dôme,* die Deutschen fuhren nach Hause. Drüben in der *Rotonde* fanden sich die Slawen zusammen. Viele meldeten sich freiwillig zum Militär, darunter Wilhelm Appolinaris de Kostrowitzky, genannt Apollinaire, der Pole Moise Kisling, der Spanier Ortiz de Zarate, der Russe Zadkine, der 1917 beim Roten Kreuz diente und eine Gasvergiftung bekam, und der Italiener Modigliani, der aber als kriegsuntauglich zurückgeschickt wurde.

Erst nach acht Jahren Dornröschenschlaf erwachte die Brasserie wieder zum vollen wirbelnden Leben, internationaler denn je, Treffpunkt der sogenannten »verlorenen Generation« (Sylvia Beach meinte hingegen, sie habe nie eine weniger verlorene Generation erlebt), der USA-Flüchtlinge vor Prohibition und Frauenvereinen, die für einen Dollar sechzehn Francs eintauschen konnten. So sah es Jacques Prévert: »Es war zugleich das gemeinsame Haus, öffentlicher Platz, Herberge, Forum, Versteigerungslokal, Getto, Cour des miracles.« Und Max Jacob, der in der Rue Gabrielle am Montmartre geblieben war, warnte: »Die Orgie ist im Süden, die Orgie ist am Montparnasse, niemals mehr zum Montparnasse gehen.«

Erst nach dem großen Bankkrach, als die Sterne der Amerikaner nicht mehr strahlten und der Dollarregen verrann, kamen die Touristen, um das berühmte Café ohne Berühmtheiten zu bewundern. 1939 saß eine junge Lehrerin mit hübschen, doch etwas strengen Zügen oft im *Dôme.* Hier erlebte sie zusammen mit ihrem Freund den Kriegsausbruch. Um drei Uhr morgens am 2. September gehen Simone de Beauvoir und Sartre zum *Dôme.* Sie erinnert sich: »Im *Dôme* ist Hochbetrieb, viele Uniformen. Zwei Huren auf der Terrasse haben zwei Offiziere in die Mitte genommen, die eine summt mechanisch vor sich hin. Die Offiziere nehmen keine Notiz von ihnen. Drinnen Geschrei und Lachen.« Dann begleitet Simone Sartre zur Gare de l'Est, er folgt seiner Einberufung zum Militär. Am 3. September ist sie wieder im *Dôme,* dessen Fenster mit dicken blauen Vorhängen verdunkelt werden. Um halb vier erscheint der *Paris Soir* mit der Nachricht, England habe den Krieg erklärt; Frankreich folgt. »Trotz allem ein ungeheurer Schock«, schreibt sie. Am 7. September sitzt sie, Gide lesend, wieder in der großen Brasserie, ein Mann erzählt ihr, daß die Frau von André Breton einen Skandal am Abend vorher verursacht hat, als sie laut schrie: »Dieser Scheißkerl von General Gamelin ...« Der Mann heißt Adamov, der damals noch unbekannte absurde Dramatiker. Der »drôle de guerre« hat begonnen.

Comédie humaine in der *Coupole*

Ein heißer Sommerabend. Wir flanieren den Boulevard Montparnasse lässig entlang. Kurz vor der *Coupole* ein Menschenauflauf. Straßentheater. Hinreißend. Zwei Mädchen und zwei junge Männer spielen, Pantomime, Musikclownerien, ein bißchen Akrobatik, sie haben weißgeschminkte Gesichter. Das Volk applaudiert. In den Hut, den noch ein wenig keuchend der Älteste herumreicht, fallen viele Francs. Die vier sind Schauspielschüler und haben sich vor einem Monat zusammengetan. Sie können alles: tanzen, singen, spielen.

Auf der anderen Seite der Brasserie wirkt mit großem Brimborium ein Feuerschlucker, ganze Flammen verschlingt er – ein bißchen grausig anzuschauen.

Wir gehen über die Terrasse, die dicht besetzt ist, hinein in die *Coupole,* sogleich begrüßt von meinem Freund Monsieur Charles. Er ist seit fünfzehn Jahren hier Oberkellner, der einzige Deutsche dieser Art in Paris. Ein unheimlich schneller Berliner, der Pointen setzt: »Einen Stern im Michelin habt ihr nicht«, sage ich. »Wat denn, die Sterne sind wir doch selbst.«

Monsieur Charles ist begeistert von seinem Metier, das er, außer im August, alltäglich von sechs bis drei Uhr nachts, perfekt und gelassen ausübt. Mit betrunkenen Künstlern wird er so elegant fertig wie mit randalierenden Jugendlichen. Er ist Mitglied der Fußballmannschaft des Lokals und berichtet über deren Siege und Untergänge im *Parisien liberé,* außerdem ist er Kunstsammler. Er hat drei Radierungen von Dali und vier Papiertischtücher, auf die Giacometti, der fast jeden Abend hier saß, gezeichnet hat; er besitzt zwei Bilder von Reinhard Küchenmeister, eines vom Stammgast Rudi Bärwind aus Mannheim und einen *David* von Berrocal in Silber, um nur einige Stücke zu nennen.

»Wer ist das alte Dämchen, das immer gleich am Eingang sitzt und mit beachtlichem Appetit speist«, frage ich Monsieur Charles. Das Dämchen im grauen Rock mit der Baskenmütze ist ein Bildhauer. Nach wie vor kommen Käuze und Typen dieser Art in die *Coupole,* die nur in ihrer Mitte ein feines Speiselokal ist; darumherum an ungedeckten Tischen und in der berühmten Bar kann man auch bei einem Viertel Wein oder einem schlichten Bier sitzen und das »living theatre«, dessen Höhepunkte erst gegen Mitternacht beginnen, ungestört beobachten.

An die 5000 Personen gehen täglich durch das Lokal, das um acht Uhr morgens die ersten Croissants serviert und um drei Uhr nachts schließt. Kein traulicher, schummriger Ort ist die *Coupole,* eher eine Mischung von Bahnhofshalle und Bräu, Karawanserei des Vergnügens, Agora und American Bar (wo ebenfalls ein Barmann Bob Ruhm erlangte), Tanzstätte im Souterrain, Touristencafé auf der Straßenterrasse und im Zentrum um den Springbrunnen herum Gourmet-Restaurant mit Snob-Appeal. Hier sitzt die Haute-Bourgeoisie nach dem Theater, aber auch die schönen Fotomodelle; es kommen Schauspieler, Mannequins, berühmte Fotografen, die Schicken und die Schönen, die sich hier beim Mitternachtssouper vor wohlgefüllten Platten mit silbern irisierenden Austern auf braunen Algen zwischen dem Gelb der Zitronen zeigen; Journalisten, Schriftsteller, Verleger, Bankiers, Fernsehredakteure, Kunsthändler und viele Mädchen auf der Suche nach der nicht-verlorenen Zeit.

Die *Coupole,* die ihre Kuppel, der sie ihren Namen verdankt, sommers öffnet und deren Säulen Originalmalereien von Léger, Utrillo, Kisling und Marie Wassilieff zieren, wurde 1927 auf einem Lagerplatz für Holz und Kohle von zwei Geschäftsführern des benachbarten *Dôme* gebaut. Unter Louis XVI. stand hier noch ein Bauernhaus inmitten von Weinfeldern. Weinfelder gibt es heute in Paris nur noch auf dem Montmartre nahe dem Museum unterhalb der Rue Cortot. Die säulenbemalenden Künstler verlangten ihr Honorar in Zechen, was die Besitzer teuer zu stehen kam. Am 20. Dezember 1927 wurde das

Lokal eingeweiht. Alles, was Rang und Namen hatte, war geladen und vertrank bis Mitternacht – als das Fest erst zu rauschen begann – bereits 15 000 Flaschen Champagner, verzehrte 10 000 Sandwiches und 3000 harte Eier und 800 Kuchen. Gegen fünf Uhr morgens war Schluß. Mit Hilfe der Polizei. Und das bei Glatteis.

In diesem nächtlich flimmernden Viereck – *Rotonde, Sélect, Dôme, Coupole* – wogte das Nachtleben in den année folles, den irren zwanziger Jahren. Youki, Foujitas zweite Frau, die er »Rosa Schnee« nannte, schildert es in ihren *Confidences*: »Ich sitze an einem Tisch, zum Beispiel im *Dôme*, und bin umgeben von Pascin, Lucy Krogh (die große Liebe des Bulgaren, die mit seinem Freund, dem norwegischen Maler Per Krogh, verheiratet war) und Hermine David (Pascins Frau). Die Flut trägt sie davon, die Ebbe bringt mir Soutine, Kisling, Basler (der allseits gefürchtete deutsche Kunstkritiker), Robert Desnos (um diese Zeit weiß sie noch nicht, daß der Dichter ihr zweiter Mann wird, nachdem Foujita sie verlassen hat), Jacques Prévert. Ich meinerseits trete nun die Runde an, verlasse das *Dôme* und gehe in die *Coupole*. Dort sehe ich Antonin Artaud (Schauspieler, Schriftsteller und Gründer des Theaters der Grausamkeit), Pierre Brasseur und Solange Sicart. Die setzen sich nun ihrerseits in Bewegung, um andere Nachtwandler im *Select* zu treffen.« Gegen Morgen fuhren sie dann alle in Spezialtaxis, genannt die »Nächtlichen«, heimwärts. Youkis Taxifahrer war sogar ein Schriftsteller; in einem Büchlein *Voilà Taxi* schreibt er: »Youki Foujita geht vorüber, leuchtend, in ihrem Kielwasser ein Schwarm von Bewunderern.«

»La comédie humaine« spielt sich auch heute allnächtlich in der *Coupole*-Szene ab: Touristen, Gaffer, Arrivierte und nie Angekommene, Schnorrer und Verschwender. Hier tafelte in großer Gesellschaft Pascin mit seinen kleinen und ebenso unschuldigen wie verderbten Modellen, die er so lange so süß zu zeichnen wußte, bis er nicht mehr mochte, bis er sich, zwei Tage vor seiner Ausstellung bei Bernheim Jeune, am 20. Juli 1930 in seiner Wohnung am Montmartre, Boulevard Clichy 36, im

vierten Stock in seinem leeren, wüsten Atelier mit den staubigen Sofas erhängte. Schon zu seiner Zeit gab es im Parterre dieses Hauses wie auch heute noch das Kabarett *Théâtre des Dix
Heures*. Der Melancholiker mit der Melone, der so hinreißend
zu unterhalten verstand, schrieb mit dem Blut seiner aufge-
schlitzten Adern die Worte »Adieu Lucie«, ehe er sich erhängte. Ein unglücklicher Liebender, ein erfolgreicher Modemaler, der an seiner Kunst zu zweifeln begann. Ein »peintre
maudit«, wie man das nennt.

Die Künstler sitzen im *Sélect*

> »Ich komme irgendeinen Abend mal rüber, das
> *Dingo* ist wohl das Wahre? Ja, oder diese neue
> Kneipe, das *Sélect*.«
>
> ERNEST HEMINGWAY

Nächtliche Runde im *Sélect* am Boulevard Montparnasse: die
Schriftstellerin Maria Frisé, der Kunstkritiker Wolfgang Sauré
und der Maler Rudi Bärwind, der gerade mit leicht schwanken-
den Gebärden auf mannheimerisch von einem Prozeß berichtet, den er in zweiter Instanz verloren hat. Es ging um eine von
ihm gemalte, doch schwer erkennbare Stammtischrunde. Zumindest fühlten die Porträtierten sich auf dem Bild im Riesen-
format nicht ähnlich. Sie verweigerten das Honorar, das
Bärwind zunächst in erster Instanz einklagte und das ihm in
Karlsruhe verweigert wurde.

Bärwind, den Schlips locker wie ein Halstuch um das karierte
Hemd geschlungen, die grauen Haare kurz rasiert, eine Pfeife
im Mund, redet unaufhörlich. Er kam 1934 nach Paris, weil er
als »entartet« galt, und schlug sich, Menschen porträtierend, in
Lokalen ähnlich wie Modigliani durch, bis er 1939 die erste
Ausstellung in einer Pariser Galerie bekam. Bei Kriegsausbruch wurde er von den Franzosen als feindlicher Ausländer interniert und kam in die verschiedensten Lager, bis er nach dem
Waffenstillstand, nun plötzlich Angehöriger der Siegermacht,
wieder ein feines Leben führen und mit seiner Sonderzuteilung
von Kohle ein ganzes Mietshaus »erwärmen« konnte. 1943 erschienen dann zwei diskrete Herren in Zivil und beförderten
ihn schnellstens an die Front nach Rußland, wo er jedoch nach
geraumer Zeit in das Hauptquartier des Generalfeldmarschalls
von Kluge bestellt wurde, um zu malen. Doch das Glück blieb
ihm nicht allzulange hold. Er malte einen der Generäle so ab-
schreckend, daß er sofort wieder an die Front zur Partisanenbe-
kämpfung beordert wurde. »Raus, raus, raus«, hatte der adlige
Offizier gerufen. »Ich konnte einfach nicht anders, ich mußte

ihn so malen, wie ich ihn sah«, sagte Bärwind. Auch die Stammtischbrüder malte er – wie in Trance – innerhalb von zwei Stunden, so wie er sie sah: »Es wurde eine freie Gestaltung mit einem Schuß Sozialkritik.« Spötter tauften die Runde – in Anlehnung an Rembrandts *Nachtwache*, der ja auch Ärger mit den Porträtierten hatte – »Die Nachtwächter von Hemshof«, einem Vorort von Mannheim. Im Pariser Atelier des deutschen Malers, in der Avenue de Choisy 126, stapeln sich Bärwinds Bilder, tachistische und abstrakte Porträts wie Chiffren, die den Menschen als Vision erfassen, abseits von Schönfärberei. Er malte Adenauer, Scheel, Erhard und Malraux, bekam den Grand Prix in Frankreich, später den Grand Prix International, und stellte in Pariser Galerien aus. Voll des Champagners, diskutierte er 1972 eine Stunde lang im französischen Fernsehen mit Salvador Dali (dessen Schnurrbartspitzen sich immer mehr sträubten). Bärwind war befreundet mit Yves Klein, dem Maler des »Monochron«. »Der war froh, wenn er die Miete zahlen konnte, heute kosten seine Bilder 35 000 Mark. Man muß eben tot sein, damit die Preise steigen.« Zu unserer Runde gesellen sich schöne junge Männer, die gern in das *Sélect* kommen, wenn sie auch nicht von der Art der »Minets« sind, die im Drugstore von Saint-Germain-des-Prés und im *Flore* ihren Markt haben. Es erscheint ein amerikanischer Schauspieler, blendend aussehend, elegant, mit den steifen Bewegungen und dem abwesenden Gesicht eines disziplinierten Betrunkenen, stille Melancholie ausstrahlend. Seine Frau ist ihm durchgebrannt. Er könnte in seiner karierten Jacke eine Figur Hemingways sein, der das *Sélect* in seinem ersten Roman *Fiesta* genau beschrieb. Die »american bar«, wie das damals modisch hieß, entstand an der Stelle eines Möbelgeschäfts 1923 und ist auch heute noch mit den Marmortischen und den Löwenbeinen und der langen Bar nahezu unverändert geblieben. An der Bar saßen Hemingways Geschöpfe in Fleisch und Blut: Lady Brett Ashley, in Wirklichkeit die trinkfeste Engländerin Lady Duff Twysden mit dem Männerhut und dem Gemmen-Gesicht, die in der Rue Delambre 9 wohnte und mit dem ständig betrunkenen Schotten

Pat Guthrie (bei Hemingway Mike Campbell) befreundet war, der sich später, süchtig geworden, in einem der Cafés am Montparnasse vergiftete; ferner Harold Loeb, in *Fiesta* als der masochistische Boxer Robert Cohn dargestellt, und seine entsetzlich lächelnde und schwätzende Freundin Kitty Cannell, im Buch Frances Clyne. Als der Roman 1926 erschien, waren alle beleidigt, außer der Lady. Hemingway, ein scharfer, rücksichtsloser Beobachter, hatte seine Typen wie Schmetterlinge aufgespießt.

Das *Sélect* ist heute nicht mehr, wie in den zwanziger Jahren, eine Endstation der Nachtbummler, bis zum frühen Morgen geöffnet; es gilt aber als das einzige Café, wo die Künstler sich noch treffen. Man sieht sie mit den gleichen schwarzgrün-marmorierten Riesenmappen vor einem – oder auch keinem – Täßchen Kaffee Stunden verweilen und diskutieren. Und auch die Mädchen sehen wieder so aus wie damals, als van Dongen sie mit blauschwarz ummalten Augen und knalligen Mündern bezaubernd und ein bißchen lasziv malte.

Dieser Boulevard der Künstler und Bummler des Montparnasse wurde 1760 eröffnet und führte hügelauf zu einem Schuttberg des Rokoko, auf dem die Studenten des Quartier Latin ihre Gedichte vorzulesen pflegten. Daher der Name »Berg Parnass«, Montparnasse. Das *Sélect* war auch Lieblingslokal Tristan Tzaras, Robert McAlmons, der es in seinen Erinnerungen beschrieb, und Henry Millers.

Um drei Uhr müssen wir, von geduldigen Kellnern höflich immer wieder gebeten, das Lokal räumen. Die Zeiten der durchtanzten und durchtrunkenen Nächte von Paris scheinen in diesem Viertel vorüber zu sein. Ausgestorben liegt die Rue de Rennes 76, wo einst eine rote Rose in der Nachkriegszeit heftig blühte. Man gelangte in den Keller einer alten Brauerei, in die *Rose Rouge,* durch einen Métro-Eingang, saß auf Hockern, trank teuren Whisky oder Champagner und entdeckte in dem rundum hockenden Volk in der Dunkelheit mitunter die Garbo, Orson Welles, die Sartres oder auch Charlie Chaplin. Auf der kleinen Bühne traten Unbekannte auf, ein Pantomime, der Marcel Marceau hieß, in Strumpfhosen und Melone eine

Gruppe, die sich Frères Jacques nannte; ein Chansonier, der mit Schweigen begrüßt wurde und keinen Erfolg hatte, Charles Aznavour, und ein blondes Mädchen, das ihm an Mißerfolg nicht nachstand, man fand sie zu wenig sexy: Brigitte Bardot. Doch die Rose ist entblättert. Sie existiert nicht mehr. In der letzten Inszenierung des berühmt gewordenen Kabaretts, zwischen Couplets und frechen Sketches, sang man das Lied eines Dichters, auf dessen Heimkehr aus Theresienstadt die Freunde und die Frau Youki vergeblich gewartet hatten: Robert Desnos.

Méfiez-vous des Roses Noires
Méfiez-vous des Roses Noires
Il en sort une langueur
Epuisante, et l'on en meurt

Das war der schwarze Schwanengesang der roten Rose.

Besuch bei Manès Sperber

»Ein Emigrant ist ein Mann, der alles verloren hat,
außer seinem Akzent.«

MANÈS SPERBER

In der typischen Montparnasse-Gegend, in der Rue Notre-Da-me-des Champs, hatten viele Künstler ihr Atelier. In der Nr. 86 wohnte Fernand Léger, in der Nr. 117 kurz Modigliani, in der Nr. 73 lebte und starb Othon Friesz, Hemingway wohnte Nr. 113 (das Haus gibt es nicht mehr) und Ezra Pound im Hinterhaus von Nr. 70; in der Nr. 27 (das Haus gibt es ebenfalls nicht mehr) wohnte drei Jahre lang bis 1830 Victor Hugo mit seiner Frau Adèle. In der Nr. 83 besuchte ich im sechsten Stock den Schriftsteller Manès Sperber.

Von seinem Balkon aus sieht man auf die kleine Straße der »Großen Hütte«, auf die Rue de la Grande-Chaumière und auf das seltsam grüne Haus, das der Rudolf-Steiner-Gesellschaft gehört und demnächst wohl auch verschwunden sein wird, mit dem Atelierhaus nebenan, in dem Gauguin gemalt hat.

Sperbers höchst kultivierte Wohnung ist sparsam mit noblen Möbeln ausgestattet, nichts wirkt überladen. Viel Luft. An der Wand ein Bild von Geer van Velde, dem Bruder von Braam – »es hat musikalische Qualität«, sagt Sperber –, und ein abstraktes Gemälde von Jonny Friedlaender, »es hat mich überallhin begleitet.« Friedlaender, ein Oberschlesier, Schüler Otto Muellers in Breslau, kam 1934 ins Gefängnis, wanderte in die Tschechoslowakei aus, lebte 1937 in Paris, wurde 1939, wie alle politischen Flüchtlinge, von den Franzosen interniert, überstand den Krieg und wurde 1952 französischer Staatsbürger.

Sperber sitzt nicht hinter seinem Schreibtisch, sondern weit davon entfernt auf einem Lehnstuhl neben dem Kamin, hier schreibt er auf dem Schoß seine Manuskripte. »Es ist ein Zeichen von Unglück«, sagt der Kosmopolit, »wenn man sich selbst übersetzen muß.« Seine Romane übersetzt er vom Deutschen ins Französische, seine Essays vom Französischen ins Deutsche, und manchmal schreibt er auch englische Texte. Wie er da so sitzt, friedlich, ruhig, ausgewogen, mit einem schönen, sensiblen Gesicht, umrahmt von weißgrauen Haaren, kann man sich nur schwer vorstellen, welch abenteuerliches Leben dieser Mann geführt hat. Er wurde 1905 in einer jüdischen Gemeinde im ärmsten Teil Ostgaliziens geboren – »ich lege Wert darauf, daß man Ostgalizien sagt« –, in Zablotow, damals österreichisch, heute sowjetrussisch, und ging in Wien auf das Gymnasium. Nach dem Psychologiestudium wurde er Schüler, Mitarbeiter und kritischer Freund des Freud-Schülers (und -Gegners) Alfred Adler und lebte von 1927 bis 1933 in Berlin. Dort lehrte er Individualpsychologie, beschäftigte sich mit Traumdeutung, gab eine Zeitschrift für Psychohygiene heraus und kam 1933 als aktives Mitglied der Kommunistischen Partei ins Konzentrationslager. »Eine meiner Schülerinnen, deren Sohn SS-Mann war, hat mir aber geholfen«, erzählt er, der sonst über sein Leben eher zurückhaltend berichtet. Er ist dabei, seine Erinnerungen zu veröffentlichen. Nach der Entlassung emigrierte Sperber über Jugoslawien nach Paris, heute hat er die französische Staatsbürgerschaft. Damals war das Emigrantenleben unvorstellbar schwer. Er läßt es nur ahnen. »Ich lebte ein Jahr lang mehr oder weniger von saurer Milch und Brot, schrieb als ›Neger‹ für andere Manuskripte und wohnte in schäbigen Hotelzimmerchen«, trostlosen Zimmern, wie er sie in seiner Trilogie *Eine Träne im Ozean* geschildert hat. »Das Zimmer war länglich, doch nicht zu schmal. Das erste Drittel, vom Rest durch einen kleinen Vorbau abgeteilt, war Küche und Waschkabinett. Die Möbel von bescheidener Häßlichkeit: ein Bett, ein Nachttisch, ein Tisch, drei Stühle, auf einem stand der Radioapparat, daneben ein alter Lehnsessel, dessen ursprüngliche Farbe nicht mehr zu erkennen war, ein Kleiderschrank, der schlecht schloß, ein länglicher Spiegel, der boshaft jeden Betrachter noch häßlicher widerspiegelte, als er war. Die Papiertapeten an den Wänden übermittelten die Üppigkeit tropischer Pflanzen mit aufdringlicher Lebhaftigkeit. Im friedfertig-

sten Bewohner erzeugte ihr Anblick immer wieder das drin-
gende Bedürfnis, mit einem Maschinengewehr Löcher in die
Wände zu schießen. Aber keiner tat das, man tötet Häßlichkeit
nicht.« Die Romantrilogie begann Manès Sperber schon 1940
in »der Zeit der Verachtung« im Exilversteck. Er schrieb sie in
viele Schulhefte. Der erste Band erschien 1949 in Frankreich,
der letzte 1953. Erst 1961 kam die Trilogie in deutscher Sprache heraus. *Eine Träne im Ozean* wurde von der Kritik mit
Flaubert und Dostojewski verglichen; das dreiteilige Werk
stellt unter anderem auch die Geschichte der Komintern und
eine Absage an den Kommunismus sowjetischer Prägung dar.
1937 brach Sperber mit der Partei, für die er in Deutschland,
Österreich und Jugoslawien als Illegaler tätig war. 1938 erschienen in einem Bande zwei sozialpsychologische Essays:
Zur Analyse der Tyrannis und *Das Unglück, begabt zu sein.*
Sein Freund André Malraux, von dem er sagt, »vor vierzig Jahren haben wir eine Debatte begonnen, die heute noch nicht beendet ist«, schreibt über *Wie eine Träne im Ozean:* »In diesem
Werk begegnen uns tödliche Wahrheiten, die zu Leidenschaf-
ten und Schicksalsmächten wurden und deren verheerende
Wirkungen gleichsam das herausfordern, was nach dem Willen
des Autors an ihre Stelle zu treten und was nicht mit Glauben
und Unglauben zu tun hat, sondern vielleicht das eigentliche
Menschsein betrifft, das hier zur Erhellung kommt.«
Die drei Bände sind kein Schlüsselroman, wenn man auch in
der Person des Soennecke den in Moskau erschossenen deutschen Kommunistenführer Remmele, in »Bärtchen« Ulbricht
und in dem im KZ zu Tode gefolterten Schriftsteller Erich
Mühsam zu erkennen vermeint. Der Frage, ob die Hauptfigur
Dojno Faber Manès Sperber selbst ist, weicht er aus. »Meine
Helden sind, wie bei Cervantes, Träumer. Man wird keine
schlüssige Antwort finden.« Anders, wenn der Exkommunist
auf sein eigenes Generationserlebnis zu sprechen kommt: dann
kann er sehr bitter werden. So schrieb er einmal: »Wir sagten
zeitig genug, eindeutig genug die Wahrheit über Hitler, sie
wurde erst angehört und teilweise verstanden, nachdem Millio-

nen hatten sterben müssen. Wir gehörten zu den ›Linken‹, die die Wahrheit über Stalin und seine Komplicen sagten – bis heute hat man es uns nicht verziehen. Man hat es, um nur Gefährten zu nennen, die nicht mehr sind: Victor Serge nicht verziehen, nicht George Orwell und Albert Camus.« Mit Camus war Sperber befreundet, doch seine Witwe, die um die Ecke in der Rue Madame wohnt, sieht er so wenig wie Sartre, mit dem er auch einmal befreundet war. »Sartre steht links von sich selbst.« Malraux hingegen sieht er häufig und erzählt, daß sie einst beide eine neue Liga für Menschenrechte gründen wollten. Schon 1934 hatte er ihn besucht und sich kaum hingesetzt, als Malraux schon fragte: »Können Sie mir vielleicht erklären, warum die faschistischen Regime es nicht fertigbringen, eine Kunst zu produzieren, die diesen Namen verdient?« Seitdem vergleicht Sperber seinen Freund mit Saint-Just, was er auch dem Malraux-Biographen Jean Lacouture 1972 sagte.

Stets diszipliniert ist Sperber, präzise und schlagfertig: »Die Ignoranz fördert die Tendenz«, sagt er ohne Ironie und zitiert gern die französische Sentenz: »Man kann nicht sein und gewesen sein, man kann nicht haben und gehabt haben. – On ne peut pas être et avoir été, et on ne peut pas avoir et avoir eu.«

Er weiß viel über die Emigranten, die er fast alle gekannt hat, auch Joseph Roth, den er damals allerdings nicht anzusprechen wagte. Er sagt, Joseph Roth hat sich durch das Trinken selbst zerstört, zerstören wollen, aber im Grunde hat zum Schluß ihn dann das Spital getötet, denn als er mit Lungenentzündung eingeliefert wurde, habe er gesagt, ich bin Trinker und ich brauche ein gewisses Quantum an Alkohol. Das hat man ihm nicht gegeben und das hat ihm den Todesstoß versetzt.« Sperber macht mir klar, wie schwer es auch für bekannte Schriftsteller in der Emigration war. »In dem Moment, in dem sie in Deutschland totgeschwiegen, nicht mehr verlegt wurden, zeigten auch französische Verleger kein Interesse mehr für sie. Wir waren willkommen wie der Frost im Frühling«, konstatiert er sachlich. »Ein Exilierter flößte eine Art von Ansteckungsgefahr ein, Mitleid ist nicht abendfüllend.« Aber böse Bitterkeit liegt einem Mann wie Sperber nicht.«Paris war die Stadt der verarmten Kirchenmäuse«, sagt er, »aber hier war die Armut keine Demütigung, man aß sein kleines Menü zum Prix fix und dazu soviel Brot wie möglich gratis, und die Kellner waren immer höflich.«

Der abtrünnige Kommunist und scharfe Kritiker der neuen Linken hat natürlich viele Feinde. Doch mit dieser weichen, höflichen, leicht österreichisch gefärbten Stimme wirkt er in der Unterhaltung durchaus nicht aggressiv, eher tolerant und überaus human. Mit einer Mischung aus Poesie und melancholischem Stoizismus sagt er in seiner Trilogie: »Um einen Lebenden zu verstehen, muß man wissen, wer seine Toten sind. Man muß auch wissen, wie seine Hoffnungen geendet haben – ob sie sanft verblichen oder ob sie getötet worden sind. Genauer als die Züge des Antlitzes muß man die Narben des Verzichts kennen.«

Manès Sperber, der 1973 den Hansischen Goethepreis erhielt, ist literarischer Direktor im Verlag Calmann-Lévy in Paris und sitzt auf dem gleichen Stuhl wie einst Anatole France, der junge Leute allerdings kaum förderte, wie er sagt. Im Vergleich zu der deutschen hält der kosmopolitische Schriftsteller die französische Intelligenz für die beweglichere und sagt etwas Seltsames, das mir jedoch einleuchtet: »Deutsch ist die einzige Sprache eines großen Volkes, die von ihren Intellektuellen nicht geliebt wird.«

Nach dem Besuch stöbere ich noch in Antiquariaten herum, in der Rue Delambre fällt mir gleich ein französisches Buch in die Hand. Es ist von Sperber, er schrieb es 1926, und es war sein erstes Buch: *Alfred Adler, der Mensch und seine Lehre.*

Die fünf Pariser Tage Ödön von Horváths

> »Was falsch ist, wird verkommen,
> auch wenn es heut regiert –
> Was echt ist, das soll kommen,
> auch wenn es heut krepiert.«
>
> ÖDÖN VON HORVÁTH

Wir suchen in der engen, gewundenen Rue Monsieur-le-Prince 63 das *Hôtel de l'Univers,* Zufluchtsort vieler deutscher Emigranten in der Hitlerzeit. Sehr viel früher wohnte auch Strindberg dort. Das Haus steht noch, aber es ist kein Hotel mehr, sondern »Residence Internationale Carrefour«, ein Studentenheim. Am schwarzen Brett sucht zwischen vielen Zetteln ein blinder Student eine Vorleserin. Im Hof streckt ein verkrüppelter Baum beharrlich seine kahlen Äste in die Luft. An den Fenstern hängen als Kühlschrank-Ersatz Plastikbeutel mit Vorräten; Studenten und Studentinnen aller Rassen gehen ein und aus. Gleich um die Ecke braust der *Boul' Mich'.* Schick war das *Hôtel de l'Univers* bestimmt nie, doch immer praktisch und preiswert. Die Straße, voll mit kleinen Geschäften, Buchhandlungen, ostasiatischen Lokalen und etwas vergammelten Hotels, beherbergte einst erlauchte Geister. 1654 bis 1662 lebte Pascal in der Nr. 54, der Philosoph des Positivismus, Auguste Comte, wohnte in der Nr. 10, der Komponist Saint-Saëns in der Nr. 14 und der amerikanische Lyriker Longfellow in der Nr. 49. 1938 wurde für den Dramtiker Ödön von Horváth fünf Tage lang das *Hôtel de l'Univers* zum Universum. Der ungarische Diplomatensohn war 1936, als er seine Eltern in Possenhofen bei München besuchte, zur unerwünschten Person erklärt und aus Deutschland binnen vierundzwanzig Stunden ausgewiesen worden. Horváth erlebt heute eine Renaissance. Allein 1973 wurden 32 Doktorarbeiten über ihn geschrieben. Peter Handke stellt ihn über Bert Brecht. Er war nach dem Anschluß natürlich auch in Österreich verboten. Seine bitterbösen Volksstücke, Entlarvung des brutalen Kleinbürgers, Prophezeiung kommenden faschistischen Unheils, hatten ihn zum Erzfeind der in Deutschland Herrschenden gemacht. Der Stern des Kleist-Preisträgers war zwischen 1931 und 1933 aufgegangen. Die besten Bühnen hatten ihn gespielt. Max Reinhardt brachte die *Geschichten aus dem Wienerwald* heraus; Heinz Hilpert mußte allerdings die Uraufführung von *Glaube, Liebe, Hoffnung* 1933 absetzen. Horváth schrieb nun Romane, die gerade internationale Erfolge zu werden versprachen. Paris war für den Dichter, der eine Periode des Pessimismus durchlaufen hatte, nur ein Durchgangsort. Er wollte mit dem emigrierten Berliner Theaterdirektor Ernst Josef Aufricht, der in Berlin *Kasimir und Karoline* (mit Luise Ulrich) uraufgeführt hatte, über ein Stück verhandeln, seinen französischen Übersetzer Armand Pierhal kennenlernen und mit Robert Siodmak wegen der Verfilmung des Romans *Jugend ohne Gott* sprechen. Er war überaus frohen Mutes in Paris, nachdem der Abergläubische die ersten Tage, vor denen er sich dunkel gefürchtet hatte, durch Befragung einer Wahrsagerin hinter sich gebracht hatte. Den oben zitierten Vers hatte er nachts im Hotel auf eine leere Zigarettenschachtel geschrieben, als er mit einer wiedergefundenen Freundin, der Schriftstellerin Hertha Pauli, noch eine Flasche Wein auf seinem Zimmer trank.

In ihrem Buch *Ein Riß der Zeit geht durch mein Herz* erinnert sich Hertha Pauli, wie der Dichter groß und breit vor ihr stand: »Es war immer das gleiche. Um ihn lag eine unsichtbare Mauer, die man vergeblich zu durchdringen suchte.« Seinetwegen hatte sie einmal in Wien einen Selbstmordversuch gemacht. »Frauen waren von ihm fasziniert – aber sie kamen und gingen – er blieb allein.« Von der jüdischen Sängerin Maria Elsner, die er geheiratet hatte, um ihr einen ungarischen Paß zu verschaffen, war er schon nach kurzer Zeit wieder geschieden. Im Moment war er verlobt mit der Berliner Schauspielerin Wera Liessem. Er war siebenunddreißig Jahre alt, ein großer beleibter Mann mit rundem, etwas aufgedunsenem Gesicht. Ein Flüchtling fast ohne Gepäck: »Doch sein salopp-elegant geschnittener grauer Flanellanzug wirkte frisch gebügelt wie eh und je«, schrieb sein Freund Ulrich Becher, den er in Zürich besucht hatte, »er schien nichts eingebüßt zu haben von seiner wolkenhaften Gelassenheit.« Erst im März 1938 hatte die Emigration des Ungarn – der kein Jude war – begonnen. Er hatte die Schauspielerin Lydia Busch in Teplitz-Schönau besucht, war von Budapest über Jugoslawien, Triest, Venedig, Mailand, Prag nach Zürich gekommen, um dann über Brüssel nach Amsterdam zu fahren und schließlich am 28. Mai zu kurzem Aufenthalt in Paris zu landen. Er plante einen neuen Roman, *Adieu Europa*. Überaus abergläubisch, wie er war, fürchtete er sich vor Maschinen und Flugzeugen, Autos und sogar Lifts. Döblin, den er in Paris aufsuchte, war ganz verwundert, daß er die Stockwerke zu Fuß hochkletterte.

»Warum fürchten die Menschen sich im finsteren Wald«, hatte er in Paris Hertha Pauli gefragt, »warum nicht auf der Straße?« Kurz zuvor hatte er sich in Amsterdam Klaus Mann gegenüber seltsam geheimnisvoll geäußert: »Vor den Nazis habe ich keine so sehr große Angst. Es gibt ärgere Dinge, nämlich die, vor denen man Angst hat, ohne zu wissen warum. Ich fürchte mich zum Beispiel vor der Straße. Straßen können einem übelwollen, können einen vernichten, Straßen machen mir Angst.« Eine Wahrsagerin in Amsterdam – er ging gern zu Wahrsagerinnen – hatte ihm auf die Frage, ob der Filmabschluß zustande kommen würde, orakelhaft geantwortet: »Sie werden, mein Herr, in Paris das größte Abenteuer Ihres Lebens haben.« Das »eingeweihte Frauenzimmer«, wie Klaus Mann sie im *Wendepunkt* nannte, sollte recht behalten.

Doch der 31. Mai, vor dem er sich ganz besonders gefürchtet hatte, war vorübergegangen. Abends feierten die Freunde mit ihm in einem armenischen Lokal neben dem Hotel, einem kleinen Bistro von der Art, die Horváth liebte, wie die Beisel, die schäbigen Hotels, die finsteren Cafés, die Rummelplätze und Vorstadtkneipen. »Dieser sonderbar abergläubische, Wahrsagern trauende und Gespenster fürchtende, oft rastlose und von Platzängsten gejagte Mann hat sich sein Leben lang in einer starken, sehr komplexen, beinah naiv-magischen Beziehung zur Natur gefühlt, ihrer Katastrophenträchtigkeit, ihrer Todesträchtigkeit«, schreibt Urs Jenny.

Hertha Pauli schildert den nächsten Tag, den sie verschlafen hatte, den 1. Juni, als ungewöhnlich schwül und drückend heiß. Ödön hatte mit Walter Mehring im *Café Maheux* (es existiert noch) in der Rue Soufflot um die Ecke gefrühstückt und ihn plötzlich gefragt: »Was ist eigentlich ein Antisemit – macht es ihm Freude – oder hat er nur Angst?« Und in diesem Moment, laut Mehring, habe ein Blitz in das nahe Panthéon eingeschlagen. Auch Mehring mag Magie.

Abends saßen die Freunde beisammen und warteten auf Horváth, als sie von dem Anruf der Polizei erfuhren: Ödön habe einen Unfall gehabt. Sie fuhren sofort im Taxi in die Klinik Marmottan in die Rue d'Armaillé und standen vor seiner Leiche. Er hatte den ungewöhnlichsten Tod gefunden. Als er um halb acht Uhr abends die Champs-Elysées in der Höhe des Theaters *Marigny* vorüberschlenderte, fuhr ein Windstoß in eine Platane, die wie ein Strohhalm geknickt wurde. Ein Ast traf den Dichter im Genick, er war sofort tot.

Das »größte Abenteuer seines Lebens« war vollendet. Der Tod kam in Gestalt eines fallenden Baumes auf der großen Pariser Prachtstraße. Ein schneller Tod, vielleicht sogar ein sanfter, wie ihn viele seiner Heldinnen in den Stücken sterben, »als nehme die Natur ein Geschöpf, das sich ohne Hoffnung verirrt hat, am Ende wieder zurück«.

Wir versuchten den Baum in der Nähe des Rond Point vor dem Theater *Marigny* zu finden. Natürlich vergeblich. Man hatte den geknickten Baum schon damals gleich wieder ersetzt. Sanft rauschte der Wind in den Platanen, nur hörbar, wenn die Ampeln den Verkehrssturm kurz stoppten. Im Theater, in dem einst Offenbach dirigierte, gibt man ein Boulevardstück von Georges Feydeau, seine letzte Komödie, geschrieben 1928: *L'hôtel du libre-échange*. Nebenan glänzt weiß und rosa das Luxusrestaurant *Laurent*, das seine Pforte soeben geschlossen hat. Es wurde in einen Club umgewandelt.

Die Beerdigung Horváths war, wenn man der Schilderung seines Freundes Carl Zuckmayer folgt, von makabrer Komik und des Volksstück-Dramatikers absolut würdig. Zuckmayer war sofort gekommen und auch im *Hôtel de l'Univers* abgestiegen. Aufgebahrt hatte er den Toten noch gesehen, »da ihn der Schlag von rückwärts gefällt hatte, war sein Gesicht unverändert, nur gelblich bleich. Doch er sah schön aus, furchtbar still, und schien etwas ironisch zu lächeln«. Zuckmayer schildert in seinem Buch *Als wär's ein Stück von mir* die Beerdigung Horváths, die mit einem Coup wie aus einem seiner Stücke begann. Ein »Bestattungs-Spezialist« erschien und kassierte von den Trauernden Vorschüsse für eine würdige Beerdigung. Doch alsbald wurde er von der Polizei als Betrüger verhaftet. Viele Freunde des Dichters wollten an seinem Grabe auf dem Friedhof im Norden von Paris Reden halten. Man stritt sich um die Reihenfolge – die meisten waren untereinander tödlich verfeindet. Ödön von Horváths Eltern waren gekommen, seine Braut Wera Liessem wie auch Hertha Pauli folgten beide dem Sarg. Ein ungarischer Kaplan brachte ein Säckchen Heimaterde. »Und dann kamen wir«, schreibt Zuckmayer, »eine jammervolle Schar zerzauster Vögel, auch soweit wir noch gute Kleidung und geflickte Halbschuhe trugen … viele mit jenen undefinierbaren verschabten Schals um den Hals, wie sie den Beginn der Verelendung kennzeichnen. Da wankte Joseph Roth, der verehrte Dichter, total betrunken, wie gewöhnlich um diese Zeit, mit bekleckertem Anzug, auf zwei jugendliche Bewunderer gestützt. Und auf alles troff unablässig der Pariser Regen.« Das Grab lag in der fernsten Ecke des Friedhofs Saint-Ouen, dicht an der Mauer, an der die Gleise eines Rangierbahnhofs vorbeiführten. Während der feierlichen Reden hörten die Trauernden, ob sie wollten oder nicht, die Witze und Schreie der Bahnarbeiter durch den prasselnden Regen. »Viens prendre un verre«. »Ödön, dachte ich, würde sich, wenn er noch am Leben wäre, totlachen«, schreibt Zuckmayer.

Joseph Roth und das *Hôtel Foyot*

»Paris ist katholisch im weltlichsten Sinn dieser
Religion, zugleich europäischer Ausdruck des all-
seitigen Judentums.«

Aus einem Brief an Benno Reifenberg, Mai 1925

Fast ein Jahr später als Horváth, am 27. Mai 1939, starb Joseph
Roth im Pariser Hospital Necker an seinem langsamen Selbstmord, den er durch Alkohol beging, noch keine fünfundvierzig
Jahre alt. Das »beschädigte Leben«, wie Adorno das Emigran-
tendasein nannte, hatte in der Erniedrigung der Sucht ein Ende
gefunden. Wohl ein gewolltes.

Dabei war diese Stadt dem schwermütigen Schilderer der un-
tergehenden Habsburger Monarchie aus Ostgalizien einst so
traumhaft schön erschienen, als er 1925 zum ersten Mal nach
Paris kam. Er schwärmte in einem Brief an Benno Reifenberg:
»Wer nicht hier war, ist nur ein halber Mensch und überhaupt
kein Europäer. Es ist frei, geistig im edelsten Sinn und ironisch
im herrlichsten Pathos. Jeder Chauffeur ist geistreicher als unsere Schriftsteller ... ich könnte weinen, wenn ich über die Sei-
ne-Brücken gehe, zum ersten Mal bin ich erschüttert von Häusern und Straßen, mit allen bin ich heimisch, obwohl wir uns
fortwährend mißverstehen, wenn es um Reales geht, und weil
wir uns so herrlich verstehen, wenn es um Nuancen geht.« Der
Preußenhasser nannte die ganze Stadt einen »Protest gegen
Hindenburg«.

Roth wohnte mit seiner damals noch gesunden Frau Friederike
Reichler – später erkrankte sie an Schizophrenie und lebte in
Sanatorien, bis sie im Dritten Reich der Euthanasie zum Opfer
fiel – an der Place de l'Odéon in einem Hotelchen: »Furchtbar
billig, 10 fr. für ein gutes Essen, 15 fr. für Quartier.« Um diese
Zeit hatte er, der als Journalist vor allem für die *Frankfurter
Zeitung* in ganz Europa herumreiste, bereits zwei Romane ver-
öffentlicht, *Hotel Savoy* und *Die Rebellion*. Als er im Januar

1933 ins Pariser Exil gehen mußte, war er durch die Romane *Hiob* und *Radetzkymarsch* auch in Frankreich bekannt.

Sein bevorzugtes Hotel wurde das *Foyot,* das nicht besonders teuer war und im Souterrain ein berühmtes Feinschmeckerlokal beherbergte, Treffpunkt der Senatoren, die vom nahen Senat herüberkamen, um erlesen zu speisen. Man sieht es der Rue de Tournon (so genannt nach einem Abbé von Saint-Germain-des-Prés, der später Kardinal wurde) nicht an, daß sie seit 1540 existiert. Viele Herzöge hatten hier ihre Palais, die zum Teil verschwunden sind. In der Nr. 5 starb 1843 die Wahrsagerin der Kaiserin Josephine, Mademoiselle Lenormand, in der Nr. 2 wohnte Balzac drei Jahre lang, in der Nr. 8, einem bezaubernden Haus aus dem Jahre 1713, gab es zur Zeit der Revolution einen Club, in dem Danton, Desmoulins und Fabre d'Eglantine verkehrten; in der Nr. 33 eben das *Hôtel Foyot:* hier wohnten Rilke, Léon-Paul Fargue und der Jüngling mit dem düsteren Blick unter zusammengewachsenen Brauen und dem schön geschwungenen Mund, der geniale Freund Cocteaus: Raymond Radiguet. Es war seine letzte Wohnung in Paris, ehe er mit zwanzig Jahren an Typhus starb, Ende 1923, dem wichtigsten Jahr seines kurzen Lebens, in dem seine beiden Romane *Le diable au corps (Der Teufel im Leib)* und *Bal du Comte d'Orgel* erschienen und ihn sofort berühmt machten. Modigliani und Picasso hatten ihn gezeichnet, Max Jacob und Apollinaire gehörten zu den Vorbildern seiner Lyrik, seine Musikerfreunde hießen George Auric, Darius Milhaud und Erik Satie. »Höre eine schreckliche Sache«, hatte der Schwerkranke zu Cocteau am 9. Dezember gesagt, »in drei Tage werde ich von den Soldaten Gottes erschossen.« Er starb am 12. Dezember 1923, und es mutet fast gespenstisch an, daß in der Rue de Tournon 17 der hinreißende Liebhaber aus dem Film *Teufel im Leib,* Gérard Philippe, ebenfalls jung, 1954 mit siebenunddreißig Jahren starb.

Nicht nur Roth war unglücklich, als aus unbegreiflichen Grunde das *Hôtel Foyot* und das exzellente Restaurant abgerissen wurden. Viele Jahre lang hatte er dort gelebt, wie ihm jetzt schien, fast glücklich, in Wirklichkeit immer nahe am Abgrund der totalen Verzweiflung. So schrieb er im Februar 1936 an Stefan Zweig einen seiner ungezählten Jammerbriefe: »Ich habe keine Nächte mehr. Ich sitze bis 3 Uhr morgens herum (wahrscheinlich gegenüber im Café *Tournon*), ich lege mich angezogen um 4 Uhr hin, ich erwache um 5 Uhr, und wandere irr durchs Zimmer. Ich bin seit zwei Wochen nicht aus den Kleidern gekommen. Sie wissen doch, was Zeit bedeutet, eine Stunde ist ein See, ein Tag ein Meer, die Nacht eine Ewigkeit, das Erwachen ein Höllenschreck, das Aufstehen ein Kampf um Klarheit gegen einen bösen Fiebertraum ... Erniedrigt, geschändet, verschuldet, lächelnd, lächelnd mit zusammengebissenen Zähnen – ein akrobatisches Kunststück – damit es der Hotelwirt nicht merkt.« Um diese Zeit hatte er schon dreizehn Romane veröffentlicht und viele hundert Artikel geschrieben. Doch wie stets in dieser Stadt, gab es im Volk Menschen voller Güte und Verständnis. Im gleichen Brief beschreibt Roth den Nachtportier des Hotels als »braven Mann, der aufrichtiger als zehn Schriftsteller ist. Ich kann meine Achtung vor Auguste nicht aufgeben und nicht seine Liebe zu mir. ›Vous êtes un bateau surchargé, vous coulez à pic‹, sagte er zu mir gestern. ›Mon pauvre vieux, venez chez moi.‹«

Trost brauchte der Romancier, der nie genug Geld hatte und zwischen Schuldnern und Gläubigern in den verschiedensten Zwickmühlen saß, der von Vorschüssen lebte und Unterstützung ebenso verlangte wie verachtete. So schildert der Schriftsteller Joseph Breitbach in einem Brief an Hermann Kesten, wie er Roth 1934 mit seiner damaligen Gefährtin Andrea Manga-Bell in der Rue Garancière vor dem Verlag Plon traf und merkte, daß beide Geld brauchten. »Ich hatte nur wenig bei mir und schlug Roth vor, mich auf meine Bank zu begleiten. Dort hob ich eine Summe ab, die ihn für ein volles Jahr gegen materielle Sorgen absichern sollte. Ich hatte die beiden fern des Kassenschalters Platz nehmen lassen. Als ich Roth diskret in einem Umschlag das Geld überreichte, beschimpfte er mich laut, ich sei kein Schriftsteller, sondern ein vermögender junger Mann, der aus Liebhaberei schreibe. Die Angestellten der Bank wohnten kopfschüttelnd Roths Wutausbruch bei. Ich brach in jenem Augenblick meine Beziehungen zu ihm ab.«

Trost brauchte Joseph Roth in diesem Jahre auch, weil seine sechsjährige Freundschaft mit Andrea Manga-Bell zu Bruch ging. Die Tochter eines kubanischen dunkelhäutigen Komponisten und einer Hamburgerin war mit einem Fürsten aus Kamerun, dem König von Duala, verheiratet und lebte mit ihren zwei Kindern von ihm getrennt. Roth sorgte unter größten Schwierigkeiten für die drei. Ihren Mann, der wieder in Duala lebte, nun französisches Mandatsgebiet, haßte er: »Kein Wilder, aber die schlimmste Sorte der Welt«, schrieb er an seine Übersetzerin Blanche Gidon, »ein schwarzer Preuße, in Norddeutschland erzogen und ganz und gar eine germanische Seele in brauner Haut. Während des Krieges war er preußischer Husar. Noch nach dem Krieg, als der Prinz unter französischem Protektorat war, hat er nicht aufgehört, an Wilhelm II. Telegramme zu schicken.« Eine Weile wollte Roth die Kinder adoptieren, später verkrachte er sich mit ihnen, die ihn ausgerechnet mit »boche« beschimpften. In einem seiner »Klagemauerbriefe« vom November 1935 schreibt er in komischer Verzweiflung: »Mein ganzer Negerstamm kommt angereist, zum Überfluß und paradox mit deutschen Tannenbäumen und arischen Sentiments.« In dem allzu engen Hotelzimmer fielen er und die Mulattin Andrea sich mehr und mehr auf die Nerven. »Ich muß frei sein am Abend, ich muß allein sein können und mit gutem Gewissen allein sein können. Es steckt in dieser Frau – wie übrigens in allen – der fatale und sehr natürliche Drang, mich einzuengen, familiär mich zum Haustier zu machen.« 1936 gingen sie schließlich auseinander. Eine neue Gefährtin war aufgetaucht: die Schriftstellerin Irmgard Keun. »Kränken Sie sich nicht«, schrieb Stefan Zweig im Juli 1936, »es ist ein Glück, wenn Dinge sich plötzlich lösen, statt sich langsam zu zerzerren.« Zweig ließ sich später von seiner Frau scheiden und heiratete seine Sekretärin Lotte Altmann, die mit ihm 1942 in Petropolis in Brasilien Selbstmord beging.

1938 mußte Roth sein geliebtes *Hôtel Foyot,* in dem er so viele Jahre lang gewohnt hatte, aufgeben. Vom *Café Tournon* aus beobachtete der Schriftsteller, wie es abgerissen wurde. In seinem Feuilleton *Rast angesichts der Zerstörung* heißt es: »Vorgestern abend stand noch eine Mauer da, die rückwärtige, und erwartete ihre letzte Nacht … An der einzigen Wand erkannte ich noch die Tapete meines Zimmes, die himmelblaue, zart goldgeäderte. Gestern schon zog man ein Gerüst, auf dem zwei Arbeiter standen, an der Wand hoch. Mit Pickel und Steinhammer schlug man auf die Tapete ein, auf meine Wand; und dann, da sie schon betäubt und brüchig war, banden die Männer Stricke um die Mauer – die Mauer am Schafott. Das Gerüst ging mit den Arbeitern nieder. An beiden Enden der Mauer hingen die Strickenden herunter. Jeder der beiden Männer zog daran, und mit Gepolter stürzt die Mauer ein. Eine weiße dichte Wolke aus Kalk und Mörtel verhüllte das Ganze. Aus ihr traten jetzt, weißbestaubt, gewaltigen Müllern ähnlich, die Steine mahlen, die beiden Männer.« Roth lud sie zum Trinken ein … »Die Arbeiter waren Demolisseure. Niederreißen war ihr Beruf, für Aufbauen kamen sie niemals in Betracht. Und das ist recht so, sagten sie, jedem sein Beruf und jedem sein Verdienst.«

Neugierig, die letzte Stätte seines Wirkens zu sehen, betreten wir das *Café Tournon,* das Roth täglich besuchte. Er saß links, gleich neben dem Fenster. Wir essen überbackene Käsebrote, trinken Rotwein und fragen den Kellner nach dem berühmten Schriftsteller. Aber er ist jung und kennt ihn nicht mehr. Anders der dicke Wirt hinter der Bar: »Ja, hier hat er gesessen«, sagt er, »viele Menschen kommen jetzt und fragen nach ihm. Oben im kleinen *Hôtel de la Poste* über dem Café hat er in der Nr. 3 gewohnt.« Das war die letzte Station des Habsburg-Österreichers, der zeit seines Lebens nie eine eigene Wohnung gehabt hatte. Wandmalereien aus den zwanziger Jahren, das Senatsgebäude und der Jardin du Luxembourg mit Bubikopf-Mädchen, Bilder von der Umgebung, die Roth die »Republik Tournon« nannte, zieren das Café. Unter einem Bild sitzt eine vornehme alte Dame, wohl eine Emigrantin, die nicht mehr in die Heimat zurückkehren wollte. Mit etwas zittrigen Fingern greift sie zum Café crème und hüstelte so, daß sie die Tasse wieder absetzen muß. Zwei Tische weiter wird lebhaft diskutiert. Ein Liebspaar küßt sich und schaut dabei in den Spiegel, zwei Mädchen vom Antiquariat nebenan in langen Jeansröcken flattern herein und essen das bescheidene Mittagsmahl der Pariser: ein Sandwich mit Schinken und ein Gläschen Weißwein.

Hier schrieb Joseph Roth auf kleine Zettel seine *Legende vom heiligen Trinker.* Hier hielt er auch noch in den letzten Wochen seines Lebens Hof. Denn so einsam und elend, wie es aus seinen Briefen herausklingt, ist er tatsächlich nicht gewesen. Max von Riccabona gab in der *Frankfurter Allgemeinen Zeitung* 1969 einen anschaulichen Bericht: »Er präsidierte besonders am Abend einem großen Kreis von Freunden, Bekannten und Bewunderern. ›Tout Paris‹ fand sich ein – österreichische Aristokraten und polnische Juden, Tiroler und Tschechen waren ebenso dort zu finden wie Universitätsprofessoren und Gangster. Die Herzogin von Atholl konnte man bei ihm antreffen wie spanische Anarchisten, normannische Barone und den ›Faubourg‹ ebenso wie marokkanische Erdnußhändler. Und alle behandelte er mit der gleichen, etwas altmodischen Höflichkeit – stets den Handkuß – und skeptischer Grandezza.« Wie immer in Paris, wo Geist noch etwas gilt, gab es auch damals offenbar eine brave Wirtin. »Während der letzten Tage seines Lebens bestand Roths Nahrung nur noch aus einem Teller Sauerkraut, den ihm die Patronne des *Tournon,* Madame Alazard, die ihn wie eine Mutter umsorgte, immer etwa gegen neun Uhr servierte. Dann ging er um ein Uhr nachts regelmäßig mit einer Flasche Kognak zu Bett.« Es muß dies Getränk gewesen sein, das Klaus Mann beschrieb, wenn Roth von der Wiederherstellung der Habsburger Monarchie schwärmte: »Während der Dichter dergleichen auseinandersetzte, konsumierte er erstaunliche Mengen äußerst konzentrierten Alkohols. In meiner Erinnerung waren es meist Getränke von ungewöhnlich dunkler, bräunlichtrüber Farbe und geradezu diabolischer Intensität, die unser Freund aus kleinen Gläsern schlürfte. Glasigen Blicks, aber in sonst würdig-zusammengenommener Haltung, hielt er Cercle in den Kaffeehäusern von Paris, Wien, Amsterdam. Wo er sich gerade aufhalten mochte, immer wurde sein Tisch zum Zentrum.«

Joseph Roth mit dem grauen Schnauzbart, dem gelichteten Haar, dem unsicher schleppenden Gang, den von Ödemen geschwollenen Beinen, war bis zur letzten Stunde geistig hellwach. Er, dessen Vater als Trinker im Irrenhaus endete, war intellektuell vom Alkohol bis zum Schluß nicht gezeichnet. Die halbe Nacht hindurch trank er im *Café Tournon* einen »Suze« nach dem anderen und philosophierte über die Deutschen, die er nicht mochte. »Es ist doch merkwürdig«, sagte er zu Riccabona, »daß es in der deutschen Sprache das schmückende Beiwort ›Sau‹ nur für die Preußen und die Juden gibt.«

Der Galizier, der sich »Rationalist mit Religion, Katholik mit jüdischem Gehirn« nannte, liegt auf dem Pariser Vorortfriedhof Thiais in der Nähe der verlegten Großmarkthallen Rungis. Wie David Bronsen in seiner Roth-Biographie schreibt, waren beim Begräbnis die verschiedensten Kreise zusammengetroffen, »Couleurstudenten in vollem Wichs und mit blankem Rapier, Monarchisten und Kommunisten, Ostjuden und Katholiken.« Es kamen Otto von Habsburgs Sekretär Graf Degenfeld, Hermann Kesten, Alfred Polgar, Egon Erwin Kisch, der französische Abgeordnete Olivier de Pierrebourg, seine Übersetzerin Blanche Gidon und »arme Vaterlandslose«.

Joseph Roths Nachruhm künden viele Verfilmungen seiner Romane, darunter der ausgezeichnete *Trotta* von Johannes Schaaf.

Ho Tschi Minh in Paris

An der endlosen Mauer des Montmartre-Friedhofes entlang
führt der Weg zu Ho Tschi Minh. In der kleinen Nebenstraße
Impasse Compoint der Rue Guy-Môquet im 17. Arrondissement steht das Haus, in dem der siebenundzwanzigjährige Nguyen ai Quoc, wie er sich damals nannte, 1917 zuerst in Paris
wohnte. Das kleine Hotel, bescheiden renoviert, steht noch,
aber keine Plakette weist auf den berühmten Gast hin, der hier
einst hauste. Die gegenüberliegende Seite der Straße ist voll-
ständig abgerissen, dort wird sich demnächst ein moderner
Wohnblock erheben. Es ist schwer, das Fenster zu finden, hinter dem der Vietnamese wohnte; der Hinterhof, damals wohl
häßlich und verschlampt, ist mit einem hübschen, grünweiß ge-
strichenen Hofkarree und Garagen neu hergerichtet worden.
Eine junge Frau zeigt uns das Fenster im ersten Stock, hinter
dem der junge Mann kärglich gelebt haben mag. Ein Bett, ein
Tisch, mehr nicht. Die Kneipe, die heute mit einer Bierreklame
lockt, gab es damals noch nicht. Ho, der Sohn des Mandarins
Nguyen Sinh Sac, war jahrelang zur See gefahren, erst als Kü-
chenjunge, dann als Steward und Matrose; er hatte schließlich
im feudalen *Hotel Carlton* in London Geschirr gespült, bis ihn
der überaus berühmte Koch Escoffier als Hilfspastetenbäcker
beschäftigte. In den ersten Jahren des Weltkriegs fuhr er wieder
zur See, um 1917 schließlich für sechs Jahre nach Paris zu gehen.
Als er in der Impasse Compoint wohnte, trug er noch keinen
Bart, ein schmächtiger Jüngling mit Melone und Wollschal,
später in Paris »le petit Monsieur Ferdinand« genannt, der im
Völkergewimmel nicht auffiel. Ai Quoc (Ho Tschi Minh nannte
er sich erst 1942) war damals als Retuscheur in einer Fotofirma
fest angestellt, er ließ sich elegante Visitenkarten drucken mit
seinem Namen und Beruf: »Portraits Agrandissements Photo-

graphiques« und gab in der Gewerkschaftszeitung eine Annonce auf: »Wenn Sie eine lebendige Erinnerung an Ihre Eltern haben wollen, lassen Sie Ihre Fotos bei Nguyen Ai Quoc retuschieren. Schöne Porträts in schönem Rahmen für 45 Francs, 9 Impasse Compoint.«

In geborgtem schwarzem Anzug erschien der Schmächtige auf dem Versailler Friedenskongreß und legte die wahrlich bescheidenen Wünsche der Annamiten auf größere Unabhängigkeit dar, ohne allerdings gehört zu werden. Nur *Le Populaire* brachte einen Artikel darüber. Mit dem Chefredakteur Jean Longuet, einem Enkel von Karl Marx, freundete er sich an, wie auch mit dem kommunistischen Abgeordneten Vaillant-Couturier, der später Schwiegersohn des elegantesten Mannes von Paris wurde, Lucien Vogel, Begründer des *Jardin des Modes,* der Illustrierten *Vu* und der *Gazette du Bon Ton,* der exklusivsten Modezeitschrift, die es je gegeben hat.

Erste Bildseite

Oben: Wo jetzt Chouchou haust und hochmütig auf ihre zahlreichen Verehrer hinunterblickt, lebte einst der Zöllner Rousseau in einem Atelier. Aber auch der *Cour de Miracle* in der Rue Vercingétorix 3 wird bald verschwunden sein. Auf der anderen Seite der Straße erheben sich bereits die neuesten Bauten im Schatten des Turmes *Maine Montparnasse*.

Unten: Jean-Louis Barrault im ersten Stock seines Theaters. Der Raum wurde mit Kulissen aus Molière-Stücken dekoriert und wirkt wie ein nobler grauer Schloßsaal. Der Blick vom hohen Bahnhofsfenster geht auf die Seine und die Tuilerien.

Zweite und dritte Bildseite

Die Gare d'Orsay am linken Seine-Ufer, erbaut zur Weltausstellung 1900, jahrelang stillgelegt, ist heute von neuem Leben erfüllt. In dem monumentalen Bahnhof aus der Belle Époque mit seinen hohen Kuppeln, einem Traum aus Eisen und Glas, richtete Jean-Louis Barrault sein neues Theater ein, das *Théâtre d'Orsay* der Companie Barrault-Renaud.

Vierte Bildseite

Oben: Der feierlich-schöne Hauptsaal der *Bibliothèque Nationale* mit seinen Kuppeln und den vielen Tischlampen ist so still, daß man kaum darin herumzugehen wagt. Hier saßen nicht nur Literaten und Wissenschaftler, sondern auch Politiker aller Schattierungen, unter ihnen Lenin und Rilke.

Unten: In diesem bescheidenen Haus Impasse 9 im 17. Arrondissement wohnte ein gewisser Nguyen Ai Quoc, seines Zeichens Retuscheur. Er wurde später in der ganzen Welt bekannt unter dem Namen Ho Tschi Minh.

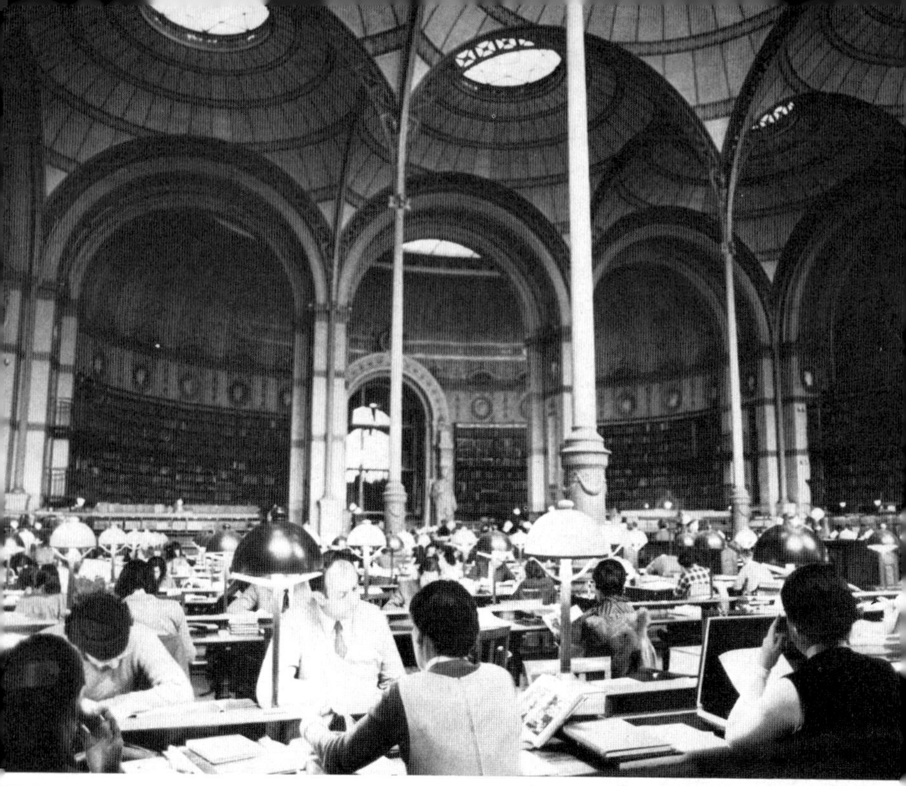

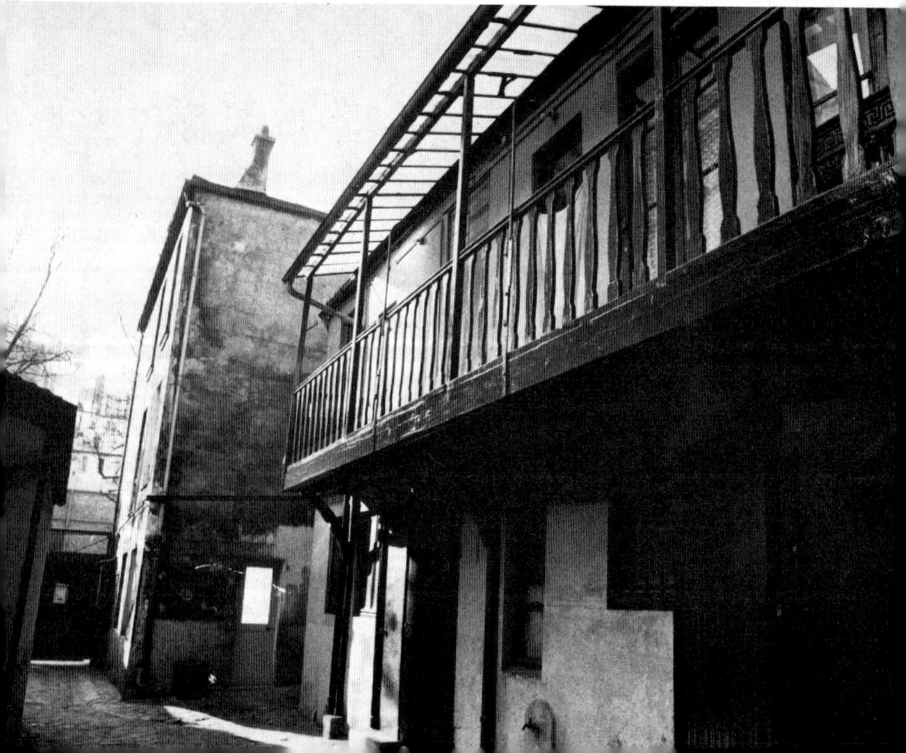

In seinen Erinnerungen schrieb Ho: »Nach dem Ersten Weltkrieg verdiente ich meinen Lebensunterhalt in Paris. Mal als Retuscheur bei einem Photographen, und mal, indem ich ›chinesische Antiquitäten‹ (made in France!) bepinselte. Ich verteilte Flugblätter, auf denen die Verbrechen der französischen Kolonialisten in Vietnam bloßgestellt wurden. Damals unterstützte ich die Oktoberrevolution nur instinktiv.« Er wurde Mitglied der Sozialistischen Partei: »Der Grund, weshalb ich der französischen Sozialistischen Partei beitrat, war, daß diese ›Damen und Herren‹, wie ich meine Genossen zu jener Zeit nannte, mir gegenüber und gegenüber dem Kampf der unterdrückten Völker ihre Sympathie bekundet hatten ...«

Nguyen zog später in die Rue des Gobelins 6. Dieses Sträßchen, das auf die Avenue des Gobelins geht, ist in der unteren Hälfte überaus ärmlich. Hier gibt es noch Hinterhöfe, wie sie damals üblich gewesen sind, eine alte kleine Kartonagenfabrik und eine Druckerei; ein schäbiges *Nouvel Hôtel* (»tout comfort«) ist da – aber die Nr. 6 gibt es nicht mehr. Die Nummer zwei geht in die Nummer acht über, die ein Möbelgeschäft beherbergt, daneben – das entbehrt nicht der Ironie – ein chinesisches Restaurant *La grande muraille de Chine.*

Der vietnamesische Revolutionär, der 1931 ein Jahr lang in Hongkong in britischer Gefangenschaft war, erlebte die grauenhafteste Zeit seines Lebens, als er 1942 in chinesische Gefangenschaft geriet und 14 Monate, Hände und Füße in Ketten, von einem Gefängnis zum andern geschleppt wurde (30 im ganzen), in Massenzellen mit Syphilitikern, Opiumsüchtigen und Banditen saß, bis er im Oktober 1943 entlassen wurde. Schon nach vier Monaten schrieb er in sein Gefängnistagebuch: »Mager und düster, wie ein ausgehungerter Dämon / bin ich von Krätze bedeckt. Glücklicherweise / bin ich zäh und geduldig, und ich weiche niemals einen Schritt. / Obwohl ich körperlich leide, ist mein Geist ungebrochen.«

La grande muraille de Chine: das Restaurant ist noch ziemlich neu. Ein Plakat zeigt einen rotchinesischen Film an. In der kleinen Rue des Gobelins lebt der spätere »Onkel Ho« die längste

Zeit in Paris. Ein Landsmann, Bui Lam, schildert, wie er ihn 1922 besuchte: »Ein Mann um die dreißig stand sehr schlank und blaß vor mir ... Er trug einen alten Anzug aus schwarzem, grobem Stoff, und dann waren diese Augen, diese bemerkenswert großen und leuchtenden Augen ... Das Zimmer war einfach möbliert. Ein Tisch in einer Ecke. Ein Haufen Zeitungen, Zeitschriften und Bücher. Ein eisernes Bett und eine kleine Garderobe. Das war alles. Aber das Zimmer war sauber, hell und gemütlich.«

In der Rue des Gobelins teilte Ai Quoc seine Zeit genau ein. Vormittags fertigte er »Chinoiserien« in Heimarbeit an, die er dann gegen Stücklohn verkaufte; das Geld steckte er zum Teil in die 1921 von ihm gegründete Zeitschrift *Le Paria,* die monatlich erschien und deren Chefredakteur und Vertriebschef er in einer Person war. Sie brachte es auf 38 Nummern. Nebenbei bildete er sich systematisch, soweit ihm die Doppelexistenz Zeit dazu ließ. In den Originalsprachen las er Shakespeare und Dikkens, Zola und Victor Hugo, auf Chinesisch Lu Hsun. Seine Lieblinge waren Anatole France und Tolstoi.

Er schildert in seinen Erinnerungen, was er empfand, als er in der *Humanité* Lenins Thesen zur nationalen und kolonialen Frage las: »Ich war so voller Freude, daß mir die Tränen kamen; obgleich ich allein in meinem Zimmer saß, rief ich so laut, als spräche ich zu einer Menschenmenge: liebe Märtyrer; meine Landsleute, das ist es, was wir brauchen, das ist der Weg zur Befreiung.« Später mag er anders über die Russen als Befreier gedacht haben.

Damals ging er in der Rue Monge spazieren, die nicht weit von seiner Straße entfernt war, ein zierlicher Vietnamese in einem alten schwarzen Anzug mit schweren Stiefeln und starken Absätzen. Er besuchte Kunstausstellungen und ging mit seinem jungen Freund Bui Lam öfter in die Rue Descartes chinesisch essen. Das Restaurant gibt es noch, doch mag es vor einem halben Jahrhundert besser gewesen sein, denn Ho war – wenn es die Entbehrungen erlaubten – ein Feinschmecker.

Abends ging Nguyen Ai Quoc in die Nationalbibliothek, deren

großer Lesesaal damals vermutlich genauso wie heute aussah. Wenn man ihn betritt, kann man sich eines Schauers der Ehrfurcht nicht erwehren; diese unendlich langen Reihen still Lesender mit den Jugendstillampen, abwechselnd grün und schwarz beschirmt, unter dem herrlichen Glaskuppeldach aus dem Jahre 1868, das von schlanken Säulen elegant getragen wird. Oft ging Nguyen Ai Quoc auch in den Club du Faubourg, wo die kommunistischen Intellektuellen diskutierten und stritten. Und hin und wieder traf er sich mit seinem »Beschatter« von der französischen Geheimpolizei, Louis Arnoux, wenn er zu einer Unterredung in ein kleines Café in der Nähe der Oper bestellt worden war. Er reiste viel und sprach auf Versammlungen und Kongressen. 1923 verschwindet er, »sans laisser d'adresse«, nachdem er die Redaktion des *Paria* und die Finanzen ordnungsgemäß hinterlassen hatte, gen Osten. Im Sommer 1924 nimmt er am fünften Kominternkongreß in Moskau teil. Erst am 14. Juli 1946 kann man Ho Tschi Minh – übersetzt: »Ho mit dem klaren Willen« – wieder in Paris auf einem Zeitdokument entdecken, er steht als unerwünschter Ehrengast in einfacher Uniform auf der Tribüne, während die Parade vorüberzieht. Abgewendet von ihm, der später ihr erbittertster Gegner wurde, sieht man französische Generäle.

Die *Ruche* existiert noch

»In der Welt der *Ruche,* wo man krepierte, oder
berühmt wurde.«

MARC CHAGALL

Wir wollten den Schauplatz sehen, wo Soutine seine erste Pariser Zeit verbrachte und wo Fernand Léger, Archipenko, Zadkine, Chagall, Laurens, Blaise Cendrars und Epstein nicht kre-
pierten, sondern berühmt wurden. Man fährt mit der Métro bis
zur Porte de Versailles, geht westlich den Boulevard Lefebvre
(so genannt nach Napoleons Marschall, der einst auch Herzog
von Danzig war) bis zur zweiten Querstraße links zur Rue de
Dantzig, biegt in die erste Straße links ein, die Rue de la Saïda,
und entdeckt rechts die Passage de Dantzig mit der *Ruche,* dem
»Bienenkorb«.

Ein Gittertor im Jugenstil – es stammt aus dem *Palais des Femmes* der Weltausstellung 1900 – schließt das Terrain mit dem
wunderlichen Überbleibsel ab, dem einstigen Weinpavillon der
Ausstellung. Man könnte ein Buch schreiben über die Überreste der verschiedenen Pariser Weltausstellungen, zu denen
viele Künstlerkolonien gehören, so das *Grand Palais*, das *Petit Palais*, das *Meteorologische Observatorium* im Parc de Montsouris, das auf der Ausstellung 1867 das Palais von Tunis war,
das *Musée d'art moderne* von 1937; in der Rue Caulaincourt 73
steht immer noch ein Fachwerkhaus im Hinterhof, das einst der
bayerische Pavillon auf der Weltausstellung von 1887 war.

Die *Ruche* war eine hochherzige Stiftung des Bildhauers Alfred
Boucher, der als offizieller Staatskünstler nicht nur Könige und
Königinnen, sondern auch die Präsidenten der Republik mo-
dellierte. Durch Zufall hatte er bei einem Kneipenwirt 1897 ein
Gelände von 5000 Quadratmetern für 5000 Franc gekauft und
sieben Jahre später den Weinpavillon dorthin schaffen lassen,
dreistöckig mit zwei köstlichen Karyatiden am Eingang – genau
wie er heute noch an dieser Stelle steht. Die vielen Ateliers, wie

Tortenstücke in den Rundbau geschnitten, mit verglaster Front und kleiner Empore, wurden auch »Särge« genannt. Doch zahlten die Bewohner entweder überhaupt keine Miete oder 50 Francs pro Jahr, nur die im dritten Stock kosteten 300 Francs jährlich. Am Eingang hängen die Briefkästen, ich zähle 73 Namen, darunter sogar einen »Rousseau«, rechts und links sind die Toiletten, nach alter französischer Art zwei Löcher mit Fußtretern und Wasserspülung. Damals gab es offenbar nur eine Latrine im Park – der Weg dorthin hieß »le chemin du trône«. Um diese Zeit lag die Rue de Dantzig im »terrain vague« zwischen Stadt und Land. Hier waren die Schlachthöfe von Vaugirard, es gab auch noch Getreidefelder, weidende Kühe, Alleen und versteckte Pfade.

Doch auch heute noch ist die *Ruche* einer jener magischen Orte von Paris, die zum Glück noch nicht verschwunden sind. Zwar schrumpft das Gebiet zwischen Neubauten und hohen Häusern, doch hat sich der Zauber noch nicht ganz verflüchtigt. Um die *Rotonde* herum – auf ihrem spitzen Kuppeldach gurren Tauben – sind andere Atelierhäuser und Pavillons verstreut; der Garten, einst ein Park, ist leicht verlottert, aber sehr malerisch. Marmorblöcke liegen herum, eine kaputte Holzmadonna lehnt im Winkel, da und dort abgebrochene Säulen; in einer Ecke blühen kleine Schreberbeete mit Blumen und frischen Topfpflanzen, zwei Knabenbüsten stehen zwischen Unkraut, Zierstühlen und uralten Bänken. Sollte der bärtige Mann aus Stein dort im Winkel vielleicht die Büste des Patriarchen Boucher sein, der für seine Künstler sogar ein Theaterchen installierte?

Hunde erscheinen. An einer Ateliertür hängt zierlich Wäsche, Kinder dürfen ihr Mittagessen im Freien schmausen, aus einem anderen Atelier ertönen metallische Hammerschläge, gleich daneben spielt ein Bildhauer Bachs Fugen auf dem Plattenspieler. Wir umschleichen die *Ruche,* niemand stört uns. Die Concierge hat vorsichtshalber eine Tafel vor ihre Tür gestellt, auf der lapidar zu lesen ist: »Je ne suis pas là, la concierge«. Wir schauen durch blind-staubige Atelierfenster: da steht ein monumentaler weiblicher Akt in Ton, dort kocht eine junge Frau etwas auf dem Herd, hinter rotkarierten Gardinen häuft sich ein Stapel Bilder, mit dem Rücken zur Wand. Ein rotlockiges Mädchen im langen schwarzen Kutschercape tritt aus dem Portal, gefolgt von ihrem bleichen Jüngling, der ein Wäschekörbchen trägt, in dem das drei Wochen alte Baby schlummert. Ein anderer Hund erscheint, groß, schwarzweiß gefleckt. Idyllisch ist das, fast ein bißchen irreal. Fern knarren Baukräne, irgendwo ertönt eine Polizeisirene. Wir überlegen, ob dies das Atelier ist, in dem Soutine sein Rattenerlebnis hatte, ob hier Chagall wohnte, als er nach Paris kam? Da kommt der Bildhauer Michel Herz, grauhaarig im schwarzen Pullover. Er verwickelt uns in ein Gespräch. Wir dürfen eintreten. Der kleine Raum mit der Empore ist angefüllt mit geheimnisvollen, surrealen Plastiken, Terrakotta, Marmor rosa und schwarz, wundersame, halb verfremdete Mädchengesichter, Körper, Tiere, Dinge voll Poesie, auch Trauer, Traumgestalten.

Michel Herz, gebürtiger Frankfurter, der vor den Nazis fliehen mußte und sein Geld als Anstreicher verdiente, ist gegen die geistlosen Neubauten, die den Blick in den Himmel verstellen. Er ist auch gegen den Turm *Maine Montparnasse*: »Er zerstört die menschlichen Proportionen«, sagt er, »ein Baum ist dann nur noch ein Dreck, wird zur kleinen Mücke.« Wir unterhalten uns über Picasso und seine nicht immer feine Art, mit Frauen umzugehen. »Ein Künstler liebt sein Werk mehr als sein Leben«, sagt Herz, »und deshalb muß er egoistisch sein.« Und er sagt auch und spielt damit wohl auf eigene Schwierigkeiten an: »Ein Künstler darf kein Intellektueller sein, der für jeden Gedanken einen Gegengedanken hat, der Intellekt ist paralysierend.«

Wir gehen mit ihm über die Straße in die *Bar Dantzig,* ein Haus, das im spitzen Winkel wie ein Schiff an der Straßenecke steht. In der langen Bar, die sich nicht viel verändert haben kann, saß oft Cendrars und schrieb Gedichte. Wir trinken einen kleinen »Weißen«. Herz sagt: »Ich habe einen solchen Durst nach dem Absoluten, daß mir das Leben an sich eigentlich gar nicht genügt. Die Arbeit ist eine Geste, die Folgen hat. Die Chance zu überleben ist nur das Werk.«

1910 erschien Marc Chagall aus dem Städtchen Witebsk in der *Ruche,* ein dunkellockiger Arbeiterjunge, dessen Vater Heringspacker war; eins von neun Kindern. Durch zähen Selbstbehauptungstrieb hatte er es gegen den Widerstand seiner Eltern durchgesetzt, Kunstschüler in Petersburg zu werden, eine Weile sogar bei Leon Bakst.

Er fand ein Sofa in einer Redaktion zum Übernachten, verdiente ein paar Rubel als Retuscheur und hatte das Glück, dem Duma-Abgeordneten Winawar aufzufallen, der ihm ein Stipendium von 125 Francs pro Monat für Paris verschaffte. 1910, im Alter von dreiundzwanzig Jahren, landete Chagall wie viele andere arme Russen in der *Ruche.* Gleich am nächsten Tag wanderte er in die Baracken des *Salon des Indépendants* auf dem Marsfeld. Viele der noch unbekannten Künstler hatten ihre Werke mit dem Schubkarren selbst hineingekarrt. »Ich stieß bis ins Herz der modernen Malerei vor. Hieran habe ich mich gehalten. Keine Akademie hätte mir das alles geben können, was ich entdeckte, als ich mich in die Ausstellung von Paris verbiß, in Schaufenster, Museen«, schreibt er in *Mein Leben.*

Er malte Träume aus Witebsk in Paris, seine farbigen frühen Bilder, von denen er dann als »Sonntagsmaler seiner Erinnerungen«, wie René Drommert sagt, bis ins hohe Alter zehrte; die Fiedler auf dem Dach, die Bräute, Kühe, Esel, Blumen und Rabbiner. Er malte im »Bienenkorb« so emsig wie eine Biene. Da er ein wenig Geld hatte, mußte er sich nicht von den Tomaten- und Kartoffelgerichten bei russischen Genossen ernähren und auch nicht bei der Concierge Madame Segondet Bohnensuppe schmausen. »O, meine Künstler, meine Kinder Gottes, meine armen Bienen! Sie geben nicht immer Honig, und wenn sie welchen geben, ist er oft bitter. Aber was soll man da machen. Jeder muß halt essen«, so hatte die gutmütige Beschließerin gesprochen, wie es Jacques Chapiro berichtet, der selbst dort lange gelebt hatte.

Chagall hielt sich von den anderen zurück. »Während in den

russischen Ateliers ein gekränktes Modell schluchzte, bei den Italienern Lieder und Gitarrenklänge ertönten, bei den Juden Diskussionen, war ich ganz allein in meinem Atelier vor meiner Petroleumlampe ... sie brannte, bis ihr Glanz in der Bläue des Morgens erstarrte. Dann kletterte ich hinauf in meinen Verschlag, in mein Bett.«

Der Russe freundete sich mit dem Schweizer Dichter Blaise Cendrars an, der über ihn dichtete: »Il dort / Il est éveillé / tout à coup, il peint ...«

Apollinaire erschien Chagall als »sanfter Zeus«: »Er trat aus seinem Eckzimmer, sein Lächeln wuchs allmählich über die ganze Breite seines Gesichts. Die Nase war wild zugespitzt, und aus seinen sanften, geheimnisvollen Augen sang die Sinnenlust. Er trug seinen Bauch wie eine Reihe gesammelter Werke, und seine Beine gestikulierten wie Arme ...« Maler können beobachten. Apollinaire machte Chagall mit Herwarth Walden bekannt, der für ihn die erste Ausstellung in Berlin arrangierte, als Marc auf dem Weg in den Urlaub nach Witebsk war, wo ihn der Erste Weltkrieg überraschte. Nach der Revolution wurde er Kunstkommissar in Witebsk, malte in Moskau Bühnenbilder für das jüdische Granowski-Theater und kehrte schließlich 1923 nach Frankreich zurück – mit der heißgeliebten Bella und dem Töchterchen. Erste Enttäuschung: Bei Walden fanden sich von 150 Bildern und Gouachen nur noch wenige, es kam zu einem Prozeß. Zweite Enttäuschung: In seinem Atelier in der *Ruche* hatte er ebenfalls einen Stapel Bilder hinterlassen und die Tür vielfach mit Eisendraht gesichert, aber auch hier fand er nur noch das vollkommene Nichts. Kein Stückchen mehr. Ein Teil der Bilder tauchte später bei Kunsthändlern auf, war also gestohlen worden, einen Teil hatte die neue Concierge als Abdichtung gegen den Regen in den verschiedenen Ateliers mit ihren Glasdächern einfach verbraucht. Doch schon begann Chagalls Ruhm zu erstrahlen, 1924 gab es die erste Kollektivausstellung in Paris, 1925 richtete Vollard ihm ein eigenes Atelier ein, 1926 stellte er in New York aus. Er war jetzt ein sehr bekannter Maler und avancierte später sogar zum Staatskünstler, als er 1964 im Auftrag Malraux' das Deckengemälde in der großen Oper schuf. 1968 wurde sein Bild *Les Fiancés* bei Sotheby in London für 700 000 Mark versteigert. Der Mann, der in den Erinnerungen seiner früheren Pariser Jahre schrieb: »Und ich, Sohn eines Arbeiters, wie oft habe ich Lust, aus Langeweile in den Salons das blanke Parkett zu verdrecken« ... wurde Millionär!

Snob-Time bei *Lipp*

Snob-Time bei *Lipp* ist das Déjeuner am Sonntag. Wer nicht berühmt, berüchtigt oder mindestens bekannt ist, muß sich mit Geduld wappnen, will er nicht in die obere Etage zu Provinzlern und Touristen verwiesen werden. Doch das Warten ist spannend wie in einem Boulevard-Theater. Auf der Terrasse bei einem Glas Bier oder einem Apéritif vergeht eine Stunde schnell. Die Creme der Eierköpfe aus Literatur, Film, Theater, Politik schlendert lässig heran und muß ebenfalls warten, wenn sie nicht das bevorzugte Glück hat, gleich vorn im ersten Raum an kleinen Tischen eine Passage zu flankieren, durch die alle kommen müssen.

Die Menschen am Sonntag bei *Lipp* erscheinen zumeist in Loden, soweit es sich um Männer handelt; die Frauen putzen sich auf oder auch ab. Jeansröcke, Häkeltücher, Samtcapes; manche entsteigen dem Jaguar, andere kommen zu Fuß im Schlabberrock. Bei *Lipp* ist man leger. Zwänge herrschen nicht. Die meisten Gäste kennen sich untereinander, Bonmots fliegen wie Tischtennisbälle hin und her. Direktor Cazes, Neffe des Besitzers, herrscht wie ein U-Boot-Kommandant beim raffinierten Platzverteilen. Tagtäglich schreibt er mit kleiner Schrift in ein dickes Buch: das Datum ist darin mit dem Lineal rot unterstrichen, schwarz folgen die Namen der Bekannten, Berühmten, Berüchtigten.

Die Lippianer sind hundelieb, die meisten führen einen Hausgenossen mit sich, von der Dogge bis zum Dackel, vom Zwergpinscher bis zum Schäferhund oder Möpslein schauen die verschiedensten Schnauzen unter den weißen Tischtüchern hervor. Die Brasserie ist original Belle Epoque, nicht wie heute mit nostalgischem Schick nur so ausstaffiert. Die Kupferkronleuchter, die Wandfayencen, die abgewetzten Mahagonianrichten mit der runden Öffnung für die langen Weißbrote, das stimmt alles, wie auch die Kellner mit den langen weißen Schürzen, den faltigen Gesichtern und den schwarzen Westen. Bei *Lipp* saßen die Scott Fitzgeralds, stumm, verfeindet, betrunken, es kam in der Okkupationszeit Picasso mit Dora Maar, später mit der Gilot, Simone und Sartre, Boris Vian und sein Kreis aßen hier elsässischen Choucroute, und als Paris befreit war, fuhr eines Tages ein Jeep mit Geheule vor und ein ungeheurer Krieger, behangen mit Maschinengewehren, sprang heraus, als wolle er das Lokal erobern, wie Monsieur Cazes mir erzählte – und das war Hemingway, der eine vor dem Krieg versprochene Kiste Kognak abholte. An dem Sonntag, als ich da war, speiste Mendès-France bei *Lipp,* erschien mit verlebten Zügen und wiederentdeckter Frau Curd Jürgens; Maître Isorni, Verteidiger von Pétain, schmauste nicht weit von Romy Schneider, und sehr spät trat auch noch bleich und interessant Jeanne Moreau an der Hand von Pierre Cardin auf. Der Besitzer Marcellin Cazes hat schon vor vielen Jahren einen Literaturpreis gestiftet – man stelle sich ein deutsches Restaurant vor, in dem so etwas denkbar wäre –, der alljährlich an junge Literaten verliehen wird. Das ist eben der Saint-Germain-des-Prés, mehr Geist als Gosse und kein Hautgout.

Nacht für Nacht saß hier in den zwanziger und dreißiger Jahren der berühmte Fußgänger von Paris, Léon-Paul Fargue, und schrieb Artikel, ehe er zu neuen Streifzügen aufbrach. Er schaute auf die Fayencen mit Blumen, die aus der Fabrik seines Vaters stammten. Dieses Vaters, der seine Mutter, eine kleine Näherin, erst heiratete, als Léon-Paul schon dreißig Jahre alt war, denn der Papa mußte warten, bis seine eigene Mutter, die etwas gegen die Ehe mit der sieben Jahre älteren Frau hatte, endlich gestorben war. Über *Lipp* fand Fargue folgende Sentenz: »Die Kunst und die Politik geben sich dort die Hand, der Arrivist und der Arrivierte sitzen Ellbogen an Ellbogen, der Meister und der Schüler überbieten sich an Höflichkeit, um herauszukriegen, wer von ihnen zahlen wird.« Der »Worthexenmeister« Fargue, der wie ein Mandarin aussah, stand zumeist – darin Proust ähnlich, den er gut kannte – erst gegen Nachmittag auf, um dann die ganze Nacht hindurch zu bummeln. Gleich Proust war auch er ein gewaltiger Taxifahrer und gab Unsummen dabei aus. Pierre Brisson (später Chefredakteur des *Figaro*) schilderte Fargues Augen, die ihm asiatisch vorkamen: »Drachenaugen, signiert von Hokusai, Augen, deren filtrierender Blick, wenn er die Lider senkte, Geduld enthüllten, Raffinement und manchmal die schweigsame Grausamkeit des Mandarins.« Der Dichter, der bei uns kaum übersetzt wurde, war einer der besten Kenner von Paris, das er bei aller Schärfe zärtlich zeichnete. So nannte er den Eiffelturm den »großen Schmetterlingskönig der modernen Träume«. Er war zugleich homme du monde und homme de lettres und Bohemien, willkommener Gast in den feinsten Salons wie in den ärmlichsten Bistros, wo man ihn mit seiner ständig erloschenen Zigarette im Mundwinkel genausogut kannte.

Die *Brasserie Lipp* wurde von dem Elsässer Lippmann gegründet, der nach Sedan, um nicht deutsch zu werden, gen Paris zog und ein kleines Bistro am Boulevard Saint-Germain aufmachte, das durch die Güte seines Sauerkrauts und seines Biers bekannt wurde. So ließ Marcel Proust oft durch seinen Taxichauffeur Odilon, den Mann seiner getreuen »Botin« und Dienerin Céleste, in einer Kanne frisch abgezapftes Bier von *Lipp* zum Boulevard Haussmann holen. Berühmt wurde das Restaurant jedoch erst, als es 1920 von Marcellin Cazes, einem armen Bauernjungen aus der Auvergne, übernommen wurde. Aus den zehn Tischen sind indessen hundert geworden, nach rückwärts und nach oben wurde das Lokal erweitert. Es wurde von Politikern aller Schattierungen – Briand, Herriot, Daladier, Painlevé, Laval besucht und galt eher als Lokal der Rechten, vor allem der »Action Française«, als sie noch in Aktion war, denn als Treffpunkt der Linken, die lieber ins *Flore* gegenüber gingen. Es gab 1935 sogar Gewalt, wie Léon-Paul Fargue berichtete: »Eines Abends wurde Léon Blum (damals Chef der Sozialistischen Partei), der ruhig mit seiner Frau bei *Lipp* zu Abend speiste, durch die letzten Scharen der Gäste, die in dem Trubel ihren letzten Liter tranken, laut ausgezischt. In wenigen

Minuten war ein allgemeiner Krawall daraus geworden, und ich, Zuschauer, der seinen Platz nicht verlassen hatte, wurde von einer scharfkantigen, reaktionären Flasche getroffen, die mir mit voller Wucht das Bein aufschlug. Glücklicherweise befand ich mich in Gesellschaft von Dr. Mabille und Dr. Berthier, der eine Arzt, der andere Apotheker, die mich wegschafften, mir einen Verband anlegten, daß ich wie eine Mumie aussah, und mir auf das berühmte ›Dunkle‹ von *Lipp* doch wahr und wahrhaftig Arnika zu trinken gaben ...«

Saint-Exupéry

»Aber sag mir, was ich suche und warum ich, an mein Fenster gelehnt, in der Stadt meiner Freunde, meiner Sehnsucht und Erinnerungen, verzweifle.«

Brief an eine Freundin, 1938

Bei *Lipp* oder im Käselokal Rue d'Amsterdam bei Androuet – genau wußte er es nicht mehr – lernte Fargue eines Nachts auch Saint-Exupéry kennen. Der Flieger war genauso ein Feinschmecker wie er, der ihn über einem großen »Brie de melun« hinweg beobachtete. »Ich habe ihn sofort bemerkt, er war unfrisiert, fast zerstreut, eine Hand in der Tasche seiner Jacke, worin auch ein Buch steckte. Er wartete, er bewunderte. Saint-Exupéry hatte einen erstaunten Blick, eine erstaunte Nase, ein erstauntes Gesicht, und trotzdem trat aus seinem klaren und gesunden Antlitz der Eindruck von etwas sehr Ernsthaftem hervor, bald evangelienhaft, bald wissenschaftlich. Wir wurden sofort Freunde.«

Der Aristokrat, der nie den Grafen heraushängen ließ und der ebenso leidenschaftlich Pilot wie Poet war, kam um diese Zeit nur sporadisch nach Paris. Er litt noch an der geplatzten Verlobung mit der schönen Louise de Vilmorin. Sieben Jahre danach fiel er noch beinahe in Ohnmacht, als er sie auf einem Ball in der Oper wiedersah. Aber es war ihm gelungen, durch seinen Freund, den Essayisten Jean Prévost (er fiel mit dreiundvierzig Jahren 1944 als Widerstandskämpfer) in Adrienne Monniers Zeitschrift *Le navire d'argent* zum ersten Mal – freilich in der letzten Nummer – gedruckt zu werden. Er flog nachts Postflüge zwischen Casablanca und Toulouse, Dakar und Casablanca, wurde Chef auf Vorposten in der Sahara im marokkanischen Cab Juby und später in Argentinien Verkehrsflieger. Fast ein Todeskandidat, überstand er immer wieder Abstürze. 1931 bekam er den Prix Fémina für das Buch *Nachtflug*. Um diese Zeit war er schon mit dem schillernden, hysterischen, kapriziösen

Tropenvogel – »meiner Hexe« – Consuelo Suncin verheiratet. Sie stiegen im Pariser *Hôtel Lutétia* bei der Place Sèvres-Babylone ab, dem Riesenhotel aus dem Jahre 1905, in dem auch Picasso 1918 kurz gewohnt hatte, der hier eines seiner letzten Selbstporträts zeichnete, in dem Moment, als er die Todesnachricht von seinem Freund Apollinaire bekam. Er war nicht weit davon entfernt am Boulevard Saint-Germain 102 an der spanischen Grippe gestorben, während auf den Straßen eine glückstrunkene Menge den Sieg über Deutschland feierte. Das *Lutétia* war im nächsten Krieg Sitz der deutschen Abwehr unter Canaris und nach der Befreiung Meldestelle für heimgekehrte KZ-Häftlinge.

1924, als die »Air-France« gegründet wurde, zog Saint-Exupéry als ihr Propagandist auf Reisen. Das Paar wohnte jetzt am Invalidendom in der Rue de Chanaleilles 5 in einer winzigen Wohnung, die der Dichter, der in seiner Jugend frappant dem »Gilles« von Watteau geglichen hatte, mit chaotischer Unordnung erfüllte. In den zu engen Räumen war Consuelo auch noch als Bildhauerin tätig. Beide hatten nie Geld. Als sie ausziehen mußten, blieben die Möbel, mit »Kuckucks« der Steuereinzieher beklebt, zunächst da. Antoine hatte nun schon schüttere Haare. Abend für Abend saß er im *Deux Magots* oder im *Lipp* herum und feilte an seinen Manuskripten. Ein Wortfanatiker, ein Humanist, ein Nachtvogel. Wegen seiner aufgeworfenen Nasenflügel hatten ihn Schulkameraden »Mondgucker« getauft, aber auch »Sonnenkönig«. Zeit seines Lebens hatte er Freunde unter Fliegern und Schriftstellern, in dieser Hinsicht mehr ein Mann für Männer als für Frauen, auch wenn er sie glühend verehrte. Mit Fargue gründete er das »Ministerium der Nacht« in den Lieblingslokalen. Viele Ehekräche gab es. Über eine Reise nach Moskau schrieb er Reports für den *Paris Soir;* als Pionier flog er die Langstrecke Paris–Saigon und stürzte zum vierten Mal 200 Kilometer vor Kairo ab. Rettung kam erst nach fünftägigem Marsch durch eine Kamelkarawane. Daraus entstand vier Jahre später *Wind, Sand und Sterne,* das auf französisch *Terre des hommes* heißt, ein Name, der im

Vietnamkrieg in der Hilfsorganisation für kriegsverletzte Kinder wieder Auferstehung feiert, ganz im Sinne Exupérys. 1938 stürzte er in Guatemala ab und kam zum fünften Mal mit dem Leben davon. Nach seiner Rekonvaleszenz war er wieder in Paris und wohnte nun hochherrschaftlich an der Place Vauban gegenüber der Invaliden-Kapelle im sechsten Stock. Seine Witwe wohnt heute Rue Barbet-de-Jouy 24. Im Spanienkrieg schrieb der Flieger wieder Reportagen; er hatte inzwischen einige Patente für technische Verbesserungen an Flugzeugen und den großen Romanpreis der *Academie Française* bekommen. Nach dem »drôle de guerre« nahm er Abschied vom besiegten Heimatland und ging nach New York.

Der kleine Prinz erscheint 1943; Saint-Exupéry kommt nach Algerien und Korsika zurück und unternimmt seinen letzten Flug am 31. Juli 1944, von dem er nicht mehr wiederkehrt. Sein Tod bleibt mystisch, wie er selbst immer etwas Mystisches hatte. Ein Ritter, modern und romantisch, schwierig und berückend, heiter und düster, wohl auch todessüchtig. »Er war unfähig zum Haß, er hatte Angst vor dem Termitenleben, das auf die Menschheit zukam. Der Massenzeit hatte er nichts entgegenzusetzen als den vollen Klang seiner Poesie und seine bezaubernde Person, deren stärkste und humanste Waffe seine Liebenswürdigkeit und sein unvergeßliches Lächeln waren«, schrieb Friedrich Sieburg.

Auf der Suche nach Prousts verlorener Zeit

> »Sich in der Gesellschaft eines anderen zu gefal-
> len, weil einer von dessen Ahnen an den Kreuzzü-
> gen teilgenommen hat, ist Eitelkeit. Die Klugheit
> hat damit nichts zu tun.«
>
> MARCEL PROUST

Ich gehe, von der Gare Saint-Lazare kommend, den Boulevard
Haussmann entlang, um die Nr. 102 zu finden, das Haus, in
dem Marcel Proust sein Eremitendasein begann. Er lebte und
arbeitete vollkommen abgeschieden in seinem mit Kork ausge-
schlagenen Schlafzimmer, dessen hermetisch verschlossene
Fenster hinter gefütterten blauen Satinvorhängen nur geöffnet
werden durften, wenn er nachts ausging. Die Nummer 102 gibt
es zwar noch, aber das Haus steht nicht mehr. Wie so oft in Paris, stehe ich auch hier vor einer kaltglänzenden Protzbank, der
Bank Varin-Barnier. Prousts Tante Weil hatte das Haus 1918
hinter seinem Rücken verkauft. Drei Jahre nach seinem Tode
wurde das Wohnhaus abgerissen; die Bank, die zunächst nur im
Souterrain eingezogen war, wurde erst 1925 gebaut. Vergeblich versuche ich, vor soviel Glas und Marmor mir das Haus
vorzustellen, in dessen erstem Stock Marcel Proust von 1906
bis Ende 1918 gewohnt hatte. Diese Wohnung hat seine »Botin«, man könnte sie auch die Lebensgefährtin seiner letzten
Jahre nennen, die getreue Céleste Albaret, in ihren hinreißen-
den Aufzeichnungen *Monsieur Proust* minutiös geschildert.
Der große Salon, der kleine Salon und schließlich das Herz-
stück, das riesige Schlafzimmer, darin das Messingbett, aus dem
er sich nur am späten Abend oder in der Nacht erhob, mit dem
chinesischen Paravent am Kopfende. Es war umstellt von drei
Tischen: dem Bambustisch mit Büchern und Wärmflaschen
(die er »Bollen« nannte) und dem Stoß Taschentücher aus fein-
stem altem Linnen, dem Nußbaumtisch mit dem Kaffeetablett
und der Evianflasche und dem Palisandernachttisch mit der
grün beschirmten Nachttischlampe und den offenen Klappen,

in denen er sein Handwerkszeug aufbewahrte: zwei Tintenfässer, ein Dutzend einfacher Federhalter, die billige Uhr und den Stoß kartonierter Hefte mit ihren »Anlageblättern«, die er in die bis zum Rande vollgeschriebenen Manuskriptseiten auf Rat Célestes einklebte und die aufgefaltet mitunter über einen Meter lang waren. Ferner lagen dort die schmalen langen Notizhefte und überall verstreut auf seinem Bett zwischen Büchern, Briefen, Zeitungen, Zeitschriften die vielen weißen Zettelchen, die er mit Notizen bedeckte, die er aber auch zum Anzünden seines Räucherpulvers gegen das Asthma benutzte. Streichhölzer konnte er nicht vertragen, so mußte Tag und Nacht eine Kerze brennen. Auch der Duft von Blumen und Parfum war ihm widerlich. Das große Zimmer war wie ein Möbellager vollgestopft. Neben dem Bett stand der Besuchersessel. Ferner gab es den Flügel seiner Mutter, auf dem er manchmal selbst spielte, vor allem aber sein Freund Reynaldo Hahn; dahinter stand ein Spiegelschrank. Ein Eichenschreibtisch war vollbeladen mit Büchern, die auch noch auf zwei drehbaren Gestellen standen. Die Kommode, die zum Palisanderspiegelschrank paßte, war ebenfalls vollgestellt mit einer Jesusstatue, zwei Jugendstilschalen und vor allem mit den 32 schwarz gebundenen, weiß numerierten Heften, die den Kern seines Werkes in Aufzeichnungen enthielten und die Céleste später alle auf den Befehl ihres Herrn verbrennen mußte.

Drei Schalter konnte er an einem Brett betätigen: die Klingel, die Nachttischlampe und seinen elektrischen Wasserkessel. Letzteren vergaß er oft, so daß der Kessel durchbrannte.

In diesem Elfenbeinturm aus Kork entstand nachts das vielbändige Romanwerk über die verlorene und wiedergefundene Zeit, das Claude Mauriac mit einer Kathedrale verglich, weil das Wort besser die »gigantischen Proportionen des Werkes, wie auch seine Vollendung und die unendliche Vielzahl der darin enthaltenen Details« widerspiegelt. Vom Boulevard Haussmann brach Proust des Nachts auf, um die Welt des Hochadels zu beobachten und zu durchschauen, ihre Schönheiten und ihre Zicken, ihre Bosheiten, ihre Eleganz und ihren

Hochmut. Im Frack mit vorgewölbter Brust unter dem Nerz-
mantel mit dem Otterkragen, den Chapeau-claque über dem
endivienbleichen Gesicht, mal mit schwarzem Vollbart, mal mit
Schnurrbart – »als ob er ihn aufsetzte und abnahm wie ein Ko-
mödiant in einem Provinz-Varieté«, sagte Cocteau – muß er
eine frappierende Erscheinung gewesen sein. Als er älter
wurde, ließ er sich einen »Charlie-Chaplin-Schnurrbart«
schneiden, wie er es nannte, vor allem, um jünger auszusehen,
was ihm nach Zeugnis der enthusiasmierten Céleste auch vollkommen gelang. »Etwas stark, mit fülligem Gesicht, fiel er vor
allem durch seine Augen auf, es waren wundervolle, etwas fe-
minine Orientalenaugen, deren zärtlicher, blühender, schmei-
chelnder, doch passiver Blick an den der Hirschkuh oder Anti-
lope erinnerte. Die oberen Lider waren leicht gewölbt und das
ganze Auge lag eingebettet in dunkle, so stark markierte Ringe,
daß sein Gesicht zugleich leidenschaftlich und von physischem
Leiden gezeichnet schien.« So charakterisierte ihn Edmond Ja-
loux.
Ehe Proust sich von der Welt zurückzog, besuchte er noch ab
und zu einen Salon; er ging auch gern in das Russische Ballett
und zu den nachfolgenden Diners mit Diaghilev, Strawinski
und den Tänzern. Den berühmtesten Tänzer seiner Zeit, Ni-
jinski, mochte er seltsamerweise nicht, hingegen verehrte er
den Maler der schwelgenden Bühnenbilder und Kostüme,
Leon Bakst. Ab und zu speiste er im Feinschmeckerlokal *Larue*
in der Rue Royale, Ecke Place de la Madeleine, das leider nicht
mehr existiert. Er traf sich dort mit Freunden, auch mit Paul
Morand und dessen späterer Frau, der Prinzessin Soutzo, die
er, wie Morand schildert, genau betrachtete: »Er studierte ihren schwarzen Schal und ihren Hermelinmuff wie ein Entomo-
loge die Adern auf den Flügeln eines Leuchtkäfers, während
die Kellner in Kreisen um ihn herumflatterten.«
Vom Herbst 1914 an wurden die Ausgänge immer seltener,
freilich ab 1917 auch geheimnisvoller. Denn der Erzähler von
Sodom und Gomorra suchte mitunter das Männerbordell in der
Rue de l'Arcade 11 auf, das heute als *Hôtel Marigny* ein ehr-

sames Dasein führt, und wo man sich Prousts gern erinnert. Er
sei hier abgestiegen, sagt die Madame am Empfang.

Maurice Sachs, schillernde Figur der Nachkriegszeit, gibt in seiner Chronique scandaleuse *Der Sabbat* eine Beschreibung des
Etablissements, das ein ehemaliger Diener des Fürsten Radzi-
will namens Albert Le Cuziat (bei *Proust*: Jupien) aufgemacht
hatte: »Der gepflasterte Hof erinnerte an den eines Pfarrhauses
mit seiner Ligusterhecke und den in Kübeln stehenden Lor-
beerbäumen. Vier Stufen führten zu einem kleinen überdach-
ten Vorplatz, und dann stand man vor der Glastür mit der Aufschrift ›Bain‹. Albert, ein Bretone mit schmalem Mund, thronte
an der Kasse und las Geschichtsbücher oder genealogische
Werke. Die Möbel stammten zum Teil aus dem Nachlaß von
Prousts Eltern.« – »Es war kein geringer Anziehungspunkt«,
schreibt der teuflische Sachs, der als Spitzel in einem deutschen
KZ endete, »den dieses merkwürdige Etablissement für mich
besaß, daß ich hier – nach seinem Tode und doch furchtbar lebendig – Marcel Proust wiederfand, dessen Name für unsere
ganze Generation Symbol einer zauberischen Veranstaltung
gewesen war.«

Es stimmt. In die Rue de l'Arcade, zwei Häuser vom *Hôtel Bed-
ford* entfernt, das es noch gibt, lenkte der Autor von *Sodom und
Gomorra* – zum fassungslosen Entsetzen der braven Céleste –
seine nächtlichen Schritte, vor allem, um seinen »Monsieur de
Charlus«, in Wirklichkeit den Grafen Montesquiou, zu beobachten, diesen spindeldürren, unsäglich boshaften, wohl auch
unglücklichen Vetter der schönen Gräfin Greffulhe, die ihrerseits wiederum ein Teil der »Herzogin von Guermantes« war.
Ein Mosaikteil, denn da gab es noch, wie sein emsiger Biograph
George D. Painter herausgebracht hat, Madame Straus und die
Comtesse de Chevigné, mit der Proust haderte. Er konnte er-
barmungslos sein. So schrieb er über die Comtesse an den Herzog von Guiche entlarvend: »Außer daß die Herzogin von Guermantes tugendhaft ist, gleicht sie ein wenig der zähen Henne,
die ich vor langer Zeit für einen Paradiesvogel hielt und die nur
wie ein Papagei antworten konnte: Fitz James erwartet mich,

248

als ich versuchte, sie unter den Bäumen der Avenue Gabriel zu erwischen. Indem ich sie in einen mächtigen Geier verwandelt habe, verhindere ich zumindest, daß man sie für eine alte Elster hält.«

Proust, der jedes Körnchen Staub wegen seines Asthmas fürchtete, hatte im Kriege weder vor Fliegerbomben – er nannte die deutschen Flugzeuge die »Gothas« – noch vor den Kugeln der dicken Bertha Angst. Er ging zu Fuß durch das dunkle, nur von Munitionsgarben erhellte Paris und bewunderte die Schönheit. Wie traumhaft beschreibt er seinen Boulevard Haussmann und den angrenzenden Parc Monceau im zweiten Band seines großen Romanwerks: »Die Mondstrahlen ergossen sich über den Boulevard Haussmann, wie sie es auf einem Alpengletscher getan hätten ... eine Paradieseswiese, nicht grün, sondern wegen des Mondscheins, der über den jadefarbenen Schnee hinglitt, von strahlender Weiße, so daß man hätte meinen können, sie sei einzig und allein aus vollentfalteten Birnbaumblüten gemacht.« Der Boulevard Haussmann 102 war Prousts liebste Wohnung. Der Dichter, 1871 in Auteuil im Hause seines Onkels Louis Weil in der Rue Lafontaine 91 geboren, besuchte das Lyzeum Condorcet, das noch unverändert existiert. Er wohnte später mit seinen Eltern am Boulevard Malesherbes 9 und ab 1900 in der Rue de Courcelles 45, wo sein Vater starb und 1905 seine Mutter. 1903 wohnte übrigens in der gleichen Straße das Ehepaar Willy-Colette. Madame, die als Colette berühmt wurde, traf Marcel als jungen Mann im Salon der Madame de Caillavet (die bei ihm ein Teil von Madame Verdurin wurde), doch hatte sie damals wenig »Sinn für seine übergroße Höflichkeit, die übertriebene Aufmerksamkeit, die er einem Gesprächspartner (zumal den Frauen) widmete«. Erst nachdem Colette *In Swanns Welt* Jahre später gelesen hatte, begeisterte sie sich für Proust und wechselte Briefe mit ihm, der Tausende von Briefen schrieb. Kurz vor seinem Tode sah sie ihn noch einmal. »Er wirkte wie ein Mensch, der nicht in frischer Luft und im Tageslicht lebt, wie ein Eremit, der lange schon seine hohle Eiche nicht mehr verlassen hat.« Um diese Zeit wohnte Marcel Proust schon in der Rue Hamelin 44. Céleste empfand, daß »der Tod mit unserem Auszug aus der Wohnung am Boulevard Haussmann« begonnen habe. Zwischenstation, bis die neue Wohnung gefunden war, bot das Haus der Schauspielerin Réjane in der Rue Laurent-Pichat 8 b. Ihr Sohn Jacques Porel beschrieb das Landmädchen Céleste als »große zarte Dame mit einem erstarrten Lächeln, wie ein Engel in einer Kathedrale«. Céleste, die Frau von Prousts getreuem Chauffeur Odilon Albaret, vernachlässigte ihren Mann in den acht Jahren ihres Proustschen Daseins total. Sie wurde mehr und mehr zum Geschöpf ihres Meisters. »Was immer ich tat, ich tat es gleichsam jubilierend, wie ein Vogel, der sich von einem Ast auf den anderen schwingt«, schreibt sie. Sie muß es ungeheuer genossen haben, wenn er mitten in der Nacht von einem Ausflug in »le monde« zurückkehrte und schilderte, was er gesehen hatte, vor allem im *Ritz*. »Er wohnte den Empfängen bei, die zu Ehren der Mitglieder der Friedenskonferenz abgehalten wurden«, schreibt Harold Nicolson. »Er flitzte herum und sah aus wie ein Bräutigam aus Portugiesisch-Indien. Er flitzte von Balfour zu Venizelos, von Marschall Foch zu Berthelot. Er war sehr liebenswürdig, sehr krank und amüsant.« Und nachdem er den Prix Goncourt erhalten hatte, war er auch berühmt. Proust imitierte seine »Opfer« für Céleste perfekt. An ihren Reaktionen testete er, was er schreiben würde. Stundenlang stand sie an seinem Bett und hörte hingerissen seinen Erzählungen zu. Beide amüsierten sich vorzüglich bis in die frühen Morgenstunden.

Nach der Übersiedlung in die stille Rue Hamelin wurde jedoch alles enger, trister und kälter, weder Zentralheizung noch rauchender Kamin durften Wärme in die Proustsche Matratzengruft bringen. Das Haus in der Rue Hamelin 44, wo er im fünften Stock die letzten drei Jahre seines Lebens verbrachte, existiert noch und trägt eine Plakette mit der Inschrift, daß Marcel Proust hier starb. Es wurde 1924 zu einem Dreisternehotel umgebaut, zum *Union-Hôtel-Étoile*, mit Studios und Appartements und dem Zusatz »Luxe«. Der Portier ist nicht besonders auskunftsfreudig, als ich ihn ausfragen will, zudem gerade beim Mittagsmahl. Er drückt mir die Visitenkarte des Hotels in die Hand und läßt mich höflich, aber deutlich merken, daß er Fragen nach Proust nun nicht mehr hören will.

Es war hier in der Rue Hamelin, daß sich Proust 1920 ganz privat vom Poulet-Quartett nachts um ein Uhr César Franck vorspielen ließ, wobei er im Salon auf einem Diwan mit geschlossenen Augen lag. Er brauchte das zum Studium des Musikers Vinteuil für den Band *Die Gefangene*, an dem er gerade arbeitete. Céleste zufolge hat er das Quartett anschließend im Wagen Odilons bis zur Brasserie *Lipp* begleitet, wo er ihnen ein Souper gab.

In den letzten Monaten lebte der Einundfünfzigjährige nur noch von Kaffee und einem Hörnchen. Bleiche Flamme, die sich verzehrt. Die schwere Lungenentzündung, an der er starb, hatte er sich auf dem letzten Gang in die elegante Welt, die mit ihm untergegangen ist, auf einem Fest beim Grafen Étienne de Beaumont geholt. In der Nacht vor seinem Tode, am 17. November 1922, erschien ihm dann die dunkle Frau. »Machen Sie das Licht nicht aus, Céleste … im Zimmer ist eine dicke Frau … eine dicke Frau in Schwarz, entsetzlich …« Am 18. November fuhr Odilon zum letzten Mal ins *Ritz,* um eiskaltes Bier für seinen Herrn zu holen, das er jedoch nicht mehr trank. Am Totenbett erschienen die Freunde Reynaldo Hahn, Léon Daudet, Madame de Noailles, Paul Morand, Cocteau, der von den Manuskriptbänden sagte, sie lebten weiter wie die tickende Armbanduhr am Handgelenk eines toten Soldaten, und viele andere. Der Maler Helleu fertigte einen Kupferstich von dem Toten mit dem dunklen Bart an, der junge amerikanische Fotograf Man Ray machte eine Aufnahme und der Maler Dunoyer de Segonzac eine Kohlezeichnung. »Ich war wie ein Nachtvogel, der plötzlich dazu verurteilt war, nur noch am helllichten Tag zu leben«, schrieb Céleste, die nun die wichtigsten Jahre ihres Lebens, die sie mit dreiundachtzig Jahren noch einmal so faszinierend schilderte, hinter sich hatte.

Edith Piaf und Jean Cocteau

»Non, rien de rien, non je ne regrette rien.«

Wir fahren mit der Métro nach Belleville, einst Arbeiterviertel, heute stark im Umbruch begriffen. Ein zerschundenes, verwahrlostes, ehemals schönes Viertel macht der neuen Betonwelt Platz. Das französische Gesetz, das jahrzehntelang die Erhöhung der Mieten verbot und dadurch Hausbesitzer ihrem Besitz gegenüber total gleichgültig werden ließ, hat sich als einer der Gründe für die Zerstörung von Paris erwiesen. Auch in Belleville erkennt man hinter verlotterten Fassaden ursprüngliche Schönheit – manchmal noch an Empire-Fensterrahmen und Türen, an dem edlen Maß der Höhen und Breiten, auch noch an einigen alten Laternen. So manches aus der Belle Epoque weicht nun der Moche Époque des späten zwanzigsten Jahrhunderts. Wir suchen die Rue Belleville 72 und finden sie, ein unauffälliges Mietshaus mit zwei Höfen und düsterer Wendeltreppe. Wäre nicht die Plakette über der Tür angebracht, kein Mensch würde auch nur aufsehen oder gar die paar Stufen zum Eingang hochgehen. Doch da steht zu lesen: »Auf den Stufen dieses Hauses wurde am 19. Dezember 1915 in bitterster Not Edith Piaf geboren, deren Stimme später die Welt erschüttern sollte.« Fragt man vor allem junge Leute in Paris, so stellen sie die Piaf immer noch auf das höchste Podest, während sie ihre Imitatorin Mireille Matthieu mit harten Schmähungen bedenken.

Wir durchstreifen die Straßen zwischen Baugruben und alten Häusern, zwischen alter Ärmlichkeit und neuem Reichtum. Gegenüber von Edith Piafs Geburtshaus hat sich ein feiner Antiquitätenladen niedergelassen, dessen Angebot auf die zukünftigen Bewohner dieses Viertels ausgerichtet ist. Im winzigen Bistro *à la liberté* in der Rue de Belleville kehren wir ein, weil der Name »Zur Freiheit« uns gefällt. Arbeiter, Maurer, Handwerker im Overall sitzen hier und einige dicke alte Damen, jeder kennt jeden, und als ich frage, ob Edith Piaf hier auch mitunter gegessen habe, wird die Konversation allgemein. Nein, sie nicht, doch Stammgast dieser kleinen dunklen Kneipe ist die neunundachtzigjährige Komödiantin Pauline Carton. »Eine große Chanteuse«, wie man uns versichert, die 1974 gestorben ist. Man spricht mit Hochachtung von der alten Dame, die selbst als junges Mädchen nicht schön war. Doch sie stellte etwas dar, hatte Humor, arbeitete, und das gefällt. »Dort war ihr Tisch«, sagt der Wirt, »da saß sie immer.« Wir essen ein vorzügliches Dreigängemenü und trinken dazu ein Fläschchen Côtes-du-Rhône, alles für fünf Mark. Ein freundlicher Maurer in mörtelbedeckten Jeans erbietet sich, uns am Abend zu einem echten »Bal musette« in diesem Viertel einzuladen, wo indes brav Tango getanzt wird.

Doch wir haben keine Zeit und streben dem größten Friedhof von Paris zu, dem *Père-Lachaise*, so genannt nach dem Beichtvater von Louis XIV. Mit 44 Hektar und 12 000 Bäumen ist der *Père-Lachaise* eine der friedlichsten Grünflächen der City. Michel Dansel nennt den Friedhof »den geschichtlichsten, religiösesten, romantischsten, luftigsten, ungewöhnlichsten und erotischsten Spaziergang von Paris«. 1804 eröffnet, zieht diese bunte Gräberlandschaft pro Jahr 800 000 Touristen an.

Das Totengelände ist in 97 Divisionen eingeteilt, dunkel-schattige Alleen führen auf eine Anhöhe, von der aus man auf die ganze Stadt blicken kann, wie einst Balzacs Ehrgeizling Rastignac, der nach der Beerdigung des braven Père Goriot hier ausrief: »à nous deux«, nun zu uns beiden, wobei er sich und Paris meinte. Wir suchen vergeblich das Grab Modiglianis und seiner Jeanne im jüdischen Teil, wir finden nicht den Stein mit der italienischen Aufschrift: »Der Tod ereilte ihn, als er den Ruhm berührte.« Auch Apollinaire finden wir nicht, verwirrt von einem höchst unzulänglichen Plan, den man den Friedhofswärtern abkaufen muß. 1967 wurde Apollinaires Frau Jacqueline an seiner Seite beigesetzt. Er war nur ein Jahr mit ihr verheiratet, als er 1918 starb. Wir wandern vorüber an Kitsch und Trauer, Monumenten der Sentimentalität, die wie Popkunst wirken, an weinenden Mädchen, zu Stein erstarrt, die Soldatenknie umklammern, an Engeln, Fahnenträgern granitenen Witwen und Gedenksteinen, an den kleinen Totenhäuschen aus der Belle Époque mit verschimmelten Schemeln und vertrockneten Sträußen, durch düstere Alleen und zugewachsenen Gräberdschungel, vorbei an Molière (er starb auf der Bühne, als er zum dritten Mal sein Stück *Der eingebildete Kranke* spielte) und La Fontaine, deren Überreste im vorigen Jahrhundert hierher überführt wurden, vorbei an der Büste Balzacs, dem antik gehaltenen Grab von Delacroix, an der Sphinx, die Oscar Wildes Ruhestätte krönt, an der »Mur des Fedérés« zum Gedenken des Massengrabes, in dem 147 Überlebende der Kommune nach erbittertem Kampf von den »Versaillais« erschossen und verscharrt wurden, vorüber auch an den zahlreichen herzzerschneidenden, pathetischen Monumenten, die an die Toten der Konzentrationslager gemahnen, »assassinés par les Nazis«, Mauthausen, Neuengamme, Ravensbrück, Buchenwald, Oranienburg, Sachsenhausen, Auschwitz.

Schließlich stehen wir vor dem, was wir suchten – vor dem über und über mit (meist roten) frischen Blumen geschmückten Grab Edith Piafs in der 97. Division, vor dem ein junger Mann lange andächtig verweilte, bis er endlich scheu ein Sträußchen niederlegte. Ein Marmorgrab mit Kruzifix und Fotografien für vier Personen: Madame Lamboukis, dite Edith Piaf, steht da gemeißelt, 1915–1963; Theophanis Lamboukis, dite Theo Sarapo, 1936–1970 (ihr letzter Mann; er starb im gleichen Jahr wie ihr erster, Jacques Pills). Ferner birgt das Grab noch ihren Vater, den Straßenakrobaten Louis Alphonse Cassiou, 1881–1944, und ihre uneheliche Tochter Marcelle Dupont, die sie mit dem Maurer Petit Louis hatte, 1933–1935. Das Grab des »Spatz von Paris« ist mit Abstand das meistbesuchte Grab des ganzen Friedhofs.

Das Leben der Sängerin aus der Gosse von Ménilmontant, die Weltruhm erlangte, ist bizarr. Sie trank wie ein Matrose mit ungezählten Bettgenossen, die anfangs Pierrot der Narbige, Jeannot der Matrose, George der Spahi hießen und Zuhälter waren.

Sie verdiente Millionen und hatte nie Geld. Sie förderte Charles Aznavour, Yves Montand, Eddie Constantine und wurde ausgenutzt: sie heiratete und wurde geschieden, sie liebte oft und viel, am meisten jedoch den Boxer Marcel Cerdan, der mit dem Flugzeug abstürzte. Keine Krankheit, die sie nicht bekam, keine Droge, die sie nicht spritzte; allein achtmal wurde sie operiert, zweimal verunglückte sie schwer mit dem Auto. Kein Laster, das sie nicht kannte – und dann diese Stimme, mit der es ihr bis zum Tode gelang, die da oben und die da unten gleichermaßen in den Bann zu schlagen. Ein Phänomen.

Jahr für Jahr erscheinen neue Bücher über die Piaf, werden (meist schlechte) Filme über ihr Leben gedreht, verkaufen sich die Platten in nicht abreißender Kette, erklingt ihre Stimme rauh, süß, kraftvoll aus allen Sendern. Für den Kenner sofort unterscheidbar von ihrer Nachahmerin. Unverwechselbar.

Ihrem Sarg folgten im Oktober 1963 Zehntausende. Als sie aufgebahrt in ihrer Luxuswohnung lag, die einem unordentlichen Campingplatz glich, klauten die Trauernden, was sie konnten: Ihre schwarzen Kleidchen wurden in Fetzen gerissen, Platten, Bücher, gipserne Jungfrauen, Fotografien, Puppen, Kissen, alles schwand als Souvenir dahin. Niemand ahnte, daß Edith Piaf gar nicht in Paris gestorben war, sondern in Mougins, ihrem Haus an der Côte d'Azur. Ihre Freundin und Krankenschwester, die ihr tief ergebene Simone Margantin, und ihr um einundzwanzig Jahre jüngerer Mann Theo, der sie wirklich geliebt hatte, überführten die Tote, getarnt als Bewußtlose, in einem Krankenwagen nächtlich nach Paris. Denn die Piaf mußte natürlich in Paris sterben. Gerade konnte vor den Souvenirjägern noch gerettet werden, was auf ihren Wunsch mit in das Grab sollte: drei Stofftiere, eine Thérèse von Lisieux, eine Matrosenmütze und die Epauletten einer Fremdenlegionärs-Uniform. Mit dem Lied *Mon Légionaire* war sie berühmt geworden.

Als kleines Mädchen wuchs sie eine Weile im Puff der Großmutter auf, unter der deutschen Besatzung zog sie wieder in ein Edelbordell am Étoile, in der Rue de Villejust, heute Rue Paul-

Valéry; dort war es warm, es gab viel zu essen und zu trinken, und die Damen mit der kleinen Tugend waren jung, gebildet und hübsch. Die Kundschaft bestand aus Kollaborateuren, Fürsten des schwarzen Marktes und der Besatzungsmacht. Ediths Halbschwester, Simone Berteaut, erinnert sich: »Die Fritzen, die man hier traf, waren auch nicht etwa kleine Würstchen, es waren Generäle, Obersten, sehr diskret, korrekt, wie man damals sagte, niemals in Uniform, immer in Zivil. Und dann erstklassige Gauner, die Hohen Herren der Gestapo (Franzosen und Deutsche) ... und das Beste habe ich zum Schluß aufgehoben: Angehörige der Résistance. Natürlich waren sie inkognito«, fügte Simone hinzu. Denn das italienische Puff-Ehepaar, genannt »die Fredis«, verfütterten »ihren Hafer an allen Krippen«.

Ein Jahr vor ihrem Tode hatte ich das Glück, die Piaf im *Olympia* – das sie damit vor der Pleite rettete – noch hören zu dürfen. Erst war ich fassungslos, als sie auf der grell beleuchteten Bühne erschien, eine fahle, ausgemergelte, winzige Person, ältlich, kränklich, die wenigen Haare in Kräusellocken gelegt, die Füße geschwollen, die Hände rheumatisch; im abgetragenen schwarzen Kleid, als einzigen Schmuck ein goldenes Kreuz. Ein dunkles Gespenstchen, bis sie anfing zu singen mit diesem Urphänomen von Stimme, die alles enthielt: Jubel, Trauer, Abgrund, Süße, Witz, Düsternis und Lust. Es lief mir kalt über den Rücken. Und noch grotesker: die Sechsundvierzigjährige wirkte nicht einmal lächerlich, als sie mit ihrem angetrauten, zwei Jahrzehnte jüngeren Mann, dem griechischen Friseur Theo Sarapo, im Duett sang: »Qu'est-ce que c'est l'amour?« Das Publikum raste und skandierte in Chören immer wieder ihren Namen, der Vorhang öffnete sich zwei Dutzend Mal. Ovationen.

»Schwarzer Engel des Liedes« hatte sie der Freund genannt, der am gleichen Tage wie sie starb: Jean Cocteau. Er wollte einen Nachruf für den Funk verfassen, doch als der Aufnahmewagen vor seinem Hause in Milly-la-Forêt vorfuhr, war er schon tot. Von seinem Krankenlager aus hatte er noch kurz zuvor an die Sängerin geschrieben: »Ich umarme dich, weil du eine der sieben oder acht Personen bist, an die ich jeden Tag mit Zärtlichkeit denke.«

Das ungleiche Paar hatte sich 1940 kennengelernt und oft im kriegsdunklen Paris im Keller Cocteaus in der Rue de Beaujolais am Palais Royal gefeiert. Jean und sein Freund Jeannot, der schöne Jean Marais, kamen im Schlafrock heruntergestiegen, dazu gesellte sich der hervorragende Bühnenbildner Christian Bérard, wegen seiner rosigen Wangen »Bébé« nach der Seifenreklame Bébé Cadum genannt, und die Schauspielerin Yvonne de Bray. Cocteau, Zauberer in vielen Bereichen, Lyriker, Romancier, Dramatiker, Filmavantgardist, Zeichner und Kirchendekorateur, Sohn aus großbürgerlichem Hause, mochte die ehemalige Straßensängerin mit ihrer Pariser Schnauze gern. »Cocteau, der visionäre Clown und clownische Visionär«, wie Klaus Mann von ihm sagte, »funktioniert wie eine Maschine, eigens erfunden, unaufhörlich Geistesblitze hervorzusprudeln.«

Cocteau brachte es fertig, die Chansonsängerin als Schauspielerin agieren zu lassen. In seinem Einakter *Le bel indifférent* spielte sie vorzüglich mit ihrem damaligen Liebhaber Paul Meurisse zusammen, der freilich nur die stumme Rolle »des schönen Gleichgültigen« mimte. Die Gleichgültigkeit hörte in jeder Beziehung und für alle auf, als das Stück abgesetzt wurde, denn der »drôle de guerre« war in ein neues Stadium getreten, die Deutschen besetzten Paris, das sich völlig entleerte. Edith aber blieb. Sie wohnte damals in der Rue Anatole-de-la-Forge 14, gleich neben der *Bar Bidou,* die sie zur zweiten Heimstätte machte.

Besuch bei Barrault

»Sich für alles begeistern und an nichts hängen.«
JEAN-LOUIS BARRAULT

Wir überfielen Jean-Louis Barrault einfach am Tatort, in seinem neuen eigenen Theater, das er sich im alten Bahnhof d'Orsay eingerichtet hat. Aussichtslose Telefongespräche waren vorausgegangen, Monsieur Barrault gibt überhaupt kein Interview mehr und schon gar nicht vor Ende September. Doch wir ließen uns nicht verdrießen.

Zunächst erkundeten wir das Terrain, die Gare d'Orsay, der monumentale Bahnhof aus der Belle Epoque mit seinen hohen Kuppeln, Bögen, Pilastern, der Kassettendecke und den ungeheuren Glasfronten, erbaut von Laloux im Jahre 1897. Wahrhaft ein Traum aus Eisen und Glas, den man noch in den sechziger Jahren scheußlich gefunden hätte, dessen Schönheit in den siebziger Jahren nun aber plötzlich wiederentdeckt wird. Daher wurde die Gare d'Orsay am linken Seine-Ufer direkt gegenüber von den Tuillerien auch nicht abgerissen. Zur Weltausstellung 1900 in vollem Glanz eröffnet, beschloß sie ihr Bahnhofsdasein vor fast fünfunddreißig Jahren im letzten Krieg. Nur unterirdisch verkehrt weiterhin eine Vorortbahn. Die Halle staubte still und verlassen vor sich hin, bis Orson Welles 1962 in dem unwirklich gespensterhaften Gelände den Kafka-Film *Der Prozeß* mit Romy Schneider, Anthony Perkins und Jeanne Moreau drehte.

Wir betraten vom Osteingang die Halle, die in hellem Beige erglänzt. Ein junger Mann wies auf die große Uhr, deren Zeiger keine Stunde mehr anzeigt, Helga hatte sie gerade im Sucher. Auf dem Boden lagen Trümmer, abgefallene Wappen, Eisenlampen, Sockel. Am Eingang hatte ein Schild einen Schießstand angezeigt. Der junge Mann wies sich als Mitglied des Schützenklubs d'Orsay, der sich in den ehemaligen Schalterhallen Schießstände eingerichtet hat. Er ließ uns eintreten und einen Sportschützen beobachten, der mit Ohrenschützern, in tiefe Konzentration versunken, plötzlich den Arm hob und auf die Scheibe zielte. Er traf ins Schwarze. Wir umgingen den ganzen Bahnhof, dessen Eingänge zum Teil zugemauert sind, und standen vor einem Glasbaldachin, der, mit bunten, heiter leuchtenden Lichtgirlanden geschmückt, der Eingang zu Barraults *Théâtre d'Orsay* ist.

An diesem Samstagnachmittag spielte man den Erfolgshit *Harald et Maude,* der schon über 150mal im *Théâtre Récamier* gelaufen war. Das Stück des dreiunddreißigjährigen Australiers Colin Higgins ist ohne die Kunst der zierlichen Madeleine Renaud undenkbar. Sie spielt eine achtzigjährige Bohème-Lady, in die sich ein neunzehnjähriger Jüngling verliebt, weil sie ihn überhaupt erst einmal leben lehrt. Ihre Ausstrahlung ist so groß, daß man dem Jungen die Leidenschaft glaubt. Eine hintergründige Boulevardkomödie, mit viel Witz, Gefühl und absurden Elementen, von Barrault inszeniert.

Wir bekamen noch Karten für *Harald et Maude.* Das Programm kostete sieben Francs. Es ist ein kleines Buch, die Nummer 84 der *Cahiers Renaud-Barrault.* Auf der ersten Seite sind die Schauspieler und Mitwirkenden angezeigt, die folgenden 110 Seiten – Reklame gibt es nicht – bringen Texte und Essays. Barrault, Frankreichs vielseitigster Theatermann, ist ja nicht nur Pantomime, Schauspieler, Dramaturg und Regisseur, sondern auch ein Intellektueller.

Wir betraten das Theater, das wie ein halbiertes Zirkusrund in den alten Bahnhof eingebaut wurde, ein Amphitheater mit bequemen Sitzen, die billigsten Plätze kosten 12 Francs, die teuersten 25. Die offene, vorhanglose Szene wird mit modernsten Einrichtungen der Multimedia zum totalen Theater. Die Decke besteht aus schwerem Holzgebälk, Mittelding zwischen Bootswerft und Speicher, es ist der »Grenier des merveilles«, der »Wunderspeicher« Barraults. Auf einem solchen Dachboden aus dem sechzehnten Jahrhundert in der Rue des Grands-Augustins, dem späteren Atelier Picassos, hatte der Schauspieler in den dreißiger Jahren in einer Art Kommune gelebt und mit seinen Freunden, den Surrealisten, experimentelles Theater gemacht.

Diesmal nun hat Jean-Louis Barrault tollkühn alles auf eine Karte gesetzt und seinen Traum vom eigenen Theater ohne jede staatliche Subvention tatsächlich realisiert. Der Vierundsechzigjährige hat diese Sisyphusarbeit mit einem Eigenkapital von 200 000 Francs (seinen gesamten Ersparnissen) und dem, wie er sagt, »Vertrauen der Bankiers« vollbracht. Hinter ihm steht das »Centre international d'art dramatique« mit 28 Mitgliedern, darunter Guy de Rothschild und die Maler Max Ernst und André Masson. Barrault ist stolz darauf, daß sein Theater nur 2 Millionen Francs gekostet hat, während allein die Renovierung des *Théâtre de Chaillot* für den Staat 23 Millionen betrug. So wirkt das hauptsächlich aus Preßfaserplatten zusammengebastelte Theatergebäude bewußt improvisiert. Mehr Werkraum als Marmorpalast. Kein Gold, kein Purpur und kein Pomp. Die Böden sind mit einfachem Sisal bedeckt, an den weißgekalkten Wänden hängen vergrößerte Fotografien von Clouet-Bildern und ein Porträt von Kafka. Im Foyer gurren im Käfig weiße Tauben. Auf einem großen, handgeschriebenen Plakat bedankt sich Barrault bei allen Arbeitern und Technikern, die mitgeholfen haben.

Wie überhaupt das ganze Arbeitsklima besonders gut zu sein scheint. Alle waren freundlich, von der Garderobenfrau bis zu dem Schauspieler, der an der Bar des köstlich skurril gestalteten Theater-Restaurants stand. In diesem Raum fühlt man sich sogleich verzaubert. Er ist rundum mit alten Bühnendekorationen tapeziert. Da laufen die Nashörner Ionescos neben nackten Damen, roten Stieren und Troubadouren. Ein wundersames Durcheinander, raffiniert beleuchtet; aus der Mitte des Raumes schwebt ein Riesenmobile mit Stäben und Kugeln und an einer Wand hängt der Spruch: »Le chant des muses éveille l'âme humaine«, »das Lied der Musen erweckt die menschliche Seele«. Ab und zu bebt das ganze Theater leise, wenn die Züge im Untergrund ein- und ausfahren.

An der Bar und an kleinen Tischchen bekommt der Gast ein

Glas vorzüglichen Weins für zwei Francs und kann sich am Buffet einen Teller Hors-d'œuvres zusammenstellen lassen mit frischen Salaten, Mayonnaisen, Sardinen, Radieschen und Eiern. Für elf Francs ein volles Souper. Hier gehen die Schauspieler ein und aus, und hier speisen die Zuschauer vor oder nach dem Theater. Wir überlegten, ob wir auf die weiße Papiertischdecke für Barrault einen Gruß schreiben sollten, ließen uns dann aber lieber auf Verhandlungen mit seiner Sekretärin ein, die abends um zehn Uhr im kleinen Büro im Foyer noch eifrig arbeitete. Drei Tage später sollten wir wiederkommen.

Das *Théâtre d'Orsay* ist die Frucht eines Hinauswurfs. Barrault, bis 1968 Leiter des *Théâtre de France*, des ehrwürdigen *Odéon*, wurde Opfer des Studentenaufstands, dem der Generalstreik folgte. Den »Mai 68« haben die Franzosen immer noch nicht verdaut. Er beschreibt die Geschichte in seinem Buch *Erinnerungen für morgen*. Am 15. Mai hatten die Studenten das Theater ohne Widerstand der Behörden besetzt und es zum politischen Forum gemacht. Es wurde zunächst zur Agora; an die zehntausend Menschen durcheilten es Tag und Nacht, um zu diskutieren, dann verwandelte es sich zur wüsten Stätte der Anarchie. Schläger kamen. Kultusminister Malraux blieb unerreichbar. Er hüllte sich in Schweigen. Am 28. Mai bekam Jean-Louis Barrault, der sich wohl anfangs mit der Jugend solidarisiert hatte, einen Nervenzusammenbruch. Vandalen waren in den Kostümfundus eingebrochen und hatten ihn, im buchstäblichen Sinne des Wortes, in eine Kloake verwandelt. Barrault schreibt: »Ich bekenne, daß ich in diesem Moment zusammenbrach und schluchzte. Ich wiederholte immer nur ›wozu‹? Für nichts, ein reiner Racheakt.« Am 14. Juni wurde das Theater schließlich von C.R.S.-Truppen geräumt. Es stank noch wochenlang, der Schaden ging in die Millionen. Am 27. August bekam Barrault von dem unsichtbar und stumm gebliebenen Malraux das Entlassungsschreiben. »Es war das Ende einer neunjährigen besessenen und erfolgreichen Arbeit. Das Ende eines Lebensabschnitts.« Er stand praktisch auf der Straße. (Ein Jahr danach gingen Malraux und de Gaulle selbst von der Bühne ab.) Jean-Louis Barrault, lebenslängliches Kind und Theaterfanatiker, fand aber schon eine Woche später ein neues Forum. Er spielte im Catcherring des Belle-Époque-Theaters *Elysée-Montmartre* ein von ihm verfaßtes Stück mit Rabelais-Texten, das zu einem überwältigenden Erfolg wurde. Die *Compagnie Renaud-Barrault* faßte Fuß am Saint-Germain-des-Prés im *Théâtre Récamier*.

Um uns auf Barrault richtig einzustimmen, fuhren wir zum Montmartre, das *Théâtre de l'Atelier* zu suchen. Da stand es unter blühenden Lindenbäumen an einem stillen Plätzchen an der Rue Dancourt und sah aus wie ein Hoftheaterchen. Hier war noch richtig schönes, altes Montmartre. Eine Plakette verwies darauf, daß der Regisseur Charles Dullin von 1922 bis 1949 hier gewirkt hat. Auf den Bänken saßen zwei alte Frauen und ein Clochard.

In diesem Theater aus dem Jahr 1817 hatte Barrault als einundzwanzigjähriger Kunstschüler dem großen Dullin vorgesprochen. Zitternd vor Aufregung spielte er auf dem Speicher des Theaters (wiederum ein »Grenier des merveilles«) Szenen aus Molières *Les femmes savantes*, und zwar gleich mehrere Personen. Er schildert einen der entscheidensten Augenblicke seines Lebens so: »Dullin kauert sich in einen Sessel in der Ecke unterm Fenster. Ich spiele im Grunde genommen für das Fenster. Die Verse sprudeln mir aus dem Munde, ich mache Sprünge wie eine Ziege, jedes Mal, wenn ich die Person wechsle, wende ich mich dem Schatten zu, den ich eben verließ ... Während ich mich diesem Mann ausliefere – den ich ausgewählt habe und der mir zuhört, um über mein Leben zu entscheiden –, bemerke ich durch das Fenster in dem gegenüberliegenden Stundenhotel zwei Umriße. Ein Paar. Sie hören nichts, sie sehen mich jedoch gestikulieren. Sie sehen aber Dullin nicht. Sie deuten mit dem Finger auf mich, sie sagen sich was ins Ohr. Sie lächeln miteinander. Der ist wohl übergeschnappt.«

Wir suchen das Hotel, es muß das freundliche, kleine Hotel an der einen Seite des Platzes sein, an dem es rundum einladende kleine Restaurants gibt.

262

In diesem Theater schlief der werdende Schauspieler Barrault (den Dullin umsonst unterrichtete), weil er nur 15 Francs am Tag verdiente, mit dem Einverständnis des Meisters mitunter nachts auf der Bühne, im Bett aus dem fünften Akt von *Volpone*. Hier übte er mit seinem Kollegen, dem Fanatiker Étienne Decroux, der alles mit dem Körper ausdrücken wollte, die Kunst der Pantomime. Erste Versuche zum totalen Theater. Barrault zog nun in das *Bateau-Lavoir*, freundete sich mit dem genialen Antonin Artaud, mit Max Jacob, Robert Desnos, Jacques Prévert und den Surrealisten an und machte seine ersten eigenen Experimente. Während am Vormittag die Putzfrauen im Zuschauerraum tätig waren, probte er eine Pantomime. »Es reizte mich, Mensch und Pferd zugleich zu sein.« Eines Tages sagte eine Putzfrau, die Hände auf ihren Besenstil gestützt, zu ihm: »He, junger Mann, ich möchte mal wissen, was Sie da jeden Morgen auf ihrem Pferd machen?« »Es war die schönste Ermutigung, die ich in meinem Leben erhalten habe«, schreibt Barrault in seinen Erinnerungen, die übrigens eine der vollkommensten Liebesgeschichten dieser Zeit enthalten, die Liebe des jungen Jean-Louis Barrault zur großen Madeleine Renaud, berühmter Filmstar und Mitglied der *Comédie Française*, die fortan sein Leben teilte. Eine Liebe, die bis heute gehalten hat.

Am Dienstag um drei Uhr waren wir pünktlich zur Stelle und lauerten Barrault im Theater, wo er Tag und Nacht zu finden ist, buchstäblich auf. Schon trat er aus seinem kleinen weißen Arbeitsraum. Der dreißig Jahre älter gewordene »Baptiste« aus *Kinder des Olymp*, auf dessen Gesicht die Jahre Spuren hinterlassen haben, stand vor uns, im eher schäbigen Samtjackett mit offenem geblümten Hemd. »Monsieur Barrault«, sage ich, »wir kommen aus München.« »C'est merveilleux«, sagt er und erlaubt ein paar Schnappschüsse, obwohl er ohne jede Eitelkeit meint: »Das müssen Sie verstehen, an Fotografien bin ich überhaupt nicht interessiert.« Dann führt er uns in den ersten Stock seines Imperiums und zeigt einen unfertigen Raum, der Café-Bar werden soll und in dem noch Arbeiter werkeln. »Sie müssen ungeheuer viel gearbeitet haben«, sage ich. »Diese Leute arbeiten noch mehr«, sagt er und weist auf die Handwerker mit einer Geste, die nicht berechnend, sondern spontan kommt. »Zu dem großen Theater«, erzählt er uns, »mit 934 Plätzen kommt demnächst eine Experimentierbühne mit 180 Plätzen, dort wird meine Frau Madeleine wieder in Becketts *Glückliche Tage* auftreten.« Er zeigt uns einen Raum, in dem junge Schauspieler mit Masken Pantomime üben. Und dann treten wir in einen noblen grauen Schloßsaal aus dem Rokoko: er ist mit Kulissen aus den Molière-Stücken *Der Misanthrop* und *Der Geizige* perfekt ausstaffiert und mit einem Tisch und ein paar Sesseln möbliert. Aus den hohen Bahnhofsfenstern bietet sich der Blick auf die Seine. »Das Stück mit Madeleine Renaud ist wunderbar«, sage ich, »anfangs war ich atemlos verblüfft über die vielen Gags, dann mußte ich schallend lachen und zum Schluß habe ich genauso geweint, wie der junge Mann neben mir.« »So muß Theater sein«, sagt Barrault, »wir haben an der Rolle mit dem Autor zusammen viel geändert.«

»Haben Sie keine Angst vor erfüllten Wünschen, sind Sie nicht abergläubisch, nun ihren Traum vom eigenen Theater vollendet zu haben?« frage ich. Jean-Louis Barrault blickt mich erstaunt an: »Vor mir steht nur noch der Tod«, sagt er. »Und da ist es doch besser, man hat seine Träume verwirklicht.« Und er erzählt uns den Traum der letzten Nacht. Sein Freund Max Ernst habe ihn gefragt: »Was kann ich für dich tun?« Er habe nur ein Wort gesagt: »Signiere.« Barrault spielt damit auf zwei Kulissen im Foyer an, die nach Entwürfen von Max Ernst gemalt worden sind. Signiert wären sie tatsächlich viel Geld wert und könnten Barraults Schuldenberge abtragen helfen. Doch es sind keine Originale.

»Paris verliert mehr und mehr an Charme«, sage ich, »so viele schöne Häuser und Hallen verschwinden.« »Das stimmt«, sagt Barrault, »aber Sie müssen zugeben, hier ist etwas Neues in einem alten Rahmen entstanden, das ist doch gut.« Und schon eilt er davon, mit den großen Sprüngen des Baptiste, dem man seine vierundsechzig Jahre wahrlich nicht anmerkt.

Literatur- und Quellenverzeichnis

Albaret, Céleste: *Monsieur Proust*, Kindler Verlag, München 1974

Aragon, Louis: *Pariser Landleben*, Verlag Rogner & Bernhard, München 1969

Arnaud, Noel: *Les vies parallèles de Boris Vian*, Union Generale d'Editions, Paris 1970

Astre, Georges-Albert: *Ernest Hemingway*, rororo-Monographie Nr. 73, Reinbek bei Hamburg 1971

Baker, Carlos: *Hemingway*, Edition Praeger, München 1971

Barrault, Jean-Louis: *Erinnerungen für morgen*, S. Fischer Verlag, Frankfurt a. M. 1972

Beach, Sylvia: *Treffpunkt – ein Buchladen in Paris*, Paul List Verlag, München 1963

Beauvoir, Simone de: *Der Lauf der Dinge*, Rowohlt Verlag, Reinbek bei Hamburg 1966

In den besten Jahren, Rowohlt Verlag, Reinbek bei Hamburg 1961

Beckett, Samuel: *Gedichte*, Limes Verlag, Wiesbaden 1959

Berteaut, Simone: *Ich hab' gelebt Mylord*, Ullstein Verlag, Berlin 1969

Bibesco, Princesse Marthe: *Begegnung mit Marcel Proust*, Bibliothek Suhrkamp, Frankfurt a. M. 1972

Billy, André: *Max Jacob*, Seghers, Paris 1952

Bouret, Jean: *Henri Rousseau*, Bruckmann Verlag, München 1963

Breker, Arno: *Paris, Hitler et moi*, Presse de la Cité, Paris o. J.

Bronsen, David: *Joseph Roth. Eine Biographie*, Verlag Kiepenheuer u. Witsch, Köln 1974

Buchheim, Lothar Günther: *Picasso*, Bildbiographie, Kindler Verlag, München 1958

Cate, Curtis: *Saint-Exupéry*, Grasset-Fasquelle, Paris 1973

Certigny, Henry: *La verité sur le douanier Rousseau*, Plon 1961

Chagall, Marc: *Mein Leben*, Hatje Verlag, Stuttgart 1959

Chapiro, Jacques: *La Ruche*, Flammarion, Paris 1960

Cogniat, Raymond: *Soutine*, Flammarion, Paris 1973

Cornu, Marcel: *La Conquête de Paris*, Mercure de France, Paris 1972

Crespelle, J. P.: *Montmartre vivant*, Librairie Hachette, Paris 1964

Montparnasse vivant, Librairie Hachette, Paris 1962

Picasso – seine Frauen, seine Freunde, sein Werk, Econ Verlag, Düsseldorf 1973

Dansel, Michel: *Au Père Lachaise*, Librairie Arthème Fayard, Paris 1973

Dansette, Adrien: *Histoire de la libération de Paris,* Librairie Arthème Fayard, Paris 1946

Desnos, Youki: *Les Confidences de Youki,* Librairie Arthème Fayard, Paris 1957

Deutscher, Isaac: *Trotzki,* W. Kohlhammer Verlag, Stuttgart 1962

Ehrenburg, Ilja: *Menschen, Jahre, Leben,* Kindler Verlag, München 1965

Fitzgerald, F. Scott: *Zärtlich ist die Nacht,* Blanvalet Verlag, Berlin 1968
 Die besten Stories, Blanvalet Verlag, Berlin 1954

Flanner, Janet: *Pariser Tagebuch 1945–1965,* Claasen Verlag, Hamburg–Düsseldorf 1967
 Paris was Yesterday, 1925–1939, Popular Library, New York

Freund, Giselle u. V. B. Carleton: *James Joyce in Paris,* Cassel, Paris 1965

Garde: Mes années avec Soutine, Denoel/L. N., Paris

Gilot, Françoise u. Carlton Lake: *Leben mit Picasso,* Kindler Verlag, München 1965

Gindertael, R. V.: *Modigliani und der Montparnasse,* Schuler Verlagsgesellschaft, München 1974

Göpel, Barbara u. Erhard: *Leben und Meinungen des Malers Hans Purrmann,* Limes Verlag, Wiesbaden 1961

Hanoteau, Guillaume: *Saint Germain des Prés,* Damokles 1967

Hemingway, Ernest: *Fiesta,* rororo, Reinbek bei Hamburg 1950
 Paris ein Fest fürs Leben, rororo, Reinbek bei Hamburg 1971

Hildebrand, Dieter u. Traugott Krischke: *Über Ödön von Horvath,* Edition Suhrkamp, Frankfurt a. M. 1972

Huppert, Hugo: *Wladimir Majakowskij,* rororo-Monographie Nr. 102, Reinbek bei Hamburg 1965

Jimmy the Barman: *This must be the place,* Herbert Joseph, London 1934

Joyce, James: *Werke, Briefe II,* Frankfurter Ausgabe, Suhrkamp Verlag, Frankfurt a. M. 1970

Krischke, Traugott: *Ödön von Horvath, Leben und Werk in Dokumenten und Bildern,* suhrkamp tb, Frankfurt a. M. 1972
 Materialien zu Ödön von Horvath, Edition Suhrkamp, Frankfurt a. M. 1970

Lenin, Vladimir I.: *Quand Lénine vivait à Paris,* Club Messidor, Paris o. J.

Levesque, Jacques Henry: *Alfred Jarry,* Seghers, Paris 1973

Lidderdale, Jane u. Nicholson, Mary: *Liebe Miß Weaver – ein Leben für Joyce,* Insel Verlag, Frankfurt a. M. 1974

McAlmon, Robert: *Being Geniuses Together,* Secker & Warburg, London 1970

Mehring, Walter: *Verrufene Malerei,* Diogenes Verlag, Zürich 1958

Mélèse, Pierre: *Beckett,* Seghers, Paris 1972

Milford, Nancy: *Zelda,* Harper & Row, New York 1972

Monnier, Adrienne: *Rue de l'Odéon,* Editions Albin Michel, Paris 1960

Neumann-Hoditz, Reinhold: *Ho Tschi Minh,* rororo-Monographie Nr. 182,
Reinbek bei Hamburg 1971
Noakes, David: *Boris Vian,* Seghers, Paris 1952 (Classiques du XX. Siècle)
Raymond Radiguet, Seghers, Paris 1952 (Classiques du XX. Siècle)
Olivier, Fernande: *Neun Jahre mit Picasso,* List-Taschenbuch, München 1959
Painter, George D.: *Marcel Proust,* Suhrkamp Verlag, Frankfurt a. M. 1968
Ray, Man, mit einem Essay von Janus, Edition, Praeger, München 1973
Read, Forrest: *Pound/Joyce, die Geschichte ihrer Beziehungen in Briefen und
Dokumenten,* Verlag Die Arche, Zürich 1972
Renaudot, Francoise: *Il etait une fois Boris Vian,* Seghers, Paris 1973
Rochefoucauld, Edmée de la: *Léon-Paul Fargue,* Editions Universitaires Paris
Roth, Joseph: *Briefe,* hrg. von H. Kesten, Verlag Kiepenheuer u. Witsch, Köln
1974
Sachs, Maurice: *Der Sabbat,* Piper Verlag, München 1960
Salmon, André: *Montmartre, Monparnasse – das Leben des Malers Modigliani,*
Paul List Verlag, München 1958
Soutine: Librairie Hachette, Paris 1967
Speer, Albert: *Erinnerungen,* Propyläen Verlag, Berlin 1969
Sperber, Manès: *Wie eine Träne im Ozean,* Ullstein Verlag, Berlin 1961
Stein, Gertrude: *Picasso,* Verlag Die Arche, Zürich 1958
The Autobiography of Alice B. Toklas, Peter Smith, 1933
Trotzki, Leo: *Mein Leben,* S. Fischer Verlag, Frankfurt a. M. 1961
Turnbull, Andrew: *Scott Fitzgerald,* Charles Sribner's Sons, New York
The letters of F. Scott Fitzgerald, Penguin Book, 1963
Vollard, Ambroise: *Erinnerungen eines Kunsthändlers,* Ullstein Verlag, Berlin
1957
Watts, Stephen: *The Ritz,* The Bodley Head, London 1963
Wickes, George: *Americans in Paris,* Doubleday, New York 1969
Wilde, Harry: *Trotzki,* rororo-Monographie Nr. 157, Reinbek bei Hamburg
1969

Wer in Paris?

271

Wo in Paris?